# Le Mariage de Figaro

DOSSIER DE
SOPHIE DOUDET

folio+
LYCÉE

**Sophie Doudet** est agrégée de lettres modernes.

# Sommaire

**Pourquoi lire *Le Mariage de Figaro* au XXI^e^ siècle ?** 7

*Le Mariage de Figaro* 9

Préface 13
Acte I 47
Acte II 78
Acte III 124
**Analyse** : extrait de la scène 5 133
**Commentaire** : extrait de la scène 16 160
Acte IV 171
Acte V 197
**Analyse :** le monologue de Figaro, scène 3 204

Dossier 239

**1. HISTOIRE LITTÉRAIRE — LA COMÉDIE AU SIÈCLE DES LUMIÈRES** 240

1. Une intense vie théâtrale 241
*1. Variété des scènes théâtrales* 241
*2. L'engouement pour le théâtre* 241
*3. Un nouvel espace de jeu* 242

2. La comédie conquérante 242
*1. La tradition de la comédie* 242
*2. Les évolutions du XVIII^e^ siècle* 243
*3. Les tenants du renouvellement* 244

3. La révolution dramaturgique de Beaumarchais 246
*1. Intensifier les effets* 246
*2. La franche gaîté et la tentation du sérieux* 246

**2. BEAUMARCHAIS ET SON TEMPS** 248

**3. PRÉSENTATION DU *MARIAGE DE FIGARO*** 252

1. La genèse du Mariage de Figaro 253
   1. ***Emprunts et modifications stratégiques*** 253
   2. ***Le principe de l'économie*** 254
2. Une comédie révolutionnaire : oser et transgresser 255
   1. ***Ébranler l'État et inverser les hiérarchies*** 256
   2. ***Les armes de l'esprit et du langage*** 256
3. La confusion des sentiments 257
   1. ***Plaisir ou amour ?*** 258
   2. ***Aimer le désir*** 258

**4. LES MOTS IMPORTANTS DU *MARIAGE DE FIGARO*** 260

Badinage / Libertinage 260
1. ***Le sens et la nuance*** 260
2. ***En arrière-plan*** 260
3. ***Les mots en contexte*** 261

Hasard / Mérite 262
1. ***Le sens et la nuance*** 262
2. ***En arrière-plan*** 262
3. ***Les mots en contexte*** 263

Folie 264
1. ***Le sens et la nuance*** 264
2. ***En arrière-plan*** 264
3. ***Les mots en contexte*** 265

Méchant 265
1. ***Le sens et la nuance*** 265
2. ***En arrière-plan*** 265
3. ***Les mots en contexte*** 266

**5. LA GRAMMAIRE** 267

1. Les propositions subordonnées conjonctives circonstancielles 267
   1. ***Construire la connaissance grammaticale*** 267

2. *La grammaire pour lire* 269
3. *La grammaire pour s'exprimer* 269

2. L'interrogation 270
1. *Construire la connaissance grammaticale* 270
2. *La grammaire pour lire* 271
3. *La grammaire pour s'exprimer* 271

3. La négation 272
1. *Construire la connaissance grammaticale* 272
2. *La grammaire pour lire* 273
3. *La grammaire pour s'exprimer* 274

**6. DISSERTATION** 275

**7. GROUPEMENT DE TEXTES : LA COMÉDIE DU VALET** 281
- **Molière** *Dom Juan* 282
- **Molière** *Les Fourberies de Scapin* 285
- **Marivaux** *Le Jeu de l'amour et du hasard* 288
- **Bertolt Brecht** *Maître Puntila et son valet Matti* 290

**8. EXERCICES D'APPROPRIATION** 294
1. L'art de la scène 294
2. Les personnages 294
3. Écrits d'invention 294
4. Du livre à l'opéra 295
5. Lecture cursive 295

# Pourquoi lire *Le Mariage de Figaro* au XXIe siècle ?

*Parce que, tout d'abord, cette pièce est celle de tous les records : deux heures de spectacle, cinq actes dont le deuxième dure à lui seul près de 45 minutes ; le plus long, si ce n'est le plus fameux, monologue de l'histoire du théâtre français ; 92 scènes et 1 600 répliques dont l'une des plus célèbres (« Sans la liberté de blâmer, il n'est point d'éloge flatteur ») est devenue la devise d'un grand quotidien justement nommé* Le Figaro *; un triomphe enfin, dès la première du 27 avril 1784, suivie de 68 représentations en quelques mois à peine, avec à la clé une importante recette de un demi-million, en partie utilisée pour créer un fonds d'aide aux mères et aux nourrices pauvres. À ces chiffres s'ajoute une illustre et sulfureuse réputation politique : jouée cinq ans avant la Révolution française, la pièce l'aurait annoncée, voire provoquée. Conscient de la dimension provocatrice de l'œuvre, jugée indécente pour la Comédie-Française, Louis XVI, conseillé dans ce sens, a ainsi commencé par en interdire prudemment la représentation. En vain. Et quelques années plus tard, Napoléon aura beau jeu de déclarer : «* Le Mariage de Figaro*, c'est déjà la révolution en action. » Quand le théâtre change le monde…*

*Provocatrice, la pièce de Beaumarchais l'est certes par ce « renversement de fond en comble » de l'Ancien Régime qu'elle suggère et suscitera peut-être, mais également par son incroyable actualité. Sa dénonciation vigoureuse des privilèges de la naissance et de l'arbitraire des hiérarchies sociales du XVIIIe siècle trouve un puissant écho dans notre société contemporaine, certes démocratique mais minée par les inégalités sociales et économiques. Son refus de la censure et sa critique de la société de cour reposant exclusivement sur les apparences regardent vers nos doutes sur les éventuelles limites de la liberté d'expression dans une société devenue celle du divertissement et du spectacle. Les revendications égalitaires de Marceline, les résistances de Suzanne au harcèlement sexuel du comte, toutes les solidarités des femmes dans la pièce préfigurent les combats féministes de notre époque. Quant à la confusion amoureuse que déclenche le jeune et androgyne Chérubin, elle annonce un « trouble dans le genre » tout aussi moderne.*

*Moderne,* Le Mariage de Figaro *l'est enfin et surtout par son extraordinaire dynamisme théâtral : comme le personnage de Figaro, la pièce est un « soleil tournant qui brûle tout », comédie et drame tout à la fois. Mêlant discours, tirades, mots d'esprit et cris, pantomime, danse et chants, rire et pleurs, farce et satire... cette pièce tourbillonnante de l'insolent Beaumarchais provoque, aujourd'hui comme autrefois, un éblouissement permanent.*

## Appropriations : les attentes du lecteur

*Qu'évoque pour vous le titre initial de la pièce : « La Folle Journée » ? Comment le reliez-vous avec le genre de la comédie ?*

*Observez la liste des personnages de la pièce et proposez une explication de l'ordre d'apparition des cinq premiers. Qu'imaginez-vous de leur rôle et de leur importance dans la pièce ?*

*La pièce date de 1784 : que savez-vous du siècle des Lumières ? À votre avis, pourquoi avoir situé la pièce en Espagne ?*

*Lisez la préface et les indications scéniques préliminaires : comment expliquer ces nombreuses précisions de la part de Beaumarchais ?*

*Essayez d'imaginer et de dessiner le plan de la scène pour chaque acte à partir des indications fournies par l'auteur puis comparez vos plans avec ceux proposés en annexe.*

# La Folle Journée
# *ou*
# Le Mariage de Figaro

Comédie en cinq actes,
en prose

En faveur du badinage,
Faites grâce à la raison.

*Vaudeville de la pièce.*

# Préface

En écrivant cette préface, mon but n'est pas de rechercher oiseusement[1] si j'ai mis au théâtre une pièce bonne ou mauvaise ; il n'est plus temps pour moi ; mais d'examiner scrupuleusement, et je le dois toujours, si j'ai fait une œuvre blâmable.

Personne n'étant tenu de faire une comédie qui ressemble aux autres, si je me suis écarté d'un chemin trop battu, pour des raisons qui m'ont paru solides, ira-t-on me juger, comme l'ont fait MM. tels, sur des règles qui ne sont pas les miennes ? imprimer puérilement que je reporte l'art à son enfance, parce que j'entreprends de frayer un nouveau sentier à cet art dont la loi première, et peut-être la seule, est d'amuser en instruisant ? Mais ce n'est pas de cela qu'il s'agit.

Il y a souvent très loin du mal que l'on dit d'un ouvrage à celui qu'on en pense. Le trait qui nous poursuit, le mot qui importune reste enseveli dans le cœur, pendant que la bouche se venge en blâmant presque tout le reste. De sorte qu'on peut regarder comme un point établi au théâtre, qu'en fait de reproche à l'auteur, ce qui nous affecte le plus est ce dont on parle le moins.

Il est peut-être utile de dévoiler aux yeux de tous ce double aspect des comédies, et j'aurai fait encore un bon usage de la mienne, si je parviens, en la scrutant, à fixer l'opinion publique sur ce qu'on doit entendre par ces mots : Qu'est-ce que LA DÉCENCE THÉÂTRALE ?

À force de nous montrer délicats, fins connaisseurs, et d'affecter, comme j'ai dit autre part[2], l'hypocrisie de la décence auprès du relâchement des mœurs, nous devenons des êtres nuls, incapables de s'amuser et de juger de ce qui leur convient, faut-il le dire enfin ? des bégueules rassasiées[3] qui ne savent plus ce qu'elles veulent ni ce qu'elles doivent aimer ou rejeter. Déjà ces mots si rebattus, *bon ton, bonne compagnie*, toujours ajustés au niveau de chaque insipide coterie et dont la latitude est si grande qu'on ne sait où ils commencent et finissent, ont détruit la franche et vraie gaieté qui distinguait de tout autre le comique de notre nation.

---

1. Inutilement.
2. Dans la *Lettre modérée sur la chute et la critique du « Barbier de Séville »* qui sert de préface à la comédie.
3. Expression familière et injurieuse : femmes dédaigneuses qui sont blasées.

Ajoutez-y le pédantesque abus de ces autres grands mots, *décence* et *bonnes mœurs*, qui donnent un air si important, si supérieur que nos jugeurs de comédies seraient désolés de n'avoir pas à les prononcer sur toutes les pièces de théâtre, et vous connaîtrez à peu près ce qui garrotte le génie, intimide tous les auteurs, et porte un coup mortel à la vigueur de l'intrigue, sans laquelle il n'y a pourtant que du bel esprit à la glace et des comédies de quatre jours.

Enfin, pour dernier mal, tous les états de la société sont parvenus à se soustraire à la censure dramatique : on ne pourrait mettre au théâtre *Les Plaideurs* de Racine, sans entendre aujourd'hui les Dandins et les Brid'oisons[1], même des gens plus éclairés, s'écrier qu'il n'y a plus ni mœurs ni respect pour les magistrats.

On ne ferait point le *Turcaret*[2], sans avoir à l'instant sur les bras fermes, sous-fermes, traites et gabelles, droits-réunis, tailles, taillons, le trop-plein, le trop-bu[3], tous les impositeurs royaux. Il est vrai qu'aujourd'hui *Turcaret* n'a plus de modèles. On l'offrirait sous d'autres traits, l'obstacle resterait le même.

On ne jouerait point *les fâcheux, les marquis, les emprunteurs* de Molière, sans révolter à la fois la haute, la moyenne, la moderne et l'antique noblesse. Ses *Femmes savantes* irriteraient nos féminins bureaux d'esprit[4]; mais quel calculateur peut évaluer la force et la longueur du levier qu'il faudrait, de nos jours, pour élever jusqu'au théâtre l'œuvre sublime du *Tartuffe* ? Aussi l'auteur qui se compromet avec le public, *pour l'amuser, ou pour l'instruire*, au lieu d'intriguer à son choix son ouvrage, est-il obligé de tourniller[5] dans des incidents impossibles, de persifler au lieu de rire, et de prendre ses modèles hors de la société, crainte de se trouver mille ennemis, dont il ne connaissait aucun en composant son triste drame.

J'ai donc réfléchi que si quelque homme courageux ne secouait pas toute cette poussière, bientôt l'ennui des pièces françaises porterait la nation au frivole opéra-comique, et plus loin encore, aux boulevards,

1. Noms utilisés pour désigner comiquement des juges depuis François Rabelais (1494-1553) qui créa les personnages de Bridoye et Perrin Dandin.
2. Comédie d'Alain-René Lesage (1668-1747) en 1709 qui représente un laquais devenu homme d'affaires.
3. Différentes dénominations véritables d'impôts sauf le *trop-plein* qui semble placé là facétieusement.
4. Expression qui était habituellement péjorative pour désigner une société où l'on s'occupe de littérature.
5. Tourner d'un côté et de l'autre.

à ce ramas infect de tréteaux élevés à notre honte, où la décente liberté, bannie du théâtre français, se change en une licence effrénée, où la jeunesse va se nourrir de grossières inepties, et perdre, avec ses mœurs, le goût de la décence et des chefs-d'œuvre de nos maîtres. J'ai tenté d'être cet homme, et si je n'ai pas mis plus de talent à mes ouvrages, au moins mon intention s'est-elle manifestée dans tous.

J'ai pensé, je pense encore, qu'on n'obtient ni grand pathétique, ni profonde moralité, ni bon et vrai comique au théâtre, sans des situations fortes et qui naissent toujours d'une disconvenance sociale dans le sujet qu'on veut traiter. L'auteur tragique, hardi dans ses moyens, ose admettre le crime atroce : les conspirations, l'usurpation du trône, le meurtre, l'empoisonnement, l'inceste, dans *Œdipe* et *Phèdre* ; le fratricide dans *Vendôme* ; le parricide dans *Mahomet* ; le régicide dans *Macbeth*[1], etc., etc. La comédie, moins audacieuse, n'excède pas les disconvenances, parce que ses tableaux sont tirés de nos mœurs, ses sujets de la société. Mais comment frapper sur l'avarice, à moins de mettre en scène un méprisable avare ? démasquer l'hypocrisie sans montrer, comme Orgon, dans le *Tartuffe*, un abominable hypocrite *épousant sa fille et convoitant sa femme* ? un homme à bonnes fortunes, sans le faire parcourir un cercle entier de femmes galantes ? un joueur effréné, sans l'envelopper de fripons, s'il ne l'est pas déjà lui-même ?

Tous ces gens-là sont loin d'être vertueux ; l'auteur ne les donne pas pour tels ; il n'est le patron d'aucun d'eux ; il est le peintre de leurs vices. Et parce que le lion est féroce, le loup vorace et glouton, le renard rusé, cauteleux, la fable est-elle sans moralité ? Quand l'auteur la dirige contre un sot que la louange enivre, il fait choir du bec du corbeau le fromage dans la gueule du renard ; sa moralité est remplie ; s'il la tournait contre le bas flatteur, il finirait son apologue ainsi : « Le renard s'en saisit, le dévore, mais le fromage était empoisonné. » La fable est une comédie légère, et toute comédie n'est qu'un long apologue ; leur différence est que dans la fable les animaux ont de l'esprit, et que dans notre comédie les hommes sont souvent des bêtes, et, qui pis est, des bêtes méchantes.

1. Tragédies de Voltaire (1694-1778) (*Œdipe*, 1718 ; *Adélaïde du Guesclin*, 1734 ; *Le Fanatisme ou Mahomet*, 1741), de Jean Racine (1639-1699) (*Phèdre*, 1677) et de William Shakespeare (1564-1616) (*Macbeth*, 1605, certainement d'après son adaptation toute récente par Ducis en 1784).

Ainsi, lorsque Molière, qui fut si tourmenté par les sots, donne à *L'Avare* un fils prodigue et vicieux qui lui vole sa cassette et l'injurie en face, est-ce des vertus ou des vices qu'il tire sa moralité ? Que lui importent ses fantômes ? c'est vous qu'il entend corriger. Il est vrai que les afficheurs et balayeurs littéraires[1] de son temps ne manquèrent pas d'apprendre au bon public combien tout cela était horrible ! Il est aussi prouvé que des envieux très importants, ou des importants très envieux, se déchaînèrent contre lui. Voyez le sévère Boileau, dans son épître au grand Racine, venger son ami qui n'est plus, en rappelant ainsi les faits :

*L'ignorance et l'erreur à ses naissantes pièces*
*En habits de marquis, en robes de comtesses,*
*Venaient pour diffamer son chef-d'œuvre nouveau,*
*Et secouaient la tête à l'endroit le plus beau.*
*Le commandeur voulait la scène plus exacte ;*
*Le vicomte, indigné, sortait au second acte :*
*L'un, défenseur zélé des dévots mis en jeu,*
*Pour prix de ses bons mots, le condamnait au feu ;*
*L'autre,* fougueux marquis, *lui déclarant la guerre,*
*Voulait venger la Cour immolée au parterre*[2].

On voit même dans un placet de Molière à Louis XIV qui fut si grand en protégeant les arts, et sans le goût éclairé duquel notre théâtre n'aurait pas un seul chef-d'œuvre de Molière, on voit ce philosophe auteur se plaindre amèrement au roi que, pour avoir démasqué les hypocrites, ils imprimaient partout qu'il était « un libertin, un impie, un athée, un démon vêtu de chair, habillé en homme » ; et cela s'imprimait avec APPROBATION ET PRIVILÈGE de ce roi qui le protégeait : rien là-dessus n'est empiré.

Mais, parce que les personnages d'une pièce s'y montrent sous des mœurs vicieuses, faut-il les bannir de la scène ? Que poursuivrait-on au théâtre ? les travers et les ridicules ? cela vaut bien la peine d'écrire ! ils sont chez nous comme les modes ; on ne s'en corrige point, on en change.

1. Manière désobligeante de Beaumarchais pour désigner les journalistes.
2. Citation de l'« Épître VII », v. 23-32. Beaumarchais a substitué *dévots* à *bigots*.

Les vices, les abus, voilà ce qui ne change point, mais se déguise en mille formes sous le masque des mœurs dominantes ; leur arracher ce masque et les montrer à découvert, telle est la noble tâche de l'homme qui se voue au théâtre. Soit qu'il moralise en riant, soit qu'il pleure en moralisant, Héraclite ou Démocrite, il n'a pas un autre devoir ; malheur à lui s'il s'en écarte. On ne peut corriger les hommes qu'en les faisant voir tels qu'ils sont. La comédie utile et véridique n'est point un éloge menteur, un vain discours d'académie.

Mais gardons-nous bien de confondre cette critique générale, un des plus nobles buts de l'art, avec la satire odieuse et personnelle : l'avantage de la première est de corriger sans blesser. Faites prononcer au théâtre par l'homme juste, aigri de l'horrible abus des bienfaits : « tous les hommes sont des ingrats » ; quoique chacun soit bien près de penser comme lui, personne ne s'offensera. Ne pouvant y avoir un ingrat sans qu'il existe un bienfaiteur, ce reproche même établit une balance égale entre les bons et mauvais cœurs ; on le sent, et cela console. Que si l'humoriste[1] répond qu'« un bienfaiteur fait cent ingrats », on répliquera justement qu'« il n'y a peut-être pas un ingrat qui n'ait été plusieurs fois bienfaiteur » : cela console encore. Et c'est ainsi qu'en généralisant, la critique la plus amère porte du fruit sans nous blesser ; quand la satire personnelle, aussi stérile que funeste, blesse toujours et ne produit jamais. Je hais partout cette dernière, et je la crois un si punissable abus que j'ai plusieurs fois d'office invoqué la vigilance du magistrat pour empêcher que le théâtre ne devînt une arène de gladiateurs, où le puissant se crût en droit de faire exercer ses vengeances par les plumes vénales et malheureusement trop communes qui mettent leur bassesse à l'enchère.

N'ont-ils donc pas assez, ces grands, des mille et un feuillistes[2], faiseurs de bulletins, afficheurs, pour y trier les plus mauvais, en choisir un bien lâche, et dénigrer qui les offusque ? On tolère un si léger mal parce qu'il est sans conséquence et que la vermine éphémère démange un instant et périt ; mais le théâtre est un géant qui blesse à mort tout ce qu'il frappe. On doit réserver ses grands coups pour les abus et pour les maux publics.

1. Homme qui a de l'humeur, difficile à vivre.
2. Façon désobligeante de Beaumarchais pour désigner les journalistes.

Ce n'est donc ni le vice ni les incidents qu'il amène qui font l'indécence théâtrale ; mais le défaut de leçons et de moralité. Si l'auteur, ou faible ou timide, n'ose en tirer de son sujet, voilà ce qui rend sa pièce équivoque ou vicieuse.

Lorsque je mis *Eugénie*[1] au théâtre (et il faut bien que je me cite, puisque c'est toujours moi qu'on attaque), lorsque je mis *Eugénie* au théâtre, tous nos jurés-crieurs à la décence jetaient des flammes dans les foyers sur ce que j'avais osé montrer un seigneur libertin habillant ses valets en prêtres et feignant d'épouser une jeune personne qui paraît enceinte au théâtre[2], sans avoir été mariée.

Malgré leurs cris, la pièce a été jugée, sinon le meilleur, au moins le plus moral des drames, constamment jouée sur tous les théâtres et traduite dans toutes les langues. Les bons esprits ont vu que la moralité, que l'intérêt y naissaient entièrement de l'abus qu'un homme puissant et vicieux fait de son nom, de son crédit pour tourmenter une faible fille, sans appui, trompée, vertueuse et délaissée. Ainsi tout ce que l'ouvrage a d'utile et de bon naît du courage qu'eut l'auteur d'oser porter la disconvenance sociale au plus haut point de liberté.

Depuis, j'ai fait *Les Deux Amis*[3], pièce dans laquelle un père avoue à sa prétendue nièce qu'elle est sa fille illégitime ; ce drame est aussi très moral, parce qu'à travers les sacrifices de la plus parfaite amitié, l'auteur s'attache à y montrer les devoirs qu'impose la nature sur les fruits d'un ancien amour, que la rigoureuse dureté des convenances sociales, ou plutôt leur abus, laisse trop souvent sans appui.

Entre autres critiques de la pièce, j'entendis, dans une loge auprès de celle que j'occupais, un jeune *important* de la Cour qui disait gaiement à des dames : « L'auteur, sans doute, est un garçon fripier, qui ne voit rien de plus élevé que des commis des fermes et des marchands d'étoffes ; et c'est au fond d'un magasin qu'il va chercher les nobles amis qu'il traduit à la scène française ! — Hélas ! monsieur, lui dis-je en m'avançant, il a fallu du moins les prendre où il n'est pas impossible de les supposer. Vous ririez bien plus de l'auteur, s'il eût tiré deux vrais amis de

1. Premier drame de Beaumarchais représenté en 1767.
2. Sur les planches.
3. Deuxième drame de Beaumarchais (1770).

l'Œil-de-bœuf[1] et des carrosses ? Il faut un peu de vraisemblance, même dans les actes vertueux. »

Me livrant à mon gai caractère, j'ai depuis tenté, dans *Le Barbier de Séville*, de ramener au théâtre l'ancienne et franche gaieté, en l'alliant avec le ton léger de notre plaisanterie actuelle ; mais comme cela même était une espèce de nouveauté, la pièce fut vivement poursuivie. Il semblait que j'eusse ébranlé l'État ; l'excès des précautions qu'on prit et des cris qu'on fit contre moi décelait surtout la frayeur que certains vicieux de ce temps avaient de s'y voir démasqués. La pièce fut censurée quatre fois, cartonnée trois fois sur l'affiche à l'instant d'être jouée, dénoncée même au parlement d'alors ; et moi, frappé de ce tumulte, je persistais à demander que le public restât le juge de ce que j'avais destiné à l'amusement du public.

Je l'obtins au bout de trois ans. Après les clameurs, les éloges ; et chacun me disait tout bas : « Faites-nous donc des pièces de ce genre, puisqu'il n'y a plus que vous qui osiez rire en face. »

Un auteur désolé par la cabale et les criards, mais qui voit sa pièce marcher, reprend courage, et c'est ce que j'ai fait. Feu M. le prince de Conti, de patriotique mémoire (car en frappant l'air de son nom, l'on sent vibrer le vieux mot *patrie*), feu M. le prince de Conti, donc, me porta le défi public de mettre au théâtre ma préface du *Barbier*, plus gaie, disait-il, que la pièce, et d'y montrer la famille de Figaro, que j'indiquais dans cette préface. « Monseigneur, lui répondis-je, si je mettais une seconde fois ce caractère sur la scène, comme je le montrerais plus âgé, qu'il en saurait quelque peu davantage, ce serait bien un autre bruit, et qui sait s'il verrait le jour ! » Cependant, par respect, j'acceptai le défi : je composai cette *Folle Journée*, qui cause aujourd'hui la rumeur. Il daigna la voir le premier. C'était un homme d'un grand caractère, un prince auguste, un esprit noble et fier : le dirai-je ? il en fut content.

Mais quel piège, hélas ! j'ai tendu au jugement de nos critiques en appelant ma comédie du vain nom de *Folle Journée* ! Mon objet était bien de lui ôter quelque importance ; mais je ne savais pas encore à quel point un changement d'annonce peut égarer tous les esprits. En lui laissant son véritable titre, on eût lu *L'Époux suborneur*. C'était

1. Salon de Versailles où attendaient les courtisans. Sa fenêtre était ovale, du type de celles qu'on appelait « œil-de-bœuf ».

pour eux une autre piste ; on me courait différemment. Mais ce nom de *Folle Journée* les a mis à cent lieues de moi : ils n'ont plus rien vu dans l'ouvrage que ce qui n'y sera jamais ; et cette remarque un peu sévère sur la facilité de prendre le change a plus d'étendue qu'on ne croit. Au lieu du nom de *George Dandin*, si Molière eût appelé son drame : *La Sottise des alliances*, il eût porté bien plus de fruit ; si Regnard eût nommé son *Légataire* : *La Punition du célibat*, la pièce nous eût fait frémir. Ce à quoi il ne songea pas, je l'ai fait avec réflexion. Mais qu'on ferait un beau chapitre sur tous les jugements des hommes et la morale du théâtre, et qu'on pourrait intituler : *De l'influence de l'affiche* !

Quoi qu'il en soit, *La Folle Journée* resta cinq ans au portefeuille[1] ; les Comédiens[2] ont su que je l'avais, ils me l'ont enfin arrachée. S'ils ont bien ou mal fait pour eux, c'est ce qu'on a pu voir depuis. Soit que la difficulté de la rendre excitât leur émulation, soit qu'ils sentissent, avec le public, que pour lui plaire en comédie, il fallait de nouveaux efforts, jamais pièce aussi difficile n'a été jouée avec autant d'ensemble ; et si l'auteur (comme on le dit) est resté au-dessous de lui-même, il n'y a pas un seul acteur dont cet ouvrage n'ait établi, augmenté ou confirmé la réputation. Mais revenons à sa lecture, à l'adoption des Comédiens.

Sur l'éloge outré qu'ils en firent, toutes les sociétés voulurent le connaître, et dès lors il fallut me faire des querelles de toute espèce ou céder aux instances universelles. Dès lors aussi les grands ennemis de l'auteur ne manquèrent pas de répandre à la Cour qu'il blessait dans cet ouvrage, d'ailleurs « un tissu de bêtises », la religion, le gouvernement, tous les états de la société, les bonnes mœurs, et qu'enfin la vertu y était opprimée et le vice triomphant, « comme de raison[3] », ajoutait-on. Si les graves messieurs qui l'ont tant répété me font l'honneur de lire cette préface, ils y verront au moins que j'ai cité bien juste ; et la bourgeoise intégrité que je mets à mes citations n'en fera que mieux ressortir la noble infidélité des leurs.

Ainsi dans *Le Barbier de Séville* je n'avais qu'ébranlé l'État ; dans ce nouvel essai, plus infâme et plus séditieux, je le renversais de fond en comble. Il n'y avait plus rien de sacré si l'on permettait cet

1. *Au portefeuille* c'est-à-dire dans les papiers personnels de l'auteur.
2. Les *Comédiens* désignent ici les acteurs de la Comédie-Française.
3. Comme il fallait s'y attendre (de la part de quelqu'un comme Beaumarchais).

ouvrage. On abusait l'autorité par les plus insidieux rapports ; on cabalait auprès des corps puissants ; on alarmait les dames timorées ; on me faisait des ennemis sur le prie-Dieu des oratoires : et moi, selon les hommes et les lieux, je repoussais la basse intrigue par mon excessive patience, par la roideur de mon respect, l'obstination de ma docilité, par la raison, quand on voulait l'entendre.

Ce combat a duré quatre ans. Ajoutez-les aux cinq du portefeuille, que reste-t-il des allusions qu'on s'efforce à voir dans l'ouvrage ? Hélas ! quand il fut composé, tout ce qui fleurit aujourd'hui n'avait pas même encore germé. C'était tout un autre univers.

Pendant ces quatre ans de débat je ne demandais qu'un censeur ; on m'en accorda cinq ou six. Que virent-ils dans l'ouvrage, objet d'un tel déchaînement ? la plus badine des intrigues. Un grand seigneur espagnol, amoureux d'une jeune fille qu'il veut séduire, et les efforts que cette fiancée, celui qu'elle doit épouser et la femme du seigneur réunissent pour faire échouer dans son dessein un maître absolu que son rang, sa fortune et sa prodigalité rendent tout-puissant pour l'accomplir. Voilà tout, rien de plus. La pièce est sous vos yeux.

D'où naissaient donc ces cris perçants ? De ce qu'au lieu de poursuivre un seul caractère vicieux, comme le Joueur, l'Ambitieux, l'Avare ou l'Hypocrite, ce qui ne lui eût mis sur les bras qu'une seule classe d'ennemis, l'auteur a profité d'une composition légère, ou plutôt a formé son plan de façon à y faire entrer la critique d'une foule d'abus qui désolent la société. Mais, comme ce n'est pas là ce qui gâte un ouvrage aux yeux du censeur éclairé, tous, en l'approuvant, l'ont réclamé pour le théâtre. Il a donc fallu l'y souffrir ; alors les grands du monde ont vu jouer avec scandale

*Cette pièce où l'on peint un insolent valet*
*Disputant sans pudeur son épouse à son maître.*

M. GUDIN.

Oh ! que j'ai de regret de n'avoir pas fait de ce sujet moral une tragédie bien sanguinaire ! Mettant un poignard à la main de l'époux outragé, que je n'aurais pas nommé Figaro, dans sa jalouse fureur je lui aurais fait noblement poignarder le puissant vicieux ; et comme il aurait vengé son honneur dans des vers carrés, bien ronflants, et que mon jaloux, tout au moins général d'armée, aurait eu pour rival quelque tyran bien horrible et régnant au plus mal sur un peuple désolé, tout cela, très loin de nos mœurs, n'aurait, je crois, blessé personne ; on eût crié : « Bravo ! ouvrage bien moral ! » Nous étions sauvés, moi et mon Figaro sauvage.

Mais ne voulant qu'amuser nos Français et non faire ruisseler les larmes de leurs épouses, de mon coupable amant j'ai fait un jeune seigneur de ce temps-là, prodigue, assez galant, même un peu libertin, à peu près comme les autres seigneurs de ce temps-là. Mais qu'oserait-on dire au théâtre d'un seigneur, sans les offenser tous, sinon de lui reprocher son trop de galanterie ? N'est-ce pas là le défaut le moins contesté par eux-mêmes ? J'en vois beaucoup, d'ici, rougir modestement (et c'est un noble effort) en convenant que j'ai raison.

Voulant donc faire le mien coupable, j'ai eu le respect généreux de ne lui prêter aucun des vices du peuple. Direz-vous que je ne le pouvais pas, que c'eût été blesser toutes les vraisemblances ? Concluez donc en faveur de ma pièce, puisque enfin je ne l'ai pas fait.

Le défaut même dont je l'accuse n'aurait produit aucun mouvement comique, si je ne lui avais gaiement opposé l'homme le plus dégourdi de sa nation, le *véritable* Figaro, qui, tout en défendant Suzanne, sa propriété, se moque des projets de son maître et s'indigne très plaisamment qu'il ose jouter de ruse avec lui, maître passé dans ce genre d'escrime.

Ainsi, d'une lutte assez vive entre l'abus de la puissance, l'oubli des principes, la prodigalité, l'occasion, tout ce que la séduction a de plus entraînant, et le feu, l'esprit, les ressources que l'infériorité, piquée au jeu, peut opposer à cette attaque, il naît dans ma pièce un jeu plaisant d'intrigue, où l'*époux suborneur*, contrarié, lassé, harassé, toujours arrêté dans ses vues, est obligé, trois fois dans cette journée, de tomber aux pieds de sa femme, qui, bonne, indulgente et sensible, finit par lui pardonner : c'est ce qu'elles font toujours. Qu'a donc cette moralité de blâmable, messieurs ?

La trouvez-vous un peu badine pour le ton grave que je prends ? accueillez-en une plus sévère qui blesse vos yeux dans l'ouvrage, quoique vous ne l'y cherchiez pas — c'est qu'un seigneur assez vicieux pour vouloir prostituer à ses caprices tout ce qui lui est subordonné, pour se jouer dans ses domaines de la pudicité de toutes ses jeunes vassales, doit finir, comme celui-ci, par être la risée de ses valets. Et c'est ce que l'auteur a très fortement prononcé, lorsqu'en fureur, au cinquième acte, Almaviva, croyant confondre une femme infidèle, montre à son jardinier un cabinet, en lui criant : « Entres-y, toi, Antonio ; conduis devant son juge l'infâme qui m'a déshonoré » ; et que celui-ci lui répond : « Il y a, parguenne, une bonne Providence ! Vous en avez tant fait dans le pays qu'il faut bien aussi qu'à votre tour !… »

Cette profonde moralité se fait sentir dans tout l'ouvrage ; et s'il convenait à l'auteur de démontrer aux adversaires qu'à travers sa forte leçon il a porté la considération pour la dignité du coupable plus loin qu'on ne devait l'attendre de la fermeté de son pinceau, je leur ferais remarquer que, croisé dans tous ses projets, le comte Almaviva se voit toujours humilié, sans être jamais avili.

En effet, si la comtesse usait de ruse pour aveugler sa jalousie dans le dessein de le trahir, devenue coupable elle-même, elle ne pourrait mettre à ses pieds son époux, sans le dégrader à nos yeux. La vicieuse intention de l'épouse brisant un lien respecté, l'on reprocherait justement à l'auteur d'avoir tracé des mœurs blâmables ; car nos jugements sur les mœurs se rapportent toujours aux femmes ; on n'estime pas assez les hommes pour tant exiger d'eux sur ce point délicat. Mais, loin qu'elle ait ce vil projet, ce qu'il y a de mieux établi dans l'ouvrage est que nul ne veut faire une tromperie au comte mais seulement l'empêcher d'en faire à tout le monde. C'est la pureté des motifs qui sauve ici les moyens du reproche ; et, de cela seul que la comtesse ne veut que ramener son mari, toutes les confusions qu'il éprouve sont certainement très morales, aucune n'est avilissante.

Pour que cette vérité vous frappe davantage, l'auteur oppose à ce mari peu délicat la plus vertueuse des femmes par goût et par principes.

Abandonnée d'un époux trop aimé, quand l'expose-t-on à vos regards ? Dans le moment critique où sa bienveillance pour un aimable enfant, son filleul, peut devenir un goût dangereux, si elle permet au ressentiment qui l'appuie de prendre trop d'empire sur elle. C'est pour faire mieux sortir l'amour vrai du devoir que l'auteur la met un moment aux prises avec un goût naissant qui le combat. Oh ! combien on s'est étayé de ce léger mouvement dramatique pour nous accuser d'indécence ! On accorde à la tragédie que toutes les reines, les princesses, aient des passions bien allumées qu'elles combattent plus ou moins, et l'on ne souffre pas que, dans la comédie, une femme ordinaire puisse lutter contre la moindre faiblesse ! Ô grande *influence de l'affiche* ! jugement sûr et conséquent ! Avec la différence du genre, on blâme ici ce qu'on approuvait là. Et cependant en ces deux cas c'est toujours le même principe : point de vertu sans sacrifice.

J'ose en appeler à vous, jeunes infortunées que votre malheur attache à des Almaviva ! Distingueriez-vous toujours votre vertu de vos chagrins, si quelque intérêt importun, tendant trop à les dissiper, ne vous avertissait enfin qu'il est temps de combattre pour elle ? Le chagrin de perdre un mari n'est pas ici ce qui nous touche ; un regret aussi personnel est trop loin d'être une vertu ! Ce qui nous plaît dans la comtesse, c'est de la voir lutter franchement contre un goût naissant qu'elle blâme et des ressentiments légitimes. Les efforts qu'elle fait alors pour ramener son infidèle époux, mettant dans le plus heureux jour les deux sacrifices pénibles de son goût et de sa colère, on n'a nul besoin d'y penser pour applaudir à son triomphe ; elle est un modèle de vertu, l'exemple de son sexe et l'amour du nôtre.

Si cette métaphysique de l'honnêteté des scènes, si ce principe avoué de toute décence théâtrale n'a point frappé nos juges à la représentation, c'est vainement que j'en étendrais ici le développement, les conséquences ; un tribunal d'iniquité n'écoute point les défenses de l'accusé qu'il est chargé de perdre ; et ma comtesse n'est point traduite au parlement de la nation, c'est une commission qui la juge.

On a vu la légère esquisse de son aimable caractère dans la charmante pièce d'*Heureusement*[1]. Le goût naissant que la jeune femme éprouve pour son petit cousin l'officier n'y parut blâmable à personne, quoique la tournure des scènes pût laisser à penser que la soirée eût fini d'autre manière, si l'époux ne fût pas rentré, comme dit l'auteur, « heureusement ». Heureusement aussi l'on n'avait pas le projet de calomnier cet auteur : chacun se livra de bonne foi à ce doux intérêt qu'inspire une jeune femme honnête et sensible qui réprime ses premiers goûts ; et notez que dans cette pièce, l'époux ne paraît qu'un peu sot ; dans la mienne il est infidèle ; ma comtesse a plus de mérite.

1. Comédie en un acte (1762) de Jacques Rochon de Chabannes (1730-1800).

Aussi, dans l'ouvrage que je défends, le plus véritable intérêt se porte-t-il sur la comtesse ; le reste est dans le même esprit.

Pourquoi Suzanne la camariste[1], spirituelle, adroite et rieuse, a-t-elle aussi le droit de nous intéresser ? C'est qu'attaquée par un séducteur puissant, avec plus d'avantage qu'il n'en faudrait pour vaincre une fille de son état, elle n'hésite pas à confier les intentions du comte aux deux personnes les plus intéressées à bien surveiller sa conduite : sa maîtresse et son fiancé ; c'est que, dans tout son rôle, presque le plus long de la pièce, il n'y a pas une phrase, un mot, qui ne respire la sagesse et l'attachement à ses devoirs. La seule ruse qu'elle se permette est en faveur de sa maîtresse, à qui son dévouement est cher, et dont tous les vœux sont honnêtes.

Pourquoi, dans ses libertés sur son maître, Figaro m'amuse-t-il, au lieu de m'indigner ? C'est que, l'opposé des valets, il n'est pas, et vous le savez, le malhonnête homme de la pièce : en le voyant forcé par son état de repousser l'insulte avec adresse, on lui pardonne tout, dès qu'on sait qu'il ne ruse avec son seigneur que pour garantir ce qu'il aime et sauver sa propriété.

Donc, hors le comte et ses agents, chacun fait dans la pièce à peu près ce qu'il doit. Si vous les croyez malhonnêtes parce qu'ils disent du mal les uns des autres, c'est une règle très fautive. Voyez nos honnêtes gens du siècle : on passe la vie à ne faire autre chose ! Il est même tellement reçu de déchirer sans pitié les absents que moi, qui les défends toujours, j'entends murmurer très souvent : « Quel diable d'homme, et qu'il est contrariant ! Il dit du bien de tout le monde ! »

Est-ce mon page, enfin, qui vous scandalise ? et l'immoralité qu'on reproche au fond de l'ouvrage serait-elle dans l'accessoire ? Ô censeurs délicats ! beaux esprits sans fatigue ! inquisiteurs pour la morale, qui condamnez en un clin d'œil les réflexions de cinq années ! soyez justes une fois, sans tirer à conséquence[2]. Un enfant de treize ans, aux premiers battements du cœur, cherchant tout sans rien démêler, idolâtre, ainsi qu'on l'est à cet âge heureux, d'un objet céleste pour lui dont le hasard fit sa marraine, est-il un sujet

1. Camériste : femme de chambre (Beaumarchais suit l'espagnol *camarista* pour son orthographe).
2. Sans tirer de conclusions hâtives et défavorables.

de scandale ? Aimé de tout le monde au château, vif, espiègle et brûlant, comme tous les enfants spirituels, par son agitation extrême, il dérange dix fois, sans le vouloir, les coupables projets du comte. Jeune adepte de la nature, tout ce qu'il voit a droit de l'agiter ; peut-être il n'est plus un enfant, mais il n'est pas encore un homme, et c'est le moment que j'ai choisi pour qu'il obtînt de l'intérêt sans forcer personne à rougir. Ce qu'il éprouve innocemment, il l'inspire partout de même. Direz-vous qu'on l'aime d'amour ? Censeurs ! ce n'est pas là le mot : vous êtes trop éclairés pour ignorer que l'amour, même le plus pur, a un motif intéressé : on ne l'aime donc pas encore ; on sent qu'un jour on l'aimera. Et c'est ce que l'auteur a mis, avec gaieté dans la bouche de Suzanne, quand elle dit à cet enfant : « Oh ! dans trois ou quatre ans, je prédis que vous serez le plus grand petit vaurien !... »

Pour lui imprimer plus fortement le caractère de l'enfance, nous le faisons exprès tutoyer par Figaro. Supposez-lui deux ans de plus, quel valet dans le château prendrait ces libertés ? Voyez-le à la fin de son rôle ; à peine a-t-il un habit d'officier, qu'il porte la main à l'épée aux premières railleries du comte, sur le quiproquo d'un soufflet. Il sera fier, notre étourdi ! mais c'est un enfant, rien de plus. N'ai-je pas vu nos dames, dans les loges, aimer mon page à la folie ? Que lui voulaient-elles ? hélas ! rien : c'était de l'intérêt aussi ; mais, comme celui de la comtesse, un pur et naïf intérêt, un intérêt... sans intérêt.

Mais est-ce la personne du page ou la conscience du seigneur qui fait le tourment du dernier, toutes les fois que l'auteur les condamne à se rencontrer dans la pièce ? Fixez ce léger aperçu, il peut vous mettre sur sa voie ; ou plutôt apprenez de lui que cet enfant n'est amené que pour ajouter à la moralité de l'ouvrage, en vous montrant que l'homme le plus absolu chez lui, dès qu'il suit un projet coupable, peut être mis au désespoir par l'être le moins important, par celui qui redoute le plus de se rencontrer sur sa route.

Quand mon page aura dix-huit ans, avec le caractère vif et bouillant que je lui ai donné, je serai coupable, à mon tour, si je le montre sur la scène. Mais à treize ans qu'inspire-t-il ? quelque chose de sensible et doux qui n'est ni amitié ni amour, et qui tient un peu de tous deux.

J'aurais de la peine à faire croire à l'innocence de ces impressions, si nous vivions dans un siècle moins chaste, dans un de ces siècles de calcul où, voulant tout prématuré, comme les fruits de leurs serres chaudes, les grands mariaient leurs enfants à douze ans, et faisaient plier la nature, la décence et le goût aux plus sordides convenances, en se hâtant surtout d'arracher, de ces êtres non formés, des enfants encore moins formables dont le bonheur n'occupait personne et qui n'étaient que le prétexte d'un certain trafic d'avantages qui n'avait nul rapport à eux, mais uniquement à leur nom. Heureusement nous en sommes bien loin, et le caractère de mon page, sans conséquence pour lui-même, en a une relative au comte, que le moraliste aperçoit, mais qui n'a pas encore frappé le grand commun de nos jugeurs.

Ainsi, dans cet ouvrage, chaque rôle important a quelque but moral. Le seul qui semble y déroger est le rôle de Marceline.

Coupable d'un ancien égarement, dont son Figaro fut le fruit, elle devrait, dit-on, se voir au moins punie par la confusion de sa faute, lorsqu'elle reconnaît son fils. L'auteur eût pu même en tirer une moralité plus profonde : dans les mœurs qu'il veut corriger, la faute d'une jeune fille séduite est celle des hommes, et non la sienne. Pourquoi donc ne l'a-t-il pas fait ?

Il l'a fait, censeurs raisonnables ! étudiez la scène suivante, qui faisait le nerf du troisième acte et que les Comédiens m'ont prié de retrancher, craignant qu'un morceau si sévère n'obscurcît la gaieté de l'action.

Quand Molière a bien humilié la coquette ou coquine du *Misanthrope*, par la lecture publique de ses lettres à tous ses amants, il la laisse avilie sous les coups qu'il lui a portés ; il a raison : qu'en ferait-il ? vicieuse par goût et par choix, veuve aguerrie, femme de cour, sans aucune excuse d'erreur, et fléau d'un fort honnête homme, il l'abandonne à nos mépris, et telle est sa moralité. Quant à moi, saisissant l'aveu naïf de Marceline au moment de la reconnaissance, je montrais cette femme humiliée et Bartholo qui la refuse, et Figaro, leur fils commun, dirigeant l'attention publique sur les vrais fauteurs du désordre où l'on entraîne sans pitié toutes les jeunes filles du peuple douées d'une jolie figure.

Telle est la marche de la scène.

**BRID'OISON,**
*parlant de Figaro qui vient de reconnaître sa mère en Marceline*

C'est clair : i-il ne l'épousera pas.

**BARTHOLO**

Ni moi non plus.

**MARCELINE**

Ni vous ! et votre fils ? Vous m'aviez juré…

**BARTHOLO**

J'étais fou. Si pareils souvenirs engageaient, on serait tenu d'épouser tout le monde.

**BRID'OISON**

E-et si l'on y regardait de si près, pè-personne n'épouserait personne.

**BARTHOLO**

Des fautes si connues ! une jeunesse déplorable !

**MARCELINE,**
*s'échauffant par degrés*

Oui, déplorable, et plus qu'on ne croit ! Je n'entends pas nier mes fautes, ce jour les a trop bien prouvées ! mais qu'il est dur de les expier après trente ans d'une vie modeste ! J'étais née, moi, pour être sage, et je la suis devenue sitôt qu'on m'a permis d'user de ma raison. Mais dans l'âge des illusions, de l'inexpérience et des besoins, où les séducteurs nous assiègent, pendant que la misère nous poignarde, que peut opposer une enfant à tant d'ennemis rassemblés ? Tel nous juge ici sévèrement, qui, peut-être, en sa vie a perdu dix infortunées !

**FIGARO**

Les plus coupables sont les moins généreux ; c'est la règle.

**MARCELINE,** *vivement*

Hommes plus qu'ingrats, qui flétrissez par le mépris les jouets de vos passions, vos victimes ! c'est vous qu'il faut punir des erreurs de notre jeunesse ; vous et vos magistrats, si vains du droit de nous juger, et qui nous laissent enlever, par leur coupable négligence, tout honnête moyen de subsister. Est-il un seul état pour les malheureuses filles ? Elles avaient un droit naturel à toute la parure des femmes : on y laisse former mille ouvriers de l'autre sexe.

**FIGARO,** *en colère*

Ils font broder jusqu'aux soldats.

**MARCELINE,** *exaltée*

Dans les rangs même plus élevés, les femmes n'obtiennent de vous qu'une considération dérisoire ; leurrées de respects apparents, dans une servitude réelle ; traitées en mineures pour nos biens, punies en majeures pour nos fautes ! ah, sous tous les aspects, votre conduite avec nous fait horreur ou pitié !

**FIGARO**

Elle a raison !

**LE COMTE,** *à part*

Que trop raison !

**BRID'OISON**

Elle a, mon-on Dieu ! raison.

**MARCELINE**

Mais que nous font, mon fils, les refus d'un homme injuste ? ne regarde pas d'où tu viens, vois où tu vas ; cela seul importe à chacun. Dans quelques mois, ta fiancée ne dépendra plus que d'elle-même ; elle t'acceptera, j'en réponds : vis entre une épouse, une mère tendres qui te chériront à qui mieux mieux. Sois indulgent pour elles, heureux pour toi, mon fils ; gai, libre et bon pour tout le monde : il ne manquera rien à ta mère.

**FIGARO**

Tu parles d'or, maman, et je me tiens à ton avis. Qu'on est sot, en effet ! il y a des mille, mille ans que le monde roule, et dans cet océan de durée où j'ai par hasard attrapé quelques chétifs trente ans qui ne reviendront plus, j'irais me tourmenter pour savoir à qui je les dois ! tant pis pour qui s'en inquiète ! Passer ainsi la vie à chamailler, c'est peser sur le collier sans relâche, comme les malheureux chevaux de la remonte des fleuves qui ne reposent pas, même quand ils s'arrêtent, et qui tirent toujours, quoiqu'ils cessent de marcher. Nous attendrons.

J'ai bien regretté ce morceau, et maintenant que la pièce est connue, si les Comédiens avaient le courage de le restituer à ma prière, je pense que le public leur en saurait beaucoup de gré. Ils n'auraient plus même à répondre, comme je fus forcé de le faire à certains censeurs du beau monde qui me reprochaient, à la lecture, de les intéresser pour une femme de mauvaises mœurs : « Non, messieurs, je n'en parle pas pour excuser ses mœurs, mais pour vous faire rougir des vôtres sur le point le plus destructeur de toute honnêteté publique : *la corruption des jeunes personnes* ; et j'avais raison de le dire, que vous trouvez ma pièce trop gaie, parce qu'elle est souvent trop sévère. Il n'y a que façon de s'entendre.

— Mais votre Figaro est un soleil tournant[1], qui brûle, en jaillissant, les manchettes de tout le monde. — Tout le monde est exagéré. Qu'on me sache gré du moins s'il ne brûle pas aussi les doigts de ceux qui croient s'y reconnaître : au temps qui court, on a beau jeu sur cette matière au théâtre. M'est-il permis de composer en auteur qui sort du collège, de toujours faire rire des enfants sans jamais rien dire à des hommes ? et ne devez-vous pas me passer un peu de morale, en faveur de ma gaieté, comme on passe aux Français un peu de folie, en faveur de leur raison ? »

Si je n'ai versé sur nos sottises qu'un peu de critique badine, ce n'est pas que je ne sache en former de plus sévères : quiconque a dit tout ce qu'il sait dans son ouvrage, y a mis plus que moi dans le mien. Mais je garde une foule d'idées qui me pressent pour un des sujets les plus moraux du théâtre, aujourd'hui sur mon chantier : *La Mère coupable* ; et si le dégoût dont on m'abreuve me permet jamais de l'achever, mon projet étant d'y faire verser des larmes à toutes les femmes sensibles, j'élèverai mon langage à la hauteur de mes situations, j'y prodiguerai les traits de la plus austère morale, et je tonnerai fortement sur les vices que j'ai trop ménagés. Apprêtez-vous donc bien, messieurs, à me tourmenter de nouveau : ma poitrine a déjà grondé ; j'ai noirci beaucoup de papier au service de votre colère.

Et vous, honnêtes indifférents, qui jouissez de tout sans prendre parti sur rien, jeunes personnes modestes et timides qui vous plaisez à ma *Folle Journée* (et je n'entreprends sa défense que pour justifier votre goût), lorsque vous verrez dans le monde un de ces hommes

1. Pièce de feu d'artifice.

tranchants critiquer vaguement la pièce, tout blâmer sans rien désigner, surtout la trouver indécente, examinez bien cet homme-là ; sachez son rang, son état, son caractère, et vous connaîtrez sur-le-champ le mot qui l'a blessé dans l'ouvrage.

On sent bien que je ne parle pas de ces écumeurs littéraires qui vendent leurs bulletins ou leurs affiches à tant de liards le paragraphe. Ceux-là, comme l'abbé Bazile, peuvent calomnier : *ils médiraient qu'on ne les croirait pas.*

Je parle moins encore de ces libellistes honteux qui n'ont trouvé d'autre moyen de satisfaire leur rage, l'assassinat étant trop dangereux, que de lancer du cintre de nos salles des vers infâmes contre l'auteur, pendant que l'on jouait sa pièce. Ils savent que je les connais ; si j'avais eu dessein de les nommer, ç'aurait été au ministère public : leur supplice est de l'avoir craint, il suffit à mon ressentiment. Mais on n'imaginera jamais jusqu'où ils ont osé élever les soupçons du public sur une aussi lâche épigramme ! semblables à ces vils charlatans du Pont-Neuf, qui, pour accréditer leurs drogues, farcissent d'ordres, de cordons, le tableau qui leur sert d'enseigne.

Non, je cite nos importants, qui, blessés, on ne sait pourquoi, des critiques semées dans l'ouvrage, se chargent d'en dire du mal, sans cesser de venir aux noces.

C'est un plaisir assez piquant de les voir d'en bas au spectacle, dans le très plaisant embarras de n'oser montrer ni satisfaction ni colère ; s'avançant sur le bord des loges, prêts à se moquer de l'auteur, et se retirant aussitôt pour celer un peu de grimace ; emportés par un mot de la scène, et soudainement rembrunis par le pinceau du moraliste ; au plus léger trait de gaieté, jouer tristement les étonnés, prendre un air gauche en faisant les pudiques et regardant les femmes dans les yeux, comme pour leur reprocher de soutenir un tel scandale ; puis, aux grands applaudissements, lancer sur le public un regard méprisant, dont il est écrasé ; toujours prêts à lui dire, comme ce courtisan dont parle Molière, lequel, outré du succès de *L'École des femmes*, criait des balcons au public : « Ris donc, public, ris donc ! » En vérité c'est un plaisir, et j'en ai joui bien des fois.

Celui-là m'en rappelle un autre. Le premier jour de *La Folle Journée*, on s'échauffait dans le foyer (même d'honnêtes plébéiens) sur ce qu'ils nommaient spirituellement « mon audace ». Un petit vieillard sec et brusque, impatienté de tous ces cris, frappe le plancher de sa canne et dit en s'en allant : « Nos Français sont comme les enfants, qui braillent quand on les éberne[1]. » Il avait du sens, ce vieillard. Peut-être on pouvait mieux parler, mais pour mieux penser, j'en défie.

Avec cette intention de tout blâmer, on conçoit que les traits les plus sensés ont été pris en mauvaise part. N'ai-je pas entendu vingt fois un murmure descendre des loges à cette réponse de Figaro :

**LE COMTE**

Une réputation détestable !

**FIGARO**

Et si je vaux mieux qu'elle ? y a-t-il beaucoup de seigneurs qui puissent en dire autant ?

Je dis, moi, qu'il n'y en a point ; qu'il ne saurait y en avoir, à moins d'une exception bien rare. Un homme obscur ou peu connu peut valoir mieux que sa réputation, qui n'est que l'opinion d'autrui. Mais de même qu'un sot en place en paraît une fois plus sot parce qu'il ne peut plus rien cacher, de même un grand seigneur, l'homme élevé en dignités, que la fortune et sa naissance ont placé sur le grand théâtre, et qui, en entrant dans le monde, eut toutes les préventions pour lui, vaut presque toujours moins que sa réputation s'il parvient à la rendre mauvaise. Une assertion si simple et si loin du sarcasme devait-elle exciter le murmure ? si son application paraît fâcheuse aux grands peu soigneux de leur gloire, en quel sens fait-elle épigramme sur ceux qui méritent nos respects ? et quelle maxime plus juste au théâtre peut servir de frein aux puissants et tenir lieu de leçon à ceux qui n'en reçoivent point d'autres ?

Non qu'il faille oublier (a dit un écrivain sévère, et je me plais à le citer, parce que je suis de son avis), « non qu'il faille oublier, dit-il, ce qu'on doit aux rangs élevés : il est juste au contraire que l'avantage de la naissance soit le moins contesté de tous, parce que ce bienfait gratuit de l'hérédité, relatif aux exploits, vertus ou qualités des aïeux de qui le reçut, ne peut aucunement blesser l'amour-propre de ceux auxquels il fut refusé ; parce que dans une monarchie, si l'on ôtait les rangs intermédiaires, il y aurait trop loin du monarque aux sujets ; bientôt on n'y verrait qu'un despote et des esclaves ; le maintien

1. Ébrener ou éberner : nettoyer les langes salis des enfants.

d'une échelle graduée du laboureur au potentat intéresse également les hommes de tous les rangs, et peut-être est le plus ferme appui de la constitution monarchique ».

Mais quel auteur parlait ainsi ? qui faisait cette profession de foi sur la noblesse, dont on me suppose si loin ? C'était Pierre-Augustin Caron de Beaumarchais, plaidant par écrit au parlement d'Aix, en 1778, une grande et sévère question qui décida bientôt de l'honneur d'un noble et du sien. Dans l'ouvrage que je défends, on n'attaque point les états, mais les abus de chaque état ; les gens seuls qui s'en rendent coupables ont intérêt à le trouver mauvais ; voilà les rumeurs expliquées ; mais quoi donc, les abus sont-ils devenus si sacrés qu'on n'en puisse attaquer aucun sans lui trouver vingt défenseurs ?

Un avocat célèbre, un magistrat respectable iront-ils donc s'approprier le plaidoyer d'un Bartholo, le jugement d'un Brid'oison ? Ce mot de Figaro sur l'indigne abus des plaidoiries de nos jours (« c'est dégrader le plus noble institut ») a bien montré le cas que je fais du noble métier d'avocat, et mon respect pour la magistrature ne sera pas plus suspecté, quand on saura dans quelle école j'en ai recherché la leçon, quand on lira le morceau suivant, aussi tiré d'un moraliste, lequel, parlant des magistrats, s'exprime en ces termes formels :

« Quel homme aisé voudrait, pour le plus modique honoraire, faire le métier cruel de se lever à quatre heures pour aller au Palais tous les jours s'occuper, sous des formes prescrites, d'intérêts qui ne sont jamais les siens ; d'éprouver sans cesse l'ennui de l'importunité, le dégoût des sollicitations, le bavardage des plaideurs, la monotonie des audiences, la fatigue des délibérations et la contention d'esprit nécessaire aux prononcés des arrêts, s'il ne se croyait pas payé de cette vie laborieuse et pénible par l'estime et la considération publique ? et cette estime est-elle autre chose qu'un jugement qui n'est même aussi flatteur pour les bons magistrats qu'en raison de sa rigueur excessive contre les mauvais ? »

Mais quel écrivain m'instruisait ainsi par ses leçons ? Vous allez croire encore que c'est Pierre-Augustin ? Vous l'avez dit : c'est lui, en 1773, dans son quatrième Mémoire[1], en défendant jusqu'à la mort sa triste existence attaquée par un soi-disant magistrat. Je

1. Le plus fameux des *Mémoires contre Goëzman* (écrit plus précisément en 1774), du nom de l'avocat que Beaumarchais satirise.

respecte donc hautement ce que chacun doit honorer, et je blâme ce qui peut nuire.

« Mais dans cette *Folle Journée*, au lieu de saper les abus, vous vous donnez des libertés très répréhensibles au théâtre ; votre monologue surtout contient, sur les gens disgraciés, des traits qui passent la licence ! — Eh ! croyez-vous, messieurs, que j'eusse un talisman pour tromper, séduire, enchaîner la censure et l'autorité, quand je leur soumis mon ouvrage ? que je n'aie pas dû justifier ce que j'avais osé écrire ? » Que vais-je dire à Figaro, parlant à l'homme déplacé ? « Que les sottises imprimées n'ont d'importance qu'aux lieux où l'on en gêne le cours. » Est-ce donc là une vérité d'une conséquence dangereuse ? Au lieu de ces inquisitions puériles et fatigantes, et qui seules donnent de l'importance à ce qui n'en aurait jamais, si, comme en Angleterre, on était assez sage ici pour traiter les sottises avec ce mépris qui les tue, loin de sortir du vil fumier qui les enfante, elles y pourriraient en germant, et ne se propageraient point. Ce qui multiplie les libelles est la faiblesse de les craindre ; ce qui fait vendre les sottises est la sottise de les défendre.

Et comment conclut Figaro ? « Que sans la liberté de blâmer, il n'est point d'éloge flatteur ; et qu'il n'y a que les petits hommes qui redoutent les petits écrits. » Sont-ce là des hardiesses coupables, ou bien des aiguillons de gloire ? des moralités insidieuses ou des maximes réfléchies, aussi justes qu'encourageantes ?

Supposez-les le fruit des souvenirs. Lorsque, satisfait du présent, l'auteur veille pour l'avenir, dans la critique du passé, qui peut avoir droit de s'en plaindre ? et si, ne désignant ni temps, ni lieu, ni personnes, il ouvre la voie, au théâtre, à des réformes désirables, n'est-ce pas aller à son but ?

*La Folle Journée* explique donc comment, dans un temps prospère, sous un roi juste et des ministres modérés, l'écrivain peut tonner sur les oppresseurs sans craindre de blesser personne. C'est pendant le règne d'un bon prince qu'on écrit sans danger l'histoire des méchants rois ; et, plus le gouvernement est sage, est éclairé, moins la liberté de dire est en presse[1] ; chacun y faisant son devoir, on n'y craint pas les allusions ; nul homme en place ne redoutant ce qu'il est forcé d'estimer, on n'affecte point alors d'opprimer chez nous cette même

1. Dans une situation difficile.

littérature, qui fait notre gloire au-dehors et nous y donne une sorte de primauté que nous ne pouvons tirer d'ailleurs.

En effet, à quel titre y prétendrions-nous ? Chaque peuple tient à son culte et chérit son gouvernement. Nous ne sommes pas restés plus braves que ceux qui nous ont battus à leur tour. Nos mœurs plus douces, mais non meilleures, n'ont rien qui nous élève au-dessus d'eux. Notre littérature seule, estimée de toutes les nations, étend l'empire de la langue française et nous obtient de l'Europe entière une prédilection avouée qui justifie, en l'honorant, la protection que le gouvernement lui accorde.

Et comme chacun cherche toujours le seul avantage qui lui manque, c'est alors qu'on peut voir dans nos académies l'homme de la cour siéger avec les gens de lettres, les talents personnels et la considération héritée se disputer ce noble objet, et les archives académiques se remplir presque également de papiers et de parchemins.

Revenons à *La Folle Journée*.

Un monsieur de beaucoup d'esprit, mais qui l'économise un peu trop, me disait un soir au spectacle : « Expliquez-moi donc, je vous prie, pourquoi, dans votre pièce, on trouve autant de phrases négligées qui ne sont pas de votre style ? — De mon style, monsieur ? Si par malheur j'en avais un, je m'efforcerais de l'oublier quand je fais une comédie, ne connaissant rien d'insipide au théâtre comme ces fades camaïeux où tout est bleu, où tout est rose, où tout est l'auteur, quel qu'il soit. »

Lorsque mon sujet me saisit, j'évoque tous mes personnages et les mets en situation. « Songe à toi, Figaro, ton maître va te deviner. Sauvez-vous vite, Chérubin, c'est le comte que vous touchez. Ah ! comtesse, quelle imprudence, avec un époux si violent ! » Ce qu'ils diront, je n'en sais rien ; c'est ce qu'ils feront qui m'occupe. Puis, quand ils sont bien animés, j'écris sous leur dictée rapide, sûr qu'ils ne me tromperont pas, que je reconnaîtrai Bazile, lequel n'a pas l'esprit de Figaro, qui n'a pas le ton noble du comte, qui n'a pas la sensibilité de la comtesse, qui n'a pas la gaieté de Suzanne, qui n'a pas l'espièglerie du page, et surtout aucun d'eux la sublimité de Brid'oison. Chacun y parle son langage : eh ! que le dieu du naturel les préserve d'en parler d'autre ! Ne nous attachons donc qu'à l'examen de leurs idées, et non à rechercher si j'ai dû leur prêter mon style.

Quelques malveillants ont voulu jeter de la défaveur sur cette phrase de Figaro : « Sommes-nous des soldats qui tuent et se font tuer pour des intérêts qu'ils ignorent ? Je veux savoir, moi, pourquoi je me fâche. » À travers le nuage d'une conception indigeste ils ont feint d'apercevoir *que je répands une lumière décourageante sur l'état pénible du soldat, et il y a des choses qu'il ne faut jamais dire.* Voilà dans toute sa force l'argument de la méchanceté ; reste à en prouver la bêtise.

Si, comparant la dureté du service à la modicité de la paye, ou discutant tel autre inconvénient de la guerre et comptant la gloire pour rien, je versais de la défaveur sur ce plus noble des affreux métiers, on me demanderait justement compte d'un mot indiscrètement échappé. Mais, du soldat au colonel, au général exclusivement, quel imbécile homme de guerre a jamais eu la prétention qu'il dût pénétrer les secrets du cabinet pour lesquels il fait la campagne ? C'est de cela seul qu'il s'agit dans la phrase de Figaro. Que ce fou-là se montre, s'il existe ; nous l'enverrons étudier sous le philosophe Babouc, lequel éclaircit disertement ce point de discipline militaire[1].

En raisonnant sur l'usage que l'homme fait de sa liberté dans les occasions difficiles, Figaro pouvait également opposer à sa situation tout état qui exige une obéissance implicite ; et le cénobite zélé, dont le devoir est de tout croire sans jamais rien examiner, comme le guerrier valeureux, dont la gloire est de tout affronter sur des ordres non motivés, de *tuer et se faire tuer pour des intérêts qu'il ignore.* Le mot de Figaro ne dit donc rien, sinon qu'un homme libre de ses actions doit agir sur d'autres principes que ceux dont le devoir est d'obéir aveuglément.

Qu'aurait-ce été, bon Dieu ! si j'avais fait usage d'un mot qu'on attribue au Grand Condé, et que j'entends louer à outrance par ces mêmes logiciens qui déraisonnent sur ma phrase ? À les croire, le Grand Condé montra la plus noble présence d'esprit, lorsque arrêtant Louis XIV prêt à pousser son cheval dans le Rhin, il dit à ce monarque : « Sire, avez-vous besoin du bâton de maréchal ? »

Heureusement on ne prouve nulle part que ce grand homme ait dit cette grande sottise. C'eût été dire au roi, devant toute son armée : « Vous moquez-vous donc, Sire, de vous exposer dans un

1. Référence au conte de Voltaire *Le Monde comme il va.*

fleuve ? Pour courir de pareils dangers, il faut avoir besoin d'avancement ou de fortune ! »

Ainsi l'homme le plus vaillant, le plus grand général du siècle, aurait compté pour rien l'honneur, le patriotisme et la gloire ! un misérable calcul d'intérêt eût été, selon lui, le seul principe de la bravoure ! il eût dit là un affreux mot ! et si j'en avais pris le sens pour l'enfermer dans quelque trait, je mériterais le reproche qu'on fait gratuitement au mien.

Laissons donc les cerveaux fumeux louer ou blâmer, au hasard, sans se rendre compte de rien, s'extasier sur une sottise qui n'a pu jamais être dite, et proscrire un mot juste et simple qui ne montre que du bon sens.

Un autre reproche assez fort, mais dont je n'ai pu me laver, est d'avoir assigné pour retraite à la comtesse un certain couvent d'Ursulines. « Ursulines ! » a dit un seigneur, joignant les mains avec éclat ; « Ursulines ! » a dit une dame en se renversant de surprise sur un jeune Anglais de sa loge ; « "Ursulines !" ah Milord ! si vous entendiez le français !... — Je sens, je sens beaucoup, madame, dit le jeune homme en rougissant. — C'est qu'on n'a jamais mis au théâtre aucune femme aux "Ursulines" ! Abbé, parlez-nous donc ! L'abbé (toujours appuyée sur l'Anglais), comment trouvez-vous "Ursulines" ? — Fort indécent », répond l'abbé sans cesser de lorgner Suzanne. Et tout le beau monde a répété : « "Ursulines" est fort indécent. » Pauvre auteur ! on te croit jugé, quand chacun songe à son affaire. En vain j'essayais d'établir que dans l'événement de la scène, moins la comtesse a dessein de se cloîtrer, plus elle doit le feindre et faire croire à son époux que sa retraite est bien choisie ; ils ont proscrit mes « Ursulines » !

Dans le plus fort de la rumeur, moi, bon homme, j'avais été jusqu'à prier une des actrices qui font le charme de ma pièce de demander aux mécontents à quel autre couvent de filles ils estimaient qu'il fût *décent* que l'on fît entrer la comtesse ? À moi, cela m'était égal, je l'aurais mise où l'on aurait voulu : aux Augustines, aux Célestines, aux Clairettes, aux Visitandines, même aux Petites Cordelières, tant je tiens peu aux Ursulines ! Mais on agit si durement !

Enfin, le bruit croissant toujours, pour arranger l'affaire avec douceur, j'ai laissé le mot « Ursulines » à la place où je l'avais mis : chacun alors, content de soi, de tout l'esprit qu'il avait montré, s'est apaisé sur « Ursulines », et l'on a parlé d'autre chose.

Je ne suis point, comme l'on voit, l'ennemi de mes ennemis. En disant bien du mal de moi ils n'en ont point fait à ma pièce, et s'ils sentaient seulement autant de joie à la déchirer que j'eus de plaisir à la faire, il n'y aurait personne d'affligé. Le malheur est qu'ils ne rient point ; et ils ne rient point à ma pièce parce qu'on ne rit point à la leur. Je connais plusieurs amateurs qui sont même beaucoup maigris depuis le succès du *Mariage* : excusons donc l'effet de leur colère.

À des moralités d'ensemble et de détail, répandues dans les flots d'une inaltérable gaieté, à un dialogue assez vif dont la facilité nous cache le travail, si l'auteur a joint une intrigue aisément filée, où l'art se dérobe sous l'art, qui se noue et se dénoue sans cesse à travers une foule de situations comiques, de tableaux piquants et variés qui soutiennent, sans la fatiguer, l'attention du public pendant les trois heures et demie que dure le même spectacle (essai que nul homme de lettres n'avait encore osé tenter !), que restait-il à faire à de pauvres méchants que tout cela irrite ? attaquer, poursuivre l'auteur par des injures verbales, manuscrites, imprimées : c'est ce qu'on a fait sans relâche. Ils ont même épuisé jusqu'à la calomnie pour tâcher de me perdre dans l'esprit de tout ce qui influe en France sur le repos d'un citoyen. Heureusement que mon ouvrage est sous les yeux de la nation, qui depuis dix grands mois le voit, le juge et l'apprécie. Le laisser jouer tant qu'il fera plaisir est la seule vengeance que je me sois permise. Je n'écris point ceci pour les lecteurs actuels ; le récit d'un mal trop connu touche peu ; mais dans quatre-vingts ans il portera son fruit. Les auteurs de ce temps-là compareront leur sort au nôtre, et nos enfants sauront à quel prix on pouvait amuser leurs pères.

Allons au fait ; ce n'est pas tout cela qui blesse. Le vrai motif qui se cache et qui dans les replis du cœur produit tous les autres reproches, est renfermé dans ce quatrain :

> Pourquoi ce Figaro qu'on va tant écouter
> Est-il avec fureur déchiré par les sots ?
> *Recevoir, prendre et demander :*
> *Voilà le secret en trois mots.*

En effet, Figaro, parlant du métier de courtisan, le définit dans ces termes sévères. Je ne puis le nier, je l'ai dit. Mais reviendrai-je sur ce point ? Si c'est un mal, le remède serait pire : il faudrait poser méthodiquement ce que je n'ai fait qu'indiquer, revenir à montrer qu'il n'y a point de synonyme en français entre *l'homme de la cour, l'homme de cour*, et *le courtisan par métier*.

Il faudrait répéter qu'*homme de la cour* peint seulement un noble état ; qu'il s'entend de l'homme de qualité vivant avec la noblesse et l'éclat que son rang lui impose ; que, si cet *homme de la cour* aime le bien par goût, sans intérêt, si, loin de jamais nuire à personne, il se fait estimer de ses maîtres, aimer de ses égaux et respecter des autres, alors cette acception reçoit un nouveau lustre, et j'en connais plus d'un que je nommerais avec plaisir s'il en était question.

Il faudrait montrer qu'*homme de cour*, en bon français, est moins l'énoncé d'un état que le résumé d'un caractère adroit, liant, mais réservé, pressant la main de tout le monde en glissant chemin à travers, menant finement son intrigue avec l'air de toujours servir, ne se faisant point d'ennemis, mais donnant, près d'un fossé, dans l'occasion, de l'épaule au meilleur ami pour assurer sa chute et le remplacer sur la crête, laissant à part tout préjugé qui pourrait ralentir sa marche, souriant à ce qui lui déplaît et critiquant ce qu'il approuve, selon les hommes qui l'écoutent ; dans les liaisons utiles de sa femme ou de sa maîtresse, ne voyant que ce qu'il doit voir, enfin…

*Prenant tout, pour le faire court,*
*En véritable* homme de cour.

LA FONTAINE.

Cette acception n'est pas aussi défavorable que celle du *courtisan par métier*, et c'est l'homme dont parle Figaro.

Mais, quand j'étendrais la définition de ce dernier, quand, parcourant tous les possibles, je le montrerais avec son maintien équivoque, haut et bas à la fois, rampant avec orgueil, ayant toutes les prétentions sans en justifier une, se donnant l'air du *protègement*[1] pour se faire chef de parti, dénigrant tous les concurrents qui balanceraient son crédit, faisant un métier lucratif de ce qui ne devrait qu'honorer, vendant ses maîtresses à son maître, lui faisant payer ses plaisirs, etc., etc., et quatre pages d'etc., il faudrait toujours revenir

1. Néologisme de Beaumarchais, plus expressif que *protection*, qui a ici une valeur politique.

au distique de Figaro : « Recevoir, prendre et demander : voilà le secret en trois mots. »

Pour ceux-ci, je n'en connais point ; il y en eut, dit-on, sous Henri III, sous d'autres rois encore, mais c'est l'affaire de l'historien ; et, quant à moi, je suis d'avis que les vicieux du siècle en sont comme les saints : qu'il faut cent ans pour les canoniser. Mais, puisque j'ai promis la critique de ma pièce, il faut enfin que je la donne.

En général son grand défaut est *que je ne l'ai point faite en observant le monde ; qu'elle ne peint rien de ce qui existe et ne rappelle jamais l'image de la société où l'on vit ; que ses mœurs basses et corrompues n'ont pas même le mérite d'être vraies.* Et c'est ce qu'on lisait dernièrement dans un beau discours imprimé, composé par un homme de bien, auquel il n'a manqué qu'un peu d'esprit pour être un écrivain médiocre[1]. Mais, médiocre ou non, moi qui ne fis jamais usage de cette allure oblique et torse avec laquelle un sbire qui n'a pas l'air de vous regarder vous donne du stylet au flanc, je suis de l'avis de celui-ci. Je conviens qu'à la vérité, la génération passée ressemblait beaucoup à ma pièce, que la génération future lui ressemblera beaucoup aussi ; mais que, pour la génération présente, elle ne lui ressemble aucunement ; que je n'ai jamais rencontré ni mari suborneur, ni seigneur libertin, ni courtisan avide, ni juge ignorant ou passionné, ni avocat injuriant, ni gens médiocres avancés, ni traducteur bassement jaloux ; et que, si des âmes pures, qui ne s'y reconnaissent point du tout, s'irritent contre ma pièce et la déchirent sans relâche, c'est uniquement par respect pour leurs grands-pères et sensibilité pour leurs petits-enfants. J'espère, après cette déclaration, qu'on me laissera bien tranquille ; ET J'AI FINI.

1. Beaumarchais vise Jean-Baptiste Suard (1732-1817), ancien « philosophe » mais censeur très sévère de la pièce, notamment dans son discours à l'Académie française le 15 juin 1784.

# Caractères et habillements de la pièce

LE COMTE ALMAVIVA doit être joué très noblement, mais avec grâce et liberté. La corruption du cœur ne doit rien ôter au *bon ton* de ses manières. Dans les mœurs *de ce temps-là,* les grands traitaient en badinant toute entreprise sur les femmes. Ce rôle est d'autant plus pénible à bien rendre que le personnage est toujours sacrifié. Mais, joué par un comédien excellent (M. Molé), il a fait ressortir tous les rôles et assuré le succès de la pièce.

Son vêtement du premier et second acte est un habit de chasse, avec des bottines à mi-jambe de l'ancien costume espagnol. Du troisième acte jusqu'à la fin, un habit superbe de ce costume.

LA COMTESSE, agitée de deux sentiments contraires, ne doit montrer qu'une sensibilité réprimée, ou une colère très modérée ; rien surtout qui dégrade aux yeux du spectateur son caractère aimable et vertueux. Ce rôle, un des plus difficiles de la pièce, a fait infiniment d'honneur au grand talent de Mlle Saint-Val cadette.

Son vêtement du premier, second et quatrième acte est une lévite[1] commode, et nul ornement sur la tête : elle est chez elle et censée incommodée. Au cinquième acte, elle a l'habillement et la haute coiffure de Suzanne.

FIGARO. L'on ne peut trop recommander à l'acteur qui jouera ce rôle de bien se pénétrer de son esprit, comme l'a fait M. Dazincourt. S'il y voyait autre chose que de la raison assaisonnée de gaieté et de saillies, surtout s'il y mettait la moindre charge, il avilirait un rôle que le premier comique du théâtre, M. Préville[2], a jugé devoir honorer le talent de tout comédien qui saurait en saisir les nuances multipliées et pourrait s'élever à son entière conception.

Son vêtement comme dans *Le Barbier de Séville.*

1. Robe longue d'intérieur.
2. Acteur de la Comédie-Française et ami de Beaumarchais. Il avait tenu le rôle de Figaro dans *Le Barbier de Séville* en 1775. Pour *Le Mariage de Figaro*, en 1784, à soixante-trois ans, il se contenta de celui de Brid'oison.

SUZANNE. Jeune personne adroite, spirituelle et rieuse, mais non de cette gaieté presque effrontée de nos soubrettes corruptrices ; son joli caractère est dessiné dans la préface, et c'est là que l'actrice qui n'a point vu Mlle Contat doit l'étudier pour le bien rendre.

Son vêtement des quatre premiers actes est un juste blanc à basquines[1], très élégant, la jupe de même, avec une toque appelée depuis par nos marchandes : « à la Suzanne ». Dans la fête du quatrième acte, le comte lui pose sur la tête une toque à long voile, à hautes plumes et à rubans blancs. Elle porte au cinquième acte la lévite de sa maîtresse, et nul ornement sur la tête.

MARCELINE est une femme d'esprit, née un peu vive, mais dont les fautes et l'expérience ont réformé le caractère. Si l'actrice qui le joue s'élève avec une fierté bien placée à la hauteur très morale qui suit la reconnaissance du troisième acte, elle ajoutera beaucoup à l'intérêt de l'ouvrage.

Son vêtement est celui des duègnes espagnoles, d'une couleur modeste, un bonnet noir sur la tête.

ANTONIO ne doit montrer qu'une demi-ivresse qui se dissipe par degrés, de sorte qu'au cinquième acte on n'en aperçoive presque plus.

Son vêtement est celui d'un paysan espagnol, où les manches pendent par-derrière ; un chapeau et des souliers blancs.

FANCHETTE est une enfant de douze ans, très naïve. Son petit habit est un juste brun avec des ganses et des boutons d'argent, la jupe de couleur tranchante, et une toque noire à plumes sur la tête. Il sera celui des autres paysannes de la noce.

CHÉRUBIN. Ce rôle ne peut être joué, comme il l'a été, que par une jeune et très jolie femme ; nous n'avons point à nos théâtres de très jeune homme assez formé pour en bien sentir les finesses. Timide à l'excès devant la comtesse, ailleurs un charmant polisson, un désir inquiet et vague est le fond de son caractère. Il s'élance à la

1. Corsage étroit à petites basques.

puberté mais sans projet, sans connaissances, et tout entier à chaque événement ; enfin il est ce que toute mère, au fond du cœur, voudrait peut-être que fût son fils, quoiqu'elle dût beaucoup en souffrir.

Son riche vêtement, aux premier et second actes, est celui d'un page de cour espagnol, blanc et brodé d'argent ; le léger manteau bleu sur l'épaule, et un chapeau chargé de plumes. Au quatrième acte, il a le corset, la jupe et la toque des jeunes paysannes qui l'amènent. Au cinquième acte, un habit uniforme d'officier, une cocarde et une épée.

BARTHOLO. Le caractère et l'habit comme dans *Le Barbier de Séville* ; il n'est ici qu'un rôle secondaire.

BAZILE. Caractère et vêtement comme dans *Le Barbier de Séville* ; il n'est aussi qu'un rôle secondaire.

BRID'OISON doit avoir cette bonne et franche assurance des bêtes qui n'ont plus leur timidité. Son bégaiement n'est qu'une grâce de plus qui doit être à peine sentie, et l'acteur se tromperait lourdement et jouerait à contresens s'il y cherchait le plaisant de son rôle. Il est tout entier dans l'opposition de la gravité de son état au ridicule du caractère ; et moins l'acteur le chargera, plus il montrera de vrai talent.

Son habit est une robe de juge espagnol, moins ample que celle de nos procureurs, presque une soutane ; une grosse perruque, une gonille ou rabat espagnol au col, et une longue baguette blanche à la main.

DOUBLE-MAIN. Vêtu comme le juge, mais la baguette blanche plus courte.

L'HUISSIER OU ALGUAZIL. Habit, manteau, épée de Crispin[1], mais portée à son côté sans ceinture de cuir. Point de bottines, une chaussure noire, une perruque blanche naissante[2] et longue à mille boucles, une courte baguette blanche.

1. Crispin, personnage de valet dans la Comédie-Italienne, arborait une rapière tenue par un baudrier.
2. Perruque qui imite les « cheveux naissants », c'est-à-dire des cheveux frisés en long.

GRIPPE-SOLEIL. Habit de paysan, les manches pendantes ; veste de couleur tranchée, chapeau blanc.

UNE JEUNE BERGÈRE. Son vêtement comme celui de Fanchette.

PÉDRILLE. En veste, gilet, ceinture, fouet et bottes de poste, une réçille sur la tête, chapeau de courrier.

PERSONNAGES MUETS, les uns en habits de juges, d'autres en habits de paysans, les autres en habits de livrée.

# Personnages

LE COMTE ALMAVIVA, grand corrégidor[1] d'Andalousie

LA COMTESSE, sa femme

FIGARO, valet de chambre du comte, et concierge[2] du château

SUZANNE, première camariste de la comtesse, et fiancée de Figaro

MARCELINE, femme de charge[3]

ANTONIO, jardinier du château, oncle de Suzanne et père de Fanchette

FANCHETTE, fille d'Antonio

CHÉRUBIN, premier page du comte

BARTHOLO, médecin de Séville

BAZILE, maître de clavecin de la comtesse

DON GUSMAN BRID'OISON, lieutenant du siège

DOUBLE-MAIN, greffier, secrétaire de don Gusman

UN HUISSIER-AUDIENCIER

GRIPPE-SOLEIL, jeune pastoureau[4]

---

1. Premier officier de justice.
2. Au sens d'*intendant*.
3. Femme qui s'occupe du linge et de la vaisselle.
4. Petit pasteur.

UNE JEUNE BERGÈRE

PÉDRILLE, piqueur du comte

| | |
|---|---|
| TROUPE DE VALETS<br>TROUPE DE PAYSANNES<br>TROUPE DE PAYSANS | } personnages muets |

*La scène est au château d'Aguas-Frescas, à trois lieues de Séville.*

# Placement des acteurs

Pour faciliter les jeux du théâtre, on a eu l'attention d'écrire au commencement de chaque scène le nom des personnages dans l'ordre où le spectateur les voit. S'ils font quelque mouvement grave dans la scène, il est désigné par un nouvel ordre de noms, écrit en marge à l'instant qu'il arrive. Il est important de conserver les bonnes positions théâtrales ; le relâchement dans la tradition donnée par les premiers acteurs en produit bientôt un total dans le jeu des pièces, qui finit par assimiler les troupes négligentes aux plus faibles comédiens de société.

# Acte I

*Le théâtre représente une chambre à demi démeublée ; un grand fauteuil de malade est au milieu. Figaro, avec une toise, mesure le plancher. Suzanne attache à sa tête, devant une glace, le petit bouquet de fleurs d'orange appelé chapeau de la mariée.*

## Scène 1

## FIGARO, SUZANNE

**FIGARO**

Dix-neuf pieds sur vingt-six.

**SUZANNE**

Tiens, Figaro, voilà mon petit chapeau ; le trouves-tu mieux ainsi ?

**FIGARO** *lui prend les mains*

Sans comparaison, ma charmante. Oh ! que ce joli bouquet virginal, élevé sur la tête d'une belle fille, est doux, le matin des noces, à l'œil amoureux d'un époux !...

**SUZANNE** *se retire*

Que mesures-tu donc là, mon fils ?

**FIGARO**

Je regarde, ma petite Suzanne, si ce beau lit que Monseigneur nous donne aura bonne grâce ici.

**SUZANNE**

Dans cette chambre ?

**FIGARO**

Il nous la cède.

SUZANNE

Et moi je n'en veux point.

FIGARO

Pourquoi ?

SUZANNE

Je n'en veux point.

FIGARO

Mais encore ?

SUZANNE

Elle me déplaît.

FIGARO

On dit une raison.

SUZANNE

Si je n'en veux pas dire ?

FIGARO

Oh ! quand elles sont sûres de nous !

SUZANNE

Prouver que j'ai raison serait accorder que je puis avoir tort. Es-tu mon serviteur, ou non ?

FIGARO

Tu prends de l'humeur contre la chambre du château la plus commode, et qui tient le milieu des deux appartements. La nuit, si Madame est incommodée, elle sonnera de son côté ; zeste[1] ! en deux pas tu es chez elle. Monseigneur veut-il quelque chose ? il n'a qu'à tinter du sien ; crac ! en trois sauts me voilà rendu.

SUZANNE

Fort bien ! mais quand il aura « tinté » le matin pour te donner quelque bonne et longue commission, zeste ! en deux pas, il est à ma porte, et crac ! en trois sauts…

FIGARO

Qu'entendez-vous par ces paroles ?

SUZANNE

Il faudrait m'écouter tranquillement.

1. Interjection qui marque la rapidité.

**FIGARO**

Eh qu'est-ce qu'il y a ? bon Dieu !

**SUZANNE**

Il y a, mon ami, que las de courtiser les beautés des environs, M. le comte Almaviva veut rentrer au château, mais non pas chez sa femme ; c'est sur la tienne, entends-tu, qu'il a jeté ses vues, auxquelles il espère que ce logement ne nuira pas. Et c'est ce que le loyal Bazile, honnête agent de ses plaisirs et mon noble maître à chanter, me répète chaque jour en me donnant leçon.

**FIGARO**

Bazile ! ô mon mignon ! si jamais volée de bois vert appliquée sur une échine a dûment redressé la moelle épinière à quelqu'un...

**SUZANNE**

Tu croyais, bon garçon ! que cette dot qu'on me donne était pour les beaux yeux de ton mérite ?

**FIGARO**

J'avais assez fait pour l'espérer.

**SUZANNE**

Que les gens d'esprit sont bêtes !

**FIGARO**

On le dit.

**SUZANNE**

Mais c'est qu'on ne veut pas le croire !

**FIGARO**

On a tort.

**SUZANNE**

Apprends qu'il la destine à obtenir de moi, secrètement, certain quart d'heure, seul à seule, qu'un ancien droit du seigneur... Tu sais s'il était triste !

**FIGARO**

Je le sais tellement que, si monsieur le comte, en se mariant, n'eût pas aboli ce droit honteux, jamais je ne t'eusse épousée dans ses domaines.

**SUZANNE**

Eh bien ! s'il l'a détruit, il s'en repent ; et c'est de ta fiancée qu'il veut le racheter en secret aujourd'hui.

**FIGARO,**
*se frottant la tête*
Ma tête s'amollit de surprise ; et mon front fertilisé…

**SUZANNE**
Ne le frotte donc pas !

**FIGARO**
Quel danger ?

**SUZANNE,** *riant*
S'il y venait un petit bouton… Des gens superstitieux…

**FIGARO**
Tu ris, friponne ! Ah ! s'il y avait moyen d'attraper ce grand trompeur, de le faire donner dans un bon piège, et d'empocher son or !

**SUZANNE**
De l'intrigue et de l'argent ; te voilà dans ta sphère.

**FIGARO**
Ce n'est pas la honte qui me retient.

**SUZANNE**
La crainte ?

**FIGARO**
Ce n'est rien d'entreprendre une chose dangereuse, mais d'échapper[1] au péril en la menant à bien : car, d'entrer chez quelqu'un la nuit, de lui souffler sa femme et d'y recevoir cent coups de fouet pour la peine, il n'est rien plus aisé ; mille sots coquins l'ont fait. Mais…

*On sonne de l'intérieur.*

**SUZANNE**
Voilà Madame éveillée ; elle m'a bien recommandé d'être la première à lui parler le matin de mes noces.

**FIGARO**
Y a-t-il encore quelque chose là-dessous ?

1. Formulation elliptique, comprendre : « Ce n'est rien […] mais ce qui est beau c'est d'échapper […]».

**SUZANNE**

Le berger dit que cela porte bonheur aux épouses délaissées. Adieu, mon petit Fi, Fi, Figaro. Rêve à notre affaire.

**FIGARO**

Pour m'ouvrir l'esprit, donne un petit baiser.

**SUZANNE**

À mon amant[1] aujourd'hui ? Je t'en souhaite ! Et qu'en dirait demain mon mari ?

*Figaro l'embrasse.*

**SUZANNE**

Hé bien ! hé bien !

**FIGARO**

C'est que tu n'as pas d'idée de mon amour.

**SUZANNE,** *se défripant*

Quand cesserez-vous, importun, de m'en parler du matin au soir ?

**FIGARO,** *mystérieusement*

Quand je pourrai te le prouver du soir jusqu'au matin.

*On sonne une seconde fois.*

**SUZANNE,**
*de loin, les doigts unis sur sa bouche*

Voilà votre baiser, monsieur ; je n'ai plus rien à vous.

**FIGARO** *court après elle*

Oh ! mais ce n'est pas ainsi que vous l'avez reçu…

1. Au sens de celui qu'on aime, fiancé.

## Scène 2

## FIGARO, *seul.*

La charmante fille ! toujours riante, verdissante, pleine de gaieté, d'esprit, d'amour et de délices ! mais sage !... *(Il marche vivement en se frottant les mains.)* Ah, monseigneur ! mon cher monseigneur ! vous voulez m'en donner... à garder[1] ? Je cherchais aussi pourquoi, m'ayant nommé concierge, il m'emmène à son ambassade et m'établit courrier de dépêches. J'entends, monsieur le comte : trois promotions à la fois ; vous, compagnon ministre[2] ; moi, casse-cou politique, et Suzon, dame du lieu, l'ambassadrice de poche ; et puis fouette courrier ! pendant que je galoperais d'un côté, vous feriez faire de l'autre à ma belle un joli chemin ! Me crottant, m'échinant pour la gloire de votre famille ; vous, daignant concourir à l'accroissement de la mienne ! Quelle douce réciprocité ! Mais, monseigneur, il y a de l'abus. Faire à Londres, en même temps, les affaires de votre maître et celles de votre valet ! représenter à la fois le roi et moi, dans une cour étrangère, c'est trop de moitié, c'est trop. Pour toi, Bazile ! fripon mon cadet ! je veux t'apprendre à clocher[3] devant les boiteux ; je veux... non, dissimulons avec eux pour les enferrer l'un par l'autre. Attention sur la journée, monsieur Figaro ! D'abord avancer l'heure de votre petite fête, pour épouser plus sûrement ; écarter une Marceline qui de vous est friande en diable ; empocher l'or et les présents ; donner le change aux petites passions de Monsieur le comte ; étriller rondement monsieur du Bazile et...

1. Tromper, duper.
2. Tournure plaisante pour parler de quelqu'un qui entre dans la carrière diplomatique.
3. Boiter.

## Scène 3

## MARCELINE, BARTHOLO, FIGARO

**FIGARO** *s'interrompt*

… Hééé, voilà le gros docteur, la fête sera complète. Hé, bonjour, cher docteur de mon cœur. Est-ce ma noce avec Suzon qui vous attire au château ?

**BARTHOLO,** *avec dédain*

Ah ! mon cher monsieur, point du tout.

**FIGARO**

Cela serait bien généreux !

**BARTHOLO**

Certainement, et par trop sot.

**FIGARO**

Moi qui eus le malheur de troubler la vôtre !

**BARTHOLO**

Avez-vous autre chose à nous dire ?

**FIGARO**

On n'aura pas pris soin de votre mule !

**BARTHOLO,** *en colère*

Bavard enragé ! laissez-nous.

**FIGARO**

Vous vous fâchez, docteur ? les gens de votre état sont bien durs ! pas plus de pitié des pauvres animaux… en vérité… que si c'était des hommes ! Adieu, Marceline : avez-vous toujours envie de plaider contre moi ?

Pour n'aimer pas, faut-il qu'on se haïsse[1] ?

Je m'en rapporte au docteur.

1. Vers tiré de *Nanine* (acte III, sc. 6, v. 1256), comédie « attendrissante » de Voltaire (1749).

**BARTHOLO**

Qu'est-ce que c'est ?

**FIGARO**

Elle vous le contera de reste.

*Il sort.*

## Scène 4

## MARCELINE, BARTHOLO

**BARTHOLO** *le regarde aller*

Ce drôle est toujours le même ! et à moins qu'on ne l'écorche vif, je prédis qu'il mourra dans la peau du plus fier insolent...

**MARCELINE** *le retourne*

Enfin vous voilà donc, éternel docteur ? toujours si grave et compassé[1] qu'on pourrait mourir en attendant vos secours, comme on s'est marié jadis malgré vos précautions.

**BARTHOLO**

Toujours amère et provocante ! Eh bien, qui[2] rend donc ma présence au château si nécessaire ? Monsieur le comte a-t-il eu quelque accident ?

**MARCELINE**

Non, docteur.

**BARTHOLO**

La Rosine, sa trompeuse comtesse, est-elle incommodée, Dieu merci ?

**MARCELINE**

Elle languit.

1. Sans vivacité.
2. Qu'est-ce qui...

**BARTHOLO**

Et de quoi ?

**MARCELINE**

Son mari la néglige.

**BARTHOLO**, *avec joie*

Ah, le digne époux qui me venge !

**MARCELINE**

On ne sait comment définir le comte ; il est jaloux et libertin.

**BARTHOLO**

Libertin par ennui, jaloux par vanité ; cela va sans dire.

**MARCELINE**

Aujourd'hui, par exemple, il marie notre Suzanne à son Figaro qu'il comble en faveur de cette union…

**BARTHOLO**

Que Son Excellence a rendue nécessaire !

**MARCELINE**

Pas tout à fait ; mais dont Son Excellence voudrait égayer en secret l'événement avec l'épousée…

**BARTHOLO**

De M. Figaro ? C'est un marché qu'on peut conclure avec lui.

**MARCELINE**

Bazile assure que non.

**BARTHOLO**

Cet autre maraud loge ici ? C'est une caverne[1] ! Eh, qu'y fait-il ?

**MARCELINE**

Tout le mal dont il est capable. Mais le pis que j'y trouve est cette ennuyeuse passion qu'il a pour moi depuis si longtemps.

**BARTHOLO**

Je me serais débarrassée vingt fois de sa poursuite.

**MARCELINE**

De quelle manière ?

**BARTHOLO**

En l'épousant.

1. C'est-à-dire un repère de brigands ou de voleurs.

**MARCELINE**

Railleur fade et cruel, que ne vous débarrassez-vous de la mienne à ce prix ? ne le devez-vous pas ? où est le souvenir de vos engagements ? qu'est devenu celui de notre petit Emmanuel, ce fruit d'un amour oublié, qui devait nous conduire à des noces ?

**BARTHOLO,** *ôtant son chapeau*

Est-ce pour écouter ces sornettes que vous m'avez fait venir de Séville ? Et cet accès d'hymen qui vous reprend si vif…

**MARCELINE**

Eh bien ! n'en parlons plus. Mais si rien n'a pu vous porter à la justice de m'épouser, aidez-moi donc du moins à en épouser un autre.

**BARTHOLO**

Ah ! volontiers : parlons. Mais quel mortel abandonné du Ciel et des femmes ?…

**MARCELINE**

Eh ! qui pourrait-ce être, docteur, sinon le beau, le gai, l'aimable Figaro ?

**BARTHOLO**

Ce fripon-là ?

**MARCELINE**

Jamais fâché ; toujours en belle humeur ; donnant le présent à la joie, et s'inquiétant de l'avenir tout aussi peu que du passé ; sémillant, généreux ! généreux…

**BARTHOLO**

Comme un voleur.

**MARCELINE**

Comme un seigneur. Charmant enfin ; mais c'est le plus grand monstre !

**BARTHOLO**

Et sa Suzanne ?

**MARCELINE**

Elle ne l'aurait pas, la rusée, si vous vouliez m'aider, mon petit docteur, à faire valoir un engagement que j'ai de lui.

**BARTHOLO**

Le jour de son mariage ?

MARCELINE

On en rompt de plus avancés ; et si je ne craignais d'éventer un petit secret des femmes !...

BARTHOLO

En ont-elles pour le médecin du corps ?

MARCELINE

Ah, vous savez que je n'en ai pas pour vous ! Mon sexe est ardent, mais timide : un certain charme a beau nous attirer vers le plaisir, la femme la plus aventurée[1] sent en elle une voix qui lui dit : sois belle si tu peux, sage si tu veux ; mais sois considérée, il le faut. Or, puisqu'il faut être au moins considérée, que toute femme en sent l'importance, effrayons d'abord la Suzanne sur la divulgation des offres qu'on lui fait.

BARTHOLO

Où cela mènera-t-il ?

MARCELINE

Que la honte la prenant au collet, elle continuera de refuser le comte, lequel pour se venger, appuiera l'opposition que j'ai faite à son mariage ; alors le mien devient certain.

BARTHOLO

Elle a raison. Parbleu, c'est un bon tour que de faire épouser ma vieille gouvernante au coquin qui fit enlever ma jeune maîtresse[2].

MARCELINE, *vite*

Et qui croit ajouter à ses plaisirs en trompant mes espérances.

BARTHOLO, *vite*

Et qui m'a volé dans le temps cent écus que j'ai sur le cœur.

MARCELINE

Ah ! quelle volupté !...

BARTHOLO

De punir un scélérat...

MARCELINE

De l'épouser, docteur, de l'épouser !

1. Emploi original du mot pour parler de quelqu'un tenté par l'aventure.
2. Femme aimée.

## Scène 5

## MARCELINE, BARTHOLO, SUZANNE

**SUZANNE**, *un bonnet de femme avec un large ruban dans la main, une robe de femme sur le bras*

L'épouser ! l'épouser ! qui donc ? Mon Figaro ?

**MARCELINE**, *aigrement*

Pourquoi non ? Vous l'épousez bien !

**BARTHOLO**, *riant*

Le bon argument de femme en colère ! Nous parlions, belle Suzon, du bonheur qu'il aura de vous posséder.

**MARCELINE**

Sans compter Monseigneur dont on ne parle pas.

**SUZANNE**, *une révérence*

Votre servante, madame ; il y a toujours quelque chose d'amer dans vos propos.

**MARCELINE**, *une révérence*

Bien la vôtre, madame ; où donc est l'amertume ? N'est-il pas juste qu'un libéral[1] seigneur partage un peu la joie qu'il procure à ses gens ?

**SUZANNE**

Qu'il procure ?

**MARCELINE**

Oui, madame.

**SUZANNE**

Heureusement la jalousie de Madame est aussi connue que ses droits sur Figaro sont légers.

**MARCELINE**

On eût pu les rendre plus forts en les cimentant à la façon de Madame.

1. Généreux.

**SUZANNE**

Oh ! cette façon, madame, est celle des dames savantes.

**MARCELINE**

Et l'enfant ne l'est pas du tout ! Innocente comme un vieux juge !

**BARTHOLO,** *attirant Marceline*

Adieu, jolie fiancée de notre Figaro.

**MARCELINE,** *une révérence*

L'accordée secrète de Monseigneur.

**SUZANNE,** *une révérence*

Qui vous estime beaucoup, madame.

**MARCELINE,** *une révérence*

Me fera-t-elle aussi l'honneur de me chérir un peu, madame ?

**SUZANNE,** *une révérence*

À cet égard, Madame n'a rien à désirer.

**MARCELINE,** *une révérence*

C'est une si jolie personne que Madame !

**SUZANNE,** *une révérence*

Eh ! mais assez pour désoler Madame.

**MARCELINE,** *une révérence*

Surtout bien respectable !

**SUZANNE,** *une révérence*

C'est aux duègnes[1] à l'être.

**MARCELINE,** *outrée*

Aux duègnes ! aux duègnes !

**BARTHOLO,** *l'arrêtant*

Marceline !

**MARCELINE**

Allons, docteur ; car je n'y tiendrais pas. Bonjour, madame. *(Une révérence.)*

1. Femmes d'un certain âge commises à la surveillance et la formation d'une jeune personne dans la société espagnole.

## Scène 6

## SUZANNE, *seule.*

Allez, madame ! allez, pédante ! je crains aussi peu vos efforts que je méprise vos outrages. Voyez cette vieille sibylle[1] ! parce qu'elle a fait quelques études et tourmenté la jeunesse de Madame, elle veut tout dominer au château ! *(Elle jette la robe qu'elle tient sur une chaise.)* Je ne sais plus ce que je venais prendre.

## Scène 7

## SUZANNE, CHÉRUBIN

**CHÉRUBIN**, *accourant*

Ah, Suzon ! depuis deux heures j'épie le moment de te trouver seule. Hélas ! tu te maries, et moi je vais partir.

**SUZANNE**

Comment mon mariage éloigne-t-il du château le premier page de Monseigneur ?

**CHÉRUBIN**, *piteusement*

Suzanne, il me renvoie.

**SUZANNE** *le contrefait*

Chérubin, quelque sottise !

**CHÉRUBIN**

Il m'a trouvé hier au soir chez ta cousine Fanchette, à qui je faisais répéter son petit rôle d'innocente, pour la fête de ce soir :

1. Expression familière pour désigner une femme âgée qui veut montrer de l'esprit. À l'origine, les sibylles étaient des femmes inspirées des dieux qui avaient le pouvoir de prédire l'avenir.

il s'est mis dans une fureur en me voyant ! « Sortez, m'a-t-il dit, petit… » Je n'ose pas prononcer devant une femme le gros mot qu'il a dit… « Sortez ; et demain vous ne coucherez pas au château. » Si Madame, si ma belle marraine ne parvient pas à l'apaiser, c'est fait, Suzon, je suis à jamais privé du bonheur de te voir.

**SUZANNE**

De me voir ! moi ? c'est mon tour ! Ce n'est donc plus pour ma maîtresse que vous soupirez en secret ?

**CHÉRUBIN**

Ah ! Suzon, qu'elle est noble et belle ! mais qu'elle est imposante !

**SUZANNE**

C'est-à-dire que je ne le suis pas, et qu'on peut oser avec moi…

**CHÉRUBIN**

Tu sais trop bien, méchante, que je n'ose pas oser. Mais que tu es heureuse ! à tous moments la voir, lui parler, l'habiller le matin et la déshabiller le soir, épingle à épingle… ah ! Suzon ! je donnerais… Qu'est-ce que tu tiens donc là ?

**SUZANNE**, *raillant*

Hélas ! l'heureux bonnet et le fortuné ruban qui renferment la nuit les cheveux de cette belle marraine…

**CHÉRUBIN**, *vivement*

Son ruban de nuit ! Donne-le-moi, mon cœur.

**SUZANNE**, *le retirant*

Eh ! que non pas ; « son cœur ! » Comme il est familier donc ! si ce n'était pas un morveux sans conséquence… *(Chérubin arrache le ruban.)* Ah ! le ruban !

**CHÉRUBIN** *tourne autour du grand fauteuil*

Tu diras qu'il est égaré, gâté ; qu'il est perdu. Tu diras tout ce que tu voudras.

**SUZANNE** *tourne après lui*

Oh ! dans trois ou quatre ans, je prédis que vous serez le plus grand petit vaurien !… Rendez-vous le ruban ?

*Elle veut le reprendre.*

**CHÉRUBIN** *tire une romance*[1] *de sa poche*

Laisse, ah, laisse-le-moi, Suzon ; je te donnerai ma romance, et pendant que le souvenir de ta belle maîtresse attristera tous mes moments, le tien y versera le seul rayon de joie qui puisse encore amuser mon cœur.

**SUZANNE** *arrache la romance*

Amuser votre cœur, petit scélérat ! vous croyez parler à votre Fanchette ; on vous surprend chez elle ; et vous soupirez pour Madame ; et vous m'en contez à moi, par-dessus le marché !

**CHÉRUBIN,** *exalté*

Cela est vrai, d'honneur ! je ne sais plus ce que je suis ; mais depuis quelque temps je sens ma poitrine agitée ; mon cœur palpite au seul aspect d'une femme ; les mots *amour* et *volupté* le font tressaillir et le troublent. Enfin le besoin de dire à quelqu'un *je vous aime* est devenu pour moi si pressant que je le dis tout seul, en courant dans le parc, à ta maîtresse, à toi, aux arbres, aux nuages, au vent qui les emporte avec mes paroles perdues. Hier je rencontrai Marceline…

**SUZANNE,** *riant*

Ah, ah, ah, ah !

**CHÉRUBIN**

Pourquoi non ? elle est femme ! elle est fille ! une fille ! une femme ! ah que ces noms sont doux ! qu'ils sont intéressants[2] !

**SUZANNE**

Il devient fou !

**CHÉRUBIN**

Fanchette est douce ; elle m'écoute au moins ; tu ne l'es pas, toi !

**SUZANNE**

C'est bien dommage ; écoutez donc Monsieur !

*Elle veut arracher le ruban.*

**CHÉRUBIN** *tourne en fuyant*

Ah ! ouiche ! on ne l'aura, vois-tu, qu'avec ma vie. Mais, si tu n'es pas contente du prix, j'y joindrai mille baisers.

1. Poème qui traite d'amour.
2. Qui suscitent l'émotion.

*Il lui donne chasse à son tour.*

**SUZANNE** *tourne en fuyant*

Mille soufflets, si vous approchez. Je vais m'en plaindre à ma maîtresse ; et loin de supplier pour vous, je dirai moi-même à Monseigneur : C'est bien fait, monseigneur ; chassez-nous ce petit voleur ; renvoyez à ses parents un petit mauvais sujet qui se donne les airs d'aimer Madame, et qui veut toujours m'embrasser par contrecoup.

**CHÉRUBIN** *voit le comte entrer ; il se jette derrière le fauteuil avec effroi*

Je suis perdu !

**SUZANNE**

Quelle frayeur ?

## Scène 8

### SUZANNE, LE COMTE, CHÉRUBIN *caché.*

**SUZANNE** *aperçoit le comte*

Ah !… *(Elle s'approche du fauteuil pour masquer Chérubin.)*

**LE COMTE** *s'avance*

Tu es émue, Suzon ! tu parlais seule, et ton petit cœur paraît dans une agitation… bien pardonnable, au reste, un jour comme celui-ci.

**SUZANNE,** *troublée*

Monseigneur, que me voulez-vous ? Si l'on vous trouvait avec moi…

**LE COMTE**

Je serais désolé qu'on m'y surprît ; mais tu sais tout l'intérêt que je prends à toi. Bazile ne t'a pas laissé ignorer mon amour. Je n'ai rien qu'un instant pour t'expliquer mes vues ; écoute.

*Il s'assied dans le fauteuil.*

**SUZANNE,** *vivement*

Je n'écoute rien.

**LE COMTE** *lui prend la main*

Un seul mot. Tu sais que le roi m'a nommé son ambassadeur à Londres. J'emmène avec moi Figaro ; je lui donne un excellent poste ; et comme le devoir d'une femme est de suivre son mari…

**SUZANNE**

Ah ! si j'osais parler !

**LE COMTE** *la rapproche de lui*

Parle, parle, ma chère ; use aujourd'hui d'un droit que tu prends sur moi pour la vie.

**SUZANNE,** *effrayée*

Je n'en veux point, monseigneur, je n'en veux point. Quittez-moi, je vous prie.

**LE COMTE**

Mais dis auparavant.

**SUZANNE,** *en colère*

Je ne sais plus ce que je disais.

**LE COMTE**

Sur le devoir des femmes.

**SUZANNE**

Eh bien ! lorsque Monseigneur enleva la sienne de chez le docteur, et qu'il l'épousa par amour, lorsqu'il abolit pour elle un certain affreux droit du seigneur…

**LE COMTE,** *gaiement*

Qui faisait bien de la peine aux filles ! Ah Suzette ! ce droit charmant ! si tu venais en jaser sur la brune[1] au jardin, je mettrais un tel prix à cette légère faveur…

**BAZILE** *parle en dehors*

Il n'est pas chez lui, monseigneur.

---

1. À la tombée du jour.

LE COMTE *se lève*

Quelle est cette voix ?

SUZANNE

Que je suis malheureuse !

LE COMTE

Sors, pour qu'on n'entre pas.

SUZANNE, *troublée*

Que je vous laisse ici ?

BAZILE *crie en dehors*

Monseigneur était chez Madame, il en est sorti : je vais voir.

LE COMTE

Et pas un lieu pour se cacher ! ah ! derrière ce fauteuil… assez mal ; mais renvoie-le bien vite.

*Suzanne lui barre le chemin ; il la pousse doucement, elle recule, et se met ainsi entre lui et le petit page ; mais pendant que le comte s'abaisse et prend sa place, Chérubin tourne et se jette effrayé sur le fauteuil à genoux, et s'y blottit. Suzanne prend la robe qu'elle apportait, en couvre le page et se met devant le fauteuil.*

## Scène 9

## LE COMTE *et* CHÉRUBIN *cachés*, SUZANNE, BAZILE

BAZILE

N'auriez-vous pas vu Monseigneur, mademoiselle ?

SUZANNE, *brusquement*

Hé ! pourquoi l'aurais-je vu ? Laissez-moi.

**BAZILE** *s'approche*

Si vous étiez plus raisonnable, il n'y aurait rien d'étonnant à ma question. C'est Figaro qui le cherche.

**SUZANNE**

Il cherche donc l'homme qui lui veut le plus de mal après vous ?

**LE COMTE,** *à part*

Voyons un peu comme il me sert.

**BAZILE**

Désirer du bien à une femme, est-ce vouloir du mal à son mari ?

**SUZANNE**

Non, dans vos affreux principes, agent de corruption.

**BAZILE**

Que vous demande-t-on ici que vous n'alliez prodiguer à un autre ? Grâce à la douce cérémonie, ce qu'on vous défendait hier, on vous le prescrira demain.

**SUZANNE**

Indigne !

**BAZILE**

De toutes les choses sérieuses le mariage étant la plus bouffonne, j'avais pensé…

**SUZANNE,** *outrée*

Des horreurs ! Qui vous permet d'entrer ici ?

**BAZILE**

Là, là, mauvaise ! Dieu vous apaise ! il n'en sera que ce que vous voulez ; mais ne croyez pas non plus que je regarde Monsieur Figaro comme l'obstacle qui nuit à Monseigneur ; et sans le petit page…

**SUZANNE,** *timidement*

Don Chérubin ?

**BAZILE** *la contrefait*

*Cherubino di amore*, qui tourne autour de vous sans cesse, et qui ce matin encore, rôdait ici pour y entrer quand je vous ai quittée ; dites que cela n'est pas vrai ?

**SUZANNE**

Quelle imposture ! Allez-vous-en, méchant homme !

**BAZILE**

On est un méchant homme parce qu'on y voit clair. N'est-ce pas pour vous aussi cette romance dont il fait mystère ?

**SUZANNE,** *en colère*

Ah ! oui, pour moi !

**BAZILE**

À moins qu'il ne l'ait composée pour Madame ! en effet, quand il sert à table, on dit qu'il la regarde avec des yeux !... mais, peste, qu'il ne s'y joue pas ! Monseigneur est *brutal* sur l'article.

**SUZANNE,** *outrée*

Et vous bien scélérat, d'aller semant de pareils bruits pour perdre un malheureux enfant tombé dans la disgrâce de son maître.

**BAZILE**

L'ai-je inventé ? Je le dis parce que tout le monde en parle.

**LE COMTE** *se lève*

Comment, tout le monde en parle !

**SUZANNE***

Ah Ciel !

**BAZILE**

Ah ! Ah !

**LE COMTE**

Courez, Bazile, et qu'on le chasse.

**BAZILE**

Ah ! Que je suis fâché d'être entré !

**SUZANNE,** *troublée*

Mon Dieu ! Mon Dieu !

**LE COMTE,** *à Bazile*

Elle est saisie. Asseyons-la dans ce fauteuil.

**SUZANNE** *le repousse vivement*

Je ne veux pas m'asseoir. Entrer ainsi librement, c'est indigne !

**LE COMTE**

Nous sommes deux avec toi, ma chère. Il n'y a plus le moindre danger !

---

* Les notes appelées par des astérisques sont de Beaumarchais. Ici : Chérubin dans le fauteuil. Le comte. Suzanne. Bazile.

**BAZILE**

Moi je suis désolé de m'être égayé sur le page puisque vous l'entendiez. Je n'en usais ainsi que pour pénétrer ses sentiments, car au fond…

**LE COMTE**

Cinquante pistoles, un cheval, et qu'on le renvoie à ses parents.

**BAZILE**

Monseigneur, pour un badinage ?

**LE COMTE**

Un petit libertin que j'ai surpris encore hier avec la fille du jardinier.

**BAZILE**

Avec Fanchette ?

**LE COMTE**

Et dans sa chambre.

**SUZANNE,** *outrée*

Où Monseigneur avait sans doute affaire aussi !

**LE COMTE,** *gaiement*

J'en aime assez la remarque.

**BAZILE**

Elle est d'un bon augure.

**LE COMTE,** *gaiement*

Mais non ! j'allais chercher ton oncle Antonio, mon ivrogne de jardinier, pour lui donner des ordres. Je frappe, on est longtemps à m'ouvrir ; ta cousine a l'air empêtré ; je prends un soupçon, je lui parle, et tout en causant j'examine. Il y avait derrière la porte une espèce de rideau, de portemanteau, de je ne sais pas quoi, qui couvrait des hardes ; sans faire semblant de rien je vais doucement, doucement lever ce rideau* *(pour imiter le geste, il lève la robe du fauteuil)* et je vois… *(Il aperçoit le page.)* Ah…

**BAZILE**

Ha ! Ha !

**LE COMTE**

Ce tour-ci vaut l'autre.

* Suzanne. Chérubin dans le fauteuil. Le comte. Bazile.

**BAZILE**

Encore mieux.

**LE COMTE,** *à Suzanne*

À merveille, mademoiselle : à peine fiancée vous faites de ces apprêts[1] ? C'était pour recevoir mon page que vous désiriez d'être seule ? Et vous, monsieur, qui ne changez point de conduite, il vous manquait de vous adresser, sans respect pour votre marraine, à sa première camariste, à la femme de votre ami ! Mais je ne souffrirai pas que Figaro, qu'un homme que j'estime et que j'aime soit victime d'une pareille tromperie : était-il avecvous, Bazile ?

**SUZANNE,** *outrée*

Il n'y a tromperie ni victime ; il était là lorsque vous me parliez.

**LE COMTE,** *emporté*

Puisses-tu mentir en le disant ! son plus cruel ennemi n'oserait lui souhaiter ce malheur.

**SUZANNE**

Il me priait d'engager Madame à vous demander sa grâce. Votre arrivée l'a si fort troublé qu'il s'est masqué de ce fauteuil.

**LE COMTE,** *en colère*

Ruse d'enfer ! je m'y suis assis en entrant.

**CHÉRUBIN**

Hélas, monseigneur, j'étais tremblant derrière.

**LE COMTE**

Autre fourberie ! je viens de m'y placer moi-même.

**CHÉRUBIN**

Pardon, mais c'est alors que je me suis blotti dedans.

**LE COMTE,** *plus outré*

C'est donc une couleuvre, que ce petit… serpent-là ! il nous écoutait !

**CHÉRUBIN**

Au contraire, monseigneur, j'ai fait ce que j'ai pu pour ne rien entendre.

**LE COMTE**

Ô perfidie ! *(À Suzanne :)* Tu n'épouseras pas Figaro.

1. Préparatifs.

**BAZILE**

Contenez-vous, on vient.

**LE COMTE,** *tirant Chérubin du fauteuil et le mettant sur ses pieds*

Il resterait là devant toute la terre !

## Scène 10

## CHÉRUBIN, SUZANNE, FIGARO, LA COMTESSE, LE COMTE, FANCHETTE, BAZILE ;

*beaucoup de valets, paysannes, paysans vêtus en habits de fête.*

**FIGARO,** *tenant une toque de femme garnie de plumes blanches et de rubans blancs, parle à la comtesse*

Il n'y a que vous, madame, qui puissiez nous obtenir cette faveur.

**LA COMTESSE**

Vous les voyez, monsieur le comte, ils me supposent un crédit que je n'ai point : mais comme leur demande n'est pas déraisonnable…

**LE COMTE,** *embarrassé*

Il faudrait qu'elle le fût beaucoup…

**FIGARO,** *bas à Suzanne*

Soutiens bien mes efforts.

**SUZANNE,** *bas à Figaro*

Qui ne mèneront à rien.

**FIGARO,** *bas*

Va toujours.

**LE COMTE,** *à Figaro*

Que voulez-vous ?

**FIGARO**

Monseigneur, vos vassaux, touchés de l'abolition d'un certain droit fâcheux, que votre amour pour Madame…

**LE COMTE**

Eh bien, ce droit n'existe plus, que veux-tu dire ?

**FIGARO**, *malignement*

Qu'il est bien temps que la vertu d'un si bon maître éclate ; elle m'est d'un tel avantage aujourd'hui que je désire être le premier à la célébrer à mes noces.

**LE COMTE**, *plus embarrassé*

Tu te moques, ami ! l'abolition d'un droit honteux n'est que l'acquit[1] d'une dette envers l'honnêteté. Un Espagnol peut vouloir conquérir la beauté par des soins ; mais en exiger le premier, le plus doux emploi, comme une servile redevance, ah ! c'est la tyrannie d'un Vandale, et non le droit avoué d'un noble Castillan.

**FIGARO**, *tenant Suzanne par la main*

Permettez donc que cette jeune créature, de qui votre sagesse a préservé l'honneur, reçoive de votre main publiquement la toque virginale, ornée de plumes et de rubans blancs, symbole de la pureté de vos intentions ; adoptez-en la cérémonie pour tous les mariages, et qu'un quatrain chanté en chœur rappelle à jamais le souvenir…

**LE COMTE**, *embarrassé*

Si je ne savais pas qu'amoureux, poète et musicien sont trois titres d'indulgence pour toutes les folies…

**FIGARO**

Joignez-vous à moi, mes amis !

**TOUS ENSEMBLE**

Monseigneur ! Monseigneur !

**SUZANNE**, *au comte*

Pourquoi fuir un éloge que vous méritez si bien ?

**LE COMTE**, *à part*

La perfide !

1. Acquittement.

**FIGARO**

Regardez-la donc, monseigneur ; jamais plus jolie fiancée ne montrera mieux la grandeur de votre sacrifice.

**SUZANNE**

Laisse là ma figure, et ne vantons que sa vertu.

**LE COMTE,** *à part*

C'est un jeu que tout ceci.

**LA COMTESSE**

Je me joins à eux, monsieur le comte ; et cette cérémonie me sera toujours chère, puisqu'elle doit son motif à l'amour charmant que vous aviez pour moi.

**LE COMTE**

Que j'ai toujours, madame ; et c'est à ce titre que je me rends.

**TOUS ENSEMBLE**

Vivat ![1]

**LE COMTE,** *à part*

Je suis pris. *(Haut.)* Pour que la cérémonie eût un peu plus d'éclat, je voudrais seulement qu'on la remît à tantôt. *(À part.)* Faisons vite chercher Marceline.

**FIGARO,** *à Chérubin*

Eh bien, espiègle ! vous n'applaudissez pas ?

**SUZANNE**

Il est au désespoir ; Monseigneur le renvoie.

**LA COMTESSE**

Ah ! monsieur, je vous demande sa grâce.

**LE COMTE**

Il ne la mérite point.

**LA COMTESSE**

Hélas ! il est si jeune !

**LE COMTE**

Pas tant que vous le croyez.

**CHÉRUBIN,** *tremblant*

Pardonner généreusement n'est pas le droit du seigneur auquel vous avez renoncé en épousant Madame.

---

1. Bravo !

**LA COMTESSE**

Il n'a renoncé qu'à celui qui vous affligeait tous.

**SUZANNE**

Si Monseigneur avait cédé le droit de pardonner, ce serait sûrement le premier qu'il voudrait racheter en secret.

**LE COMTE,** *embarrassé*

Sans doute.

**LA COMTESSE**

Eh ! pourquoi le racheter ?

**CHÉRUBIN,** *au comte*

Je fus léger dans ma conduite, il est vrai, monseigneur ; mais jamais la moindre indiscrétion dans mes paroles…

**LE COMTE,** *embarrassé*

Eh bien, c'est assez…

**FIGARO**

Qu'entend-il ?

**LE COMTE,** *vivement*

C'est assez, c'est assez, tout le monde exige son pardon, je l'accorde, et j'irai plus loin : je lui donne une compagnie dans ma légion.

**TOUS ENSEMBLE**

Vivat !

**LE COMTE**

Mais c'est à condition qu'il partira sur-le-champ pour joindre[1] en Catalogne.

**FIGARO**

Ah ! monseigneur, demain.

**LE COMTE** *insiste*

Je le veux.

**CHÉRUBIN**

J'obéis.

**LE COMTE**

Saluez votre marraine, et demandez sa protection. *(Chérubin met un genou en terre devant la comtesse, et ne peut parler.)*

1. C'est-à-dire rejoindre son régiment.

**LA COMTESSE,** *émue*

Puisqu'on ne peut vous garder seulement aujourd'hui, partez, jeune homme. Un nouvel état vous appelle ; allez le remplir dignement. Honorez votre bienfaiteur. Souvenez-vous de cette maison, où votre jeunesse a trouvé tant d'indulgence. Soyez soumis, honnête et brave ; nous prendrons part à vos succès.

*Chérubin se relève et retourne à sa place.*

**LE COMTE**

Vous êtes bien émue, madame !

**LA COMTESSE**

Je ne m'en défends pas. Qui sait le sort d'un enfant jeté dans une carrière aussi dangereuse ? Il est allié de mes parents ; et de plus, il est mon filleul.

**LE COMTE,** *à part*

Je vois que Bazile avait raison. *(Haut.)* Jeune homme, embrassez Suzanne… pour la dernière fois.

**FIGARO**

Pourquoi cela, monseigneur ? Il viendra passer ses hivers. Baise-moi donc aussi, capitaine ! *(Il l'embrasse.)* Adieu, mon petit Chérubin. Tu vas mener un train de vie bien différent, mon enfant : dame ! tu ne rôderas plus tout le jour au quartier des femmes : plus d'échaudés[1], de goûters à la crème ; plus de main chaude ou de colin-maillard[2]. De bons soldats, morbleu ! basanés, mal vêtus ; un grand fusil bien lourd ; tourne à droite, tourne à gauche, en avant, marche à la gloire ; et ne va pas broncher en chemin ; à moins qu'un bon coup de feu…

**SUZANNE**

Fi donc, l'horreur !

**LA COMTESSE**

Quel pronostic !

1. Pâtisseries.
2. La main chaude et colin-maillard sont des jeux où l'un des participants, les yeux bandés, doit trouver l'identité de qui il touche.

**LE COMTE**

Où donc est Marceline ? Il est bien singulier qu'elle ne soit pas des vôtres !

**FANCHETTE**

Monseigneur, elle a pris le chemin du bourg, par le petit sentier de la ferme.

**LE COMTE**

Et elle en reviendra ?…

**BAZILE**

Quand il plaira à Dieu.

**FIGARO**

S'il lui plaisait qu'il ne lui plût jamais…

**FANCHETTE**

Monsieur le docteur lui donnait le bras.

**LE COMTE**, *vivement*

Le docteur est ici ?

**BAZILE**

Elle s'en est d'abord[1] emparée…

**LE COMTE**, *à part*

Il ne pouvait venir plus à propos.

**FANCHETTE**

Elle avait l'air bien échauffé, elle parlait tout haut en marchant, puis elle s'arrêtait, et faisait comme ça, de grands bras… et Monsieur le docteur lui faisait comme ça de la main, en l'apaisant : elle paraissait si courroucée ! elle nommait mon cousin Figaro.

**LE COMTE** *lui prend le menton*

Cousin… futur.

**FANCHETTE**, *montrant Chérubin*

Monseigneur, nous avez-vous pardonné d'hier ?…

**LE COMTE** *interrompt*

Bonjour, bonjour, petite.

**FIGARO**

C'est son chien d'amour qui la berce ; elle aurait troublé notre fête.

1. D'emblée, dès son arrivée.

**LE COMTE,** *à part*

Elle la troublera, je t'en réponds. *(Haut.)* Allons, madame, entrons. Bazile, vous passerez chez moi.

**SUZANNE,** *à Figaro*

Tu me rejoindras, mon fils ?

**FIGARO,** *bas à Suzanne*

Est-il bien enfilé[1] ?

**SUZANNE,** *bas*

Charmant garçon !

*Ils sortent tous.*

## Scène 11

### CHÉRUBIN, FIGARO, BAZILE.

*Pendant qu'on sort,*
*Figaro les arrête tous deux et les ramène.*

**FIGARO**

Ah çà, vous autres ! la cérémonie adoptée, ma fête de ce soir en est la suite ; il faut bravement nous recorder[2] : ne faisons point comme ces acteurs qui ne jouent jamais si mal que le jour où la critique est le plus éveillée. Nous n'avons point de lendemain qui nous excuse, nous. Sachons bien nos rôles aujourd'hui.

**BAZILE,** *malignement*

Le mien est plus difficile que tu ne crois.

**FIGARO,** *faisant, sans qu'il le voie, le geste de le rosser*

Tu es loin aussi de savoir tout le succès qu'il te vaudra.

**CHÉRUBIN**

Mon ami, tu oublies que je pars.

1. Terme de jeu : trompé.
2. Il faut adroitement accorder nos jeux.

**FIGARO**

Et toi, tu voudrais bien rester !

**CHÉRUBIN**

Ah ! si je le voudrais !

**FIGARO**

Il faut ruser. Point de murmure à ton départ. Le manteau de voyage à l'épaule ; arrange ouvertement ta trousse, et qu'on voie ton cheval à la grille ; un temps de galop jusqu'à la ferme ; reviens à pied par les derrières ; Monseigneur te croira parti : tiens-toi seulement hors de sa vue ; je me charge de l'apaiser après la fête.

**CHÉRUBIN**

Mais Fanchette qui ne sait pas son rôle !

**BAZILE**

Que diable lui apprenez-vous donc, depuis huit jours que vous ne la quittez pas ?

**FIGARO**

Tu n'as rien à faire aujourd'hui, donne-lui par grâce une leçon.

**BAZILE**

Prenez garde, jeune homme, prenez garde ! le père n'est pas satisfait ; la fille a été souffletée ; elle n'étudie pas avec vous : Chérubin ! Chérubin ! vous lui causerez des chagrins ! « Tant va la cruche à l'eau » !…

**FIGARO**

Ah ! voilà notre imbécile, avec ses vieux proverbes ! Eh bien ! pédant ! que dit la sagesse des nations ? « Tant va la cruche à l'eau qu'à la fin… »

**BAZILE**

Elle s'emplit.

**FIGARO**, *en s'en allant*

Pas si bête, pourtant, pas si bête !

FIN DU PREMIER ACTE

# Acte II

*Le théâtre représente une chambre à coucher superbe, un grand lit en alcôve, une estrade au-devant. La porte pour entrer s'ouvre et se ferme à la troisième coulisse à droite, celle d'un cabinet à la première coulisse à gauche. Une porte dans le fond, va chez les femmes*[1]*. Une fenêtre s'ouvre de l'autre côté.*

## Scène 1

### SUZANNE, LA COMTESSE

*entrent par la porte à droite.*

**LA COMTESSE** se *jette dans une bergère*

Ferme la porte, Suzanne, et conte-moi tout, dans le plus grand détail.

**SUZANNE**

Je n'ai rien caché à Madame.

**LA COMTESSE**

Quoi, Suzon, il voulait te séduire ?

**SUZANNE**

Oh ! que non ! Monseigneur n'y met pas tant de façons avec sa servante : il voulait m'acheter.

**LA COMTESSE**

Et le petit page était présent ?

**SUZANNE**

C'est-à-dire, caché derrière le grand fauteuil. Il venait me prier de vous demander sa grâce.

1. C'est-à-dire les femmes de chambre.

**LA COMTESSE**

Eh ! pourquoi ne pas s'adresser à moi-même ? est-ce que je l'aurais refusé, Suzon ?

**SUZANNE**

C'est ce que j'ai dit : mais ses regrets de partir, et surtout de quitter Madame ! « Ah ! Suzon, qu'elle est noble et belle ! mais qu'elle est imposante ! »

**LA COMTESSE**

Est-ce que j'ai cet air-là, Suzon ? moi qui l'ai toujours protégé.

**SUZANNE**

Puis il a vu votre ruban de nuit que je tenais, il s'est jeté dessus…

**LA COMTESSE,** *souriant*

Mon ruban ?… quelle enfance[1] !

**SUZANNE**

J'ai voulu le lui ôter ; madame, c'était un lion ; ses yeux brillaient… « Tu ne l'auras qu'avec ma vie », disait-il, en forçant sa petite voix douce et grêle.

**LA COMTESSE,** *rêvant*

Eh bien, Suzon ?

**SUZANNE**

Eh bien, madame, est-ce qu'on peut faire finir ce petit démon-là ? ma marraine par-ci ; je voudrais bien par l'autre ; et parce qu'il n'oserait seulement baiser la robe de Madame, il voudrait toujours m'embrasser, moi.

**LA COMTESSE,** *rêvant*

Laissons… laissons ces folies… Enfin, ma pauvre Suzanne, mon époux a fini par te dire… ?

**SUZANNE**

Que si je ne voulais pas l'entendre, il allait protéger Marceline.

**LA COMTESSE** *se lève et se promène,*
*en se servant fortement de l'éventail*

Il ne m'aime plus du tout.

**SUZANNE**

Pourquoi tant de jalousie ?

1. Quel enfantillage !

**LA COMTESSE**

Comme tous les maris, ma chère ! uniquement par orgueil. Ah ! je l'ai trop aimé ! je l'ai lassé de mes tendresses, et fatigué de mon amour ; voilà mon seul tort avec lui. Mais je n'entends pas que cet honnête aveu te nuise, et tu épouseras Figaro. Lui seul peut nous y aider : viendra-t-il ?

**SUZANNE**

Dès qu'il verra partir la chasse.

**LA COMTESSE**, *se servant de l'éventail*

Ouvre un peu la croisée[1] sur le jardin. Il fait une chaleur ici !...

**SUZANNE**

C'est que Madame parle et marche avec action.

*Elle va ouvrir la croisée du fond.*

**LA COMTESSE**, *rêvant longtemps*

Sans cette constance à me fuir... Les hommes sont bien coupables !

**SUZANNE** *crie de la fenêtre*

Ah ! voilà Monseigneur qui traverse à cheval le grand potager, suivi de Pédrille, avec deux, trois, quatre lévriers.

**LA COMTESSE**

Nous avons du temps devant nous. *(Elle s'assied.)* On frappe, Suzon ?

**SUZANNE** *court ouvrir en chantant*

Ah ! c'est mon Figaro ! ah ! c'est mon Figaro !

## Scène 2

## FIGARO, SUZANNE ; LA COMTESSE, *assise*.

**SUZANNE**

Mon cher ami, viens donc. Madame est dans une impatience !...

1. La fenêtre.

FIGARO

Et toi, ma petite Suzanne ? Madame n'en doit prendre aucune. Au fait, de quoi s'agit-il ? d'une misère. Monsieur le comte trouve notre jeune femme aimable, il voudrait en faire sa maîtresse ; et c'est bien naturel.

SUZANNE

Naturel ?

FIGARO

Puis il m'a nommé courrier de dépêches, et Suzon conseiller d'ambassade. Il n'y a pas là d'étourderie.

SUZANNE

Tu finiras ?

FIGARO

Et parce que Suzanne, ma fiancée, n'accepte pas le diplôme, il va favoriser les vues de Marceline ; quoi de plus simple encore ? Se venger de ceux qui nuisent à nos projets en renversant les leurs ; c'est ce que chacun fait ; ce que nous allons faire nous-mêmes. Eh bien ! voilà tout pourtant.

LA COMTESSE

Pouvez-vous, Figaro, traiter si légèrement un dessein[1] qui nous coûte à tous le bonheur ?

FIGARO

Qui dit cela, madame ?

SUZANNE

Au lieu de t'affliger de nos chagrins…

FIGARO

N'est-ce pas assez que je m'en occupe ? Or, pour agir aussi méthodiquement que lui, tempérons d'abord son ardeur de nos possessions, en l'inquiétant sur les siennes.

LA COMTESSE

C'est bien dit : mais comment ?

FIGARO

C'est déjà fait, madame ; un faux avis donné sur vous…

LA COMTESSE

Sur moi ? la tête vous tourne !

1. But recherché.

**FIGARO**

Oh ! c'est à lui qu'elle doit tourner.

**LA COMTESSE**

Un homme aussi jaloux !...

**FIGARO**

Tant mieux : pour tirer parti des gens de ce caractère, il ne faut qu'un peu leur fouetter le sang ; c'est ce que les femmes entendent si bien ! Puis, les tient-on fâchés tout rouge, avec un brin d'intrigue on les mène où l'on veut, par le nez, dans le Guadalquivir[1]. Je vous ai fait rendre à Bazile un billet inconnu, lequel avertit Monseigneur qu'un galant doit chercher à vous voir aujourd'hui pendant le bal.

**LA COMTESSE**

Et vous vous jouez ainsi de la vérité sur le compte d'une femme d'honneur !

**FIGARO**

Il y en a peu, madame, avec qui je l'eusse osé, crainte de rencontrer juste.

**LA COMTESSE**

Il faudra que je l'en remercie !

**FIGARO**

Mais dites-moi s'il n'est pas charmant de lui avoir taillé ses morceaux de la journée[2], de façon qu'il passe à rôder, à jurer après sa dame, le temps qu'il destinait à se complaire avec la nôtre ? Il est déjà tout dérouté : galopera-t-il celle-ci ? surveillera-t-il celle-là ? dans son trouble d'esprit, tenez, tenez, le voilà qui court la plaine, et force un lièvre qui n'en peut mais. L'heure du mariage arrive en poste[3] ; il n'aura pas pris de parti contre ; et jamais il n'osera s'y opposer devant Madame.

**SUZANNE**

Non ; mais Marceline, le bel esprit, osera le faire, elle.

**FIGARO**

Brrr. Cela m'inquiète bien, ma foi ! Tu feras dire à Monseigneur que tu te rendras sur la brune au jardin.

---

1. Fleuve espagnol.
2. De lui avoir dicté ce qu'il doit faire.
3. Avec rapidité.

SUZANNE

Tu comptes sur celui-là ?

FIGARO

Oh ! dame ! écoutez donc ; les gens qui ne veulent rien faire de rien, n'avancent rien et ne sont bons à rien. Voilà mon mot.

SUZANNE

Il est joli !

LA COMTESSE

Comme son idée : vous consentiriez qu'elle s'y rendît ?

FIGARO

Point du tout. Je fais endosser un habit de Suzanne à quelqu'un : surpris par nous au rendez-vous, le comte pourra-t-il s'en dédire ?

SUZANNE

À qui mes habits ?

FIGARO

Chérubin.

LA COMTESSE

Il est parti.

FIGARO

Non pas pour moi : veut-on me laisser faire ?

SUZANNE

On peut s'en fier à lui pour mener une intrigue.

FIGARO

Deux, trois, quatre à la fois ; bien embrouillées, qui se croisent. J'étais né pour être courtisan.

SUZANNE

On dit que c'est un métier si difficile !

FIGARO

Recevoir, prendre, et demander ; voilà le secret en trois mots.

LA COMTESSE

Il a tant d'assurance qu'il finit par m'en inspirer.

FIGARO

C'est mon dessein.

SUZANNE

Tu disais donc ?

**FIGARO**

Que pendant l'absence de Monseigneur je vais vous envoyer le Chérubin : coiffez-le, habillez-le ; je le renferme et l'endoctrine ; et puis dansez, monseigneur.

*Il sort.*

## Scène 3

## SUZANNE, LA COMTESSE, *assise.*

**LA COMTESSE,** *tenant sa boîte à mouches*

Mon Dieu, Suzon, comme je suis faite !... ce jeune homme qui va venir !...

**SUZANNE**

Madame ne veut donc pas qu'il en réchappe ?

**LA COMTESSE** *rêve devant sa petite glace*

Moi ?... tu verras comme je vais le gronder.

**SUZANNE**

Faisons-lui chanter sa romance.

*Elle la met sur la comtesse.*

**LA COMTESSE**

Mais c'est qu'en vérité, mes cheveux sont dans un désordre...

**SUZANNE,** *riant*

Je n'ai qu'à reprendre ces deux boucles, Madame le grondera bien mieux.

**LA COMTESSE,** *revenant à elle*

Qu'est-ce que vous dites donc, mademoiselle ?

## Scène 4

**CHÉRUBIN** *l'air honteux*, **SUZANNE, LA COMTESSE** *assise*.

SUZANNE

Entrez, monsieur l'officier ; on est visible.

CHÉRUBIN *avance en tremblant*

Ah, que ce nom m'afflige, madame ! il m'apprend qu'il faut quitter des lieux… une marraine si… bonne !…

SUZANNE

Et si belle !

CHÉRUBIN, *avec un soupir*

Ah ! oui.

SUZANNE *le contrefait*

« Ah ! Oui. » Le bon jeune homme ! avec ses longues paupières hypocrites. Allons, bel oiseau bleu, chantez la romance à Madame.

LA COMTESSE *la déplie*

De qui… dit-on qu'elle est ?

SUZANNE

Voyez la rougeur du coupable : en a-t-il un pied sur les joues ?

CHÉRUBIN

Est-ce qu'il est défendu… de chérir…

SUZANNE *lui met le poing sous le nez*

Je dirai tout, vaurien !

LA COMTESSE

Là… chante-t-il ?

CHÉRUBIN

Oh ! madame, je suis si tremblant !…

SUZANNE, *en riant*

Et gnian, gnian, gnian, gnian, gnian, gnian, gnian ; dès que[1] Madame le veut, modeste auteur ! Je vais l'accompagner.

1. Puisque.

LA COMTESSE

Prends ma guitare.

*La comtesse, assise, tient le papier pour suivre. Suzanne est derrière son fauteuil, et prélude en regardant la musique par-dessus sa maîtresse. Le petit page est devant elle, les yeux baissés. Ce tableau est juste la belle estampe d'après Van Loo, appelée* La Conversation espagnole*.

**ROMANCE**

*Air : « Marlbroug s'en va-t-en guerre. »*

*Premier couplet*

Mon coursier hors d'haleine,
(Que mon cœur, mon cœur a de peine !)
J'errais de plaine en plaine,
Au gré du destrier.

*Deuxième couplet*

Au gré du destrier,
Sans varlet, n'écuyer ;
Là près d'une fontaine**,
(Que mon cœur, mon cœur a de peine !)
Songeant à ma marraine,
Sentais mes pleurs couler.

*Troisième couplet*

Sentais mes pleurs couler,
Prêt à me désoler ;
Je gravais sur un frêne
(Que mon cœur, mon cœur a de peine !)
Sa lettre sans la mienne ;
Le Roi vint à passer.

*Quatrième couplet*

Le Roi vint à passer,
Ses barons, son clergier.

* Chérubin. La comtesse. Suzanne.

** Au spectacle, on a commencé la romance à ce vers en disant : Auprès d'une fontaine…

« Beau page, dit la reine,
(Que mon cœur, mon cœur a de peine !)
Qui vous met à la gêne[1] ?
Qui vous fait tant plorer ?

*Cinquième couplet*

Qui vous fait tant plorer ?
Nous faut le déclarer.
— Madame et Souveraine,
(Que mon cœur, mon cœur a de peine !)
J'avais une marraine,
Que toujours adorai*.

*Sixième couplet*

Que toujours adorai :
Je sens que j'en mourrai.
— Beau page, dit la reine,
(Que mon cœur, mon cœur a de peine !)
N'est-il qu'une marraine ?
Je vous en servirai.

*Septième couplet*

Je vous en servirai ;
Mon page vous ferai ;
Puis à ma jeune Hélène,
(Que mon cœur, mon cœur a de peine !)
Fille d'un capitaine,
Un jour vous marirai.

*Huitième couplet*

Un jour vous marirai.
— Nenni, n'en faut parler ;
Je veux, traînant ma chaîne,
(Que mon cœur, mon cœur a de peine !)
Mourir de cette peine ;
Mais non m'en consoler. »

**LA COMTESSE**

Il y a de la naïveté… du sentiment même.

1. À la torture.
* Ici la comtesse arrête le page en fermant le papier. Le reste ne se chante pas au théâtre.

**SUZANNE** *va poser la guitare sur un fauteuil*[*]

Oh ! pour du sentiment, c'est un jeune homme qui… Ah çà ! monsieur l'officier, vous a-t-on dit que pour égayer la soirée, nous voulons savoir d'avance si un de mes habits vous ira passablement ?

**LA COMTESSE**

J'ai peur que non.

**SUZANNE** *se mesure avec lui*

Il est de ma grandeur. Ôtons d'abord le manteau. *(Elle le détache.)*

**LA COMTESSE**

Et si quelqu'un entrait ?

**SUZANNE**

Est-ce que nous faisons du mal donc ? Je vais fermer la porte ; *(elle court)* mais c'est la coiffure que je veux voir.

**LA COMTESSE**

Sur ma toilette, une baigneuse[1] à moi.

*Suzanne entre dans le cabinet dont la porte est au bord du théâtre.*

## Scène 5

### CHÉRUBIN, LA COMTESSE *assise.*

**LA COMTESSE**

Jusqu'à l'instant du bal le comte ignorera que vous soyez au château. Nous lui dirons après que le temps d'expédier[2] votre brevet nous a fait naître l'idée…

---

* Chérubin. Suzanne. La comtesse.

1. Sur la table de toilette se trouve un bonnet à bords rabattus.
2. Mettre les formes officielles, en apposant notamment un cachet.

**CHÉRUBIN** *le lui montre*

Hélas ! madame, le voici ; Bazile me l'a remis de sa part.

**LA COMTESSE**

Déjà ? l'on a craint d'y perdre une minute. *(Elle lit.)* Ils se sont tant pressés qu'ils ont oublié d'y mettre son cachet.

*Elle le lui rend.*

## Scène 6

## CHÉRUBIN, LA COMTESSE, SUZANNE

**SUZANNE** *entre avec un grand bonnet*

Le cachet, à quoi ?

**LA COMTESSE**

À son brevet.

**SUZANNE**

Déjà ?

**LA COMTESSE**

C'est ce que je disais. Est-ce là ma baigneuse ?

**SUZANNE**

*s'assied près de la comtesse**

Et la plus belle de toutes. *(Elle chante avec des épingles dans sa bouche :)*

Tournez-vous donc envers ici,
Jean de Lyra, mon bel ami.

*(Chérubin se met à genoux. Elle le coiffe.)* Madame, il est charmant !

* Chérubin. Suzanne. La comtesse.

LA COMTESSE

Arrange son collet, d'un air un peu plus féminin.

SUZANNE *l'arrange*

Là… mais voyez donc ce morveux, comme il est joli en fille ! j'en suis jalouse, moi ! *(Elle lui prend le menton.)* Voulez-vous bien n'être pas joli comme ça ?

LA COMTESSE

Qu'elle est folle ! Il faut relever la manche, afin que l'amadis[1] prenne mieux… *(Elle la retrousse.)* Qu'est-ce qu'il a donc au bras ? un ruban !

SUZANNE

Et un ruban à vous. Je suis bien aise que Madame l'ait vu. Je lui avais dit que je le dirais, déjà ! Oh ! si Monseigneur n'était pas venu, j'aurais bien repris le ruban ; car je suis presque aussi forte que lui.

LA COMTESSE

Il y a du sang ! *(Elle détache le ruban.)*

CHÉRUBIN, *honteux*

Ce matin, comptant partir, j'arrangeais la gourmette de mon cheval ; il a donné de la tête, et la bossette[2] m'a effleuré le bras.

LA COMTESSE

On n'a jamais mis un ruban…

SUZANNE

Et surtout un ruban volé. Voyons donc… ce que la bossette… la courbette… la cornette du cheval… Je n'entends rien à tous ces noms-là. Ah ! qu'il a le bras blanc ! c'est comme une femme ! plus blanc que le mien ! regardez donc, madame ! *(Elle les compare.)*

LA COMTESSE, *d'un ton glacé*

Occupez-vous plutôt de m'avoir du taffetas gommé, dans ma toilette.

*Suzanne lui pousse la tête, en riant ; il tombe sur les deux mains. Elle entre dans le cabinet au bord du théâtre.*

1. Bout de la manche qui se boutonne sur le poignet.
2. La gourmette et la bossette sont des parties du mars du cheval.

## Scène 7

### **CHÉRUBIN** *à genoux*, **LA COMTESSE** *assise.*

**LA COMTESSE** *reste un moment sans parler, les yeux sur son ruban. Chérubin la dévore de ses regards*
Pour mon ruban, monsieur… comme c'est celui dont la couleur m'agrée le plus… j'étais fort en colère de l'avoir perdu.

## Scène 8

### **CHÉRUBIN** *à genoux*, **LA COMTESSE** *assise*, **SUZANNE**

**SUZANNE**, *revenant*
Et la ligature à son bras ?

*Elle remet à la comtesse du taffetas gommé et des ciseaux.*

**LA COMTESSE**
En allant lui chercher tes hardes[1], prends le ruban d'un autre bonnet.

*Suzanne sort par la porte du fond, en emportant le manteau du page.*

---

1. Vêtements, sans la connotation misérabiliste que le terme a de nos jours.

## Scène 9

### CHÉRUBIN *à genoux*, LA COMTESSE *assise*.

**CHÉRUBIN**, *les yeux baissés*
Celui qui m'est ôté m'aurait guéri en moins de rien.

**LA COMTESSE**
Par quelle vertu ? *(Lui montrant le taffetas.)* Ceci vaut mieux.

**CHÉRUBIN**, *hésitant*
Quand un ruban… a serré la tête… ou touché la peau d'une personne…

**LA COMTESSE**, *coupant la phrase*
… étrangère, il devient bon pour les blessures ? J'ignorais cette propriété. Pour l'éprouver, je garde celui-ci qui vous a serré le bras. À la première égratignure… de mes femmes, j'en ferai l'essai.

**CHÉRUBIN**, *pénétré*
Vous le gardez, et moi, je pars.

**LA COMTESSE**
Non pour toujours.

**CHÉRUBIN**
Je suis si malheureux !

**LA COMTESSE**, *émue*
Il pleure à présent ! c'est ce vilain Figaro avec son pronostic !

**CHÉRUBIN**, *exalté*
Ah ! je voudrais toucher au terme qu'il m'a prédit ! sûr de mourir à l'instant, peut-être ma bouche oserait…

**LA COMTESSE** *l'interrompt et lui essuie les yeux avec son mouchoir*
Taisez-vous, taisez-vous, enfant. Il n'y a pas un brin de raison dans tout ce que vous dites. *(On frappe à la porte, elle élève la voix.)* Qui frappe ainsi chez moi ?

## Scène 10

### CHÉRUBIN, LA COMTESSE, LE COMTE, *en dehors.*

**LE COMTE,** *en dehors*

Pourquoi donc enfermée ?

**LA COMTESSE,** *troublée, se lève*

C'est mon époux ! grands dieux !… *(À Chérubin qui s'est levé aussi :)* Vous sans manteau, le col et les bras nus ! seul avec moi ! cet air de désordre, un billet reçu, sa jalousie !…

**LE COMTE,** *en dehors*

Vous n'ouvrez pas ?

**LA COMTESSE**

C'est que… je suis seule.

**LE COMTE,** *en dehors*

Seule ! Avec qui parlez-vous donc ?

**LA COMTESSE,** *cherchant*

… Avec vous sans doute.

**CHÉRUBIN, à part**

Après les scènes d'hier, et de ce matin, il me tuerait sur la place !

*Il court au cabinet de toilette, y entre, et tire la porte sur lui.*

## Scène 11

**LA COMTESSE,** *seule, en ôte la clef et court ouvrir au comte.*

Ah ! quelle faute ! quelle faute !

## Scène 12

**LE COMTE, LA COMTESSE**

**LE COMTE,** *un peu sévère*

Vous n'êtes pas dans l'usage de vous enfermer !

**LA COMTESSE,** *troublée*

Je… je chiffonnais… oui, je chiffonnais avec Suzanne ; elle est passée un moment chez elle.

**LE COMTE** *l'examine*

Vous avez l'air et le ton bien altérés !

**LA COMTESSE**

Cela n'est pas étonnant… pas étonnant du tout… je vous assure… nous parlions de vous… elle est passée, comme je vous dis…

**LE COMTE**

Vous parliez de moi !… Je suis ramené par l'inquiétude : en montant à cheval, un billet, qu'on m'a remis, mais auquel je n'ajoute aucune foi, m'a… pourtant agité.

**LA COMTESSE**

Comment, monsieur ?… quel billet ?

LE COMTE

Il faut avouer, madame, que vous ou moi sommes entourés d'êtres… bien méchants ! On me donne avis que dans la journée, quelqu'un que je crois absent doit chercher à vous entretenir.

LA COMTESSE

Quel que soit cet audacieux, il faudra qu'il pénètre ici ; car mon projet est de ne pas quitter ma chambre de tout le jour.

LE COMTE

Ce soir, pour la noce de Suzanne ?

LA COMTESSE

Pour rien au monde ; je suis très incommodée.

LE COMTE

Heureusement le docteur est ici. *(Le page fait tomber une chaise dans le cabinet.)* Quel bruit entends-je ?

LA COMTESSE, *plus troublée*

Du bruit ?

LE COMTE

On a fait tomber un meuble.

LA COMTESSE

Je… je n'ai rien entendu, pour moi.

LE COMTE

Il faut que vous soyez furieusement préoccupée !

LA COMTESSE

Préoccupée ! de quoi ?

LE COMTE

Il y a quelqu'un dans ce cabinet, madame.

LA COMTESSE

Hé… qui voulez-vous qu'il y ait, monsieur ?

LE COMTE

C'est moi qui vous le demande ; j'arrive.

LA COMTESSE

Hé mais… Suzanne apparemment qui range.

LE COMTE

Vous avez dit qu'elle était passée chez elle !

**LA COMTESSE**

Passée… ou entrée là ; je ne sais lequel.

**LE COMTE**

Si c'est Suzanne, d'où vient le trouble où je vous vois ?

**LA COMTESSE**

Du trouble pour ma camariste ?

**LE COMTE**

Pour votre camariste, je ne sais ; mais pour du trouble, assurément.

**LA COMTESSE**

Assurément, monsieur, cette fille vous trouble, et vous occupe beaucoup plus que moi.

**LE COMTE**, *en colère*

Elle m'occupe à tel point, madame, que je veux la voir à l'instant.

**LA COMTESSE**

Je crois en effet, que vous le voulez souvent ; mais voilà bien les soupçons les moins fondés…

## Scène 13

### LE COMTE, LA COMTESSE ; SUZANNE

*entre avec des hardes et pousse la porte du fond.*

**LE COMTE**

Ils en seront plus aisés à détruire. *(Il parle au cabinet.)* Sortez, Suzon ; je vous l'ordonne.

*Suzanne s'arrête auprès de l'alcôve dans le fond.*

**LA COMTESSE**

Elle est presque nue, monsieur ; vient-on troubler ainsi des femmes dans leur retraite ? Elle essayait des hardes que je lui donne en la mariant ; elle s'est enfuie quand elle vous a entendu.

LE COMTE

Si elle craint tant de se montrer, au moins elle peut parler. *(Il se tourne vers la porte du cabinet.)* Répondez-moi, Suzanne ; êtes-vous dans ce cabinet ?

*Suzanne, restée au fond, se jette dans l'alcôve et s'y cache.*

LA COMTESSE, *vivement, parlant au cabinet*

Suzon, je vous défends de répondre. *(Au comte :)* On n'a jamais poussé si loin la tyrannie !

LE COMTE *s'avance au cabinet*

Oh ! bien, puisqu'elle ne parle pas, vêtue ou non, je la verrai.

LA COMTESSE *se met au-devant*

Partout ailleurs je ne puis l'empêcher ; mais j'espère aussi que chez moi…

LE COMTE

Et moi j'espère savoir dans un moment[1] quelle est cette Suzanne mystérieuse. Vous demander la clef serait, je le vois, inutile ! mais il est un moyen sûr de jeter en dedans cette légère porte. Holà ! quelqu'un !

LA COMTESSE

Attirer vos gens, et faire un scandale public d'un soupçon qui nous rendrait la fable du château ?

LE COMTE

Fort bien, madame ; en effet, j'y suffirai ; je vais à l'instant prendre chez moi ce qu'il faut… *(Il marche pour sortir et revient.)* Mais pour que tout reste au même état, voudrez-vous bien m'accompagner sans scandale et sans bruit, puisqu'il vous déplaît tant ?… une chose aussi simple, apparemment, ne me sera pas refusée !

LA COMTESSE, *troublée*

Eh ! monsieur, qui songe à vous contrarier ?

1. Tout de suite.

**LE COMTE**

Ah ! j'oubliais la porte qui va chez vos femmes ; il faut que je la ferme aussi, pour que vous soyez pleinement justifiée.

*Il va fermer la porte du fond et en ôte la clef.*

**LA COMTESSE**, *à part*

Ô Ciel ! étourderie funeste !

**LE COMTE**, *revenant à elle*

Maintenant que cette chambre est close, acceptez mon bras, je vous prie ; *(il élève la voix)* et quant à la Suzanne du cabinet, il faudra qu'elle ait la bonté de m'attendre, et le moindre mal qui puisse lui arriver à mon retour…

**LA COMTESSE**

En vérité, monsieur, voilà bien la plus odieuse aventure…

*Le comte l'emmène et ferme la porte à la clef.*

## Scène 14

## SUZANNE, CHÉRUBIN

**SUZANNE** *sort de l'alcôve, accourt au cabinet et parle à la serrure*

Ouvrez, Chérubin, ouvrez vite, c'est Suzanne ; ouvrez et sortez.

**CHÉRUBIN** sort*

Ah ! Suzon, quelle horrible scène !

**SUZANNE**

Sortez, vous n'avez pas une minute.

**CHÉRUBIN**, *effrayé*

Eh ! par où sortir ?

* Chérubin. Suzanne.

**SUZANNE**

Je n'en sais rien, mais sortez.

**CHÉRUBIN**

S'il n'y a pas d'issue ?

**SUZANNE**

Après la rencontre de tantôt, il vous écraserait, et nous serions perdues. Courez conter à Figaro…

**CHÉRUBIN**

La fenêtre du jardin n'est peut-être pas bien haute. *(Il court y regarder.)*

**SUZANNE,** *avec effroi*

Un grand étage ! Impossible ! Ah ! ma pauvre maîtresse ! Et mon mariage, ô Ciel !

**CHÉRUBIN** *revient*

Elle donne sur la melonnière ; quitte à gâter une couche[1] ou deux…

**SUZANNE** *le retient et s'écrie*

Il va se tuer !

**CHÉRUBIN,** *exalté*

Dans un gouffre allumé, Suzon ! oui, je m'y jetterais, plutôt que de lui nuire… Et ce baiser va me porter bonheur.

*Il l'embrasse et court sauter par la fenêtre.*

## Scène 15

### SUZANNE, *seule, un cri de frayeur.*

Ah !… *(Elle tombe assise un moment. Elle va péniblement regarder à la fenêtre et revient.)* Il est déjà bien loin. Oh ! le petit garnement ! aussi leste que joli ! si celui-là manque de femmes… Prenons sa place au plus tôt. *(En entrant dans le cabinet.)* Vous

1. Un plant (de melons).

pouvez à présent, monsieur le comte, rompre la cloison, si cela vous amuse ; au diantre qui répond un mot !

*Elle s'enferme.*

## Scène 16

### LE COMTE, LA COMTESSE *rentrent dans la chambre.*

**LE COMTE,** *une pince à la main, qu'il jette sur le fauteuil*
Tout est bien comme je l'ai laissé. Madame, en m'exposant à briser cette porte, réfléchissez aux suites : encore une fois, voulez-vous l'ouvrir ?

**LA COMTESSE**
Eh, monsieur, quelle horrible humeur peut altérer ainsi les égards entre deux époux ? Si l'amour vous dominait au point de vous inspirer ces fureurs, malgré leur déraison je les excuserais ; j'oublierais peut-être, en faveur du motif, ce qu'elles ont d'offensant pour moi. Mais la seule vanité peut-elle jeter dans cet excès un galant homme ?

**LE COMTE**
Amour ou vanité, vous ouvrirez la porte ; ou je vais à l'instant…

**LA COMTESSE,** *au-devant*
Arrêtez, monsieur, je vous prie. Me croyez-vous capable de manquer à ce que je me dois ?

**LE COMTE**
Tout ce qu'il vous plaira, madame ; mais je verrai qui est dans ce cabinet.

**LA COMTESSE,** *effrayée*
Eh bien, monsieur, vous le verrez. Écoutez-moi… tranquillement.

**LE COMTE**

Ce n'est donc pas Suzanne ?

**LA COMTESSE**, *timidement*

Au moins n'est-ce pas non plus une personne... dont vous deviez rien redouter... Nous disposions une plaisanterie... bien innocente en vérité, pour ce soir... et je vous jure...

**LE COMTE**

Et vous me jurez ?

**LA COMTESSE**

Que nous n'avions pas plus de dessein de vous offenser l'un que l'autre.

**LE COMTE**, *vite*

L'un que l'autre ? c'est un homme ?

**LA COMTESSE**

Un enfant, monsieur.

**LE COMTE**

Hé qui donc ?

**LA COMTESSE**

À peine osé-je le nommer !

**LE COMTE**, *furieux*

Je le tuerai.

**LA COMTESSE**

Grands dieux !

**LE COMTE**

Parlez donc !

**LA COMTESSE**

Ce jeune... Chérubin...

**LE COMTE**

Chérubin ! l'insolent ! voilà mes soupçons et le billet expliqués.

**LA COMTESSE**, *joignant les mains*

Ah ! monsieur, gardez de penser...

**LE COMTE**, *frappant du pied*

*(À part.)* Je trouverai partout ce maudit page ! *(Haut.)* Allons, madame, ouvrez ; je sais tout maintenant. Vous n'auriez pas été si émue en le congédiant ce matin, il serait parti quand je l'ai

ordonné, vous n'auriez pas mis tant de fausseté dans votre conte de Suzanne, il ne se serait pas si soigneusement caché, s'il n'y avait rien de criminel.

**LA COMTESSE**

Il a craint de vous irriter en se montrant.

**LE COMTE,** *hors de lui, crie au cabinet*

Sors donc, petit malheureux !

**LA COMTESSE** *le prend à bras-le-corps, en l'éloignant*

Ah ! monsieur, monsieur, votre colère me fait trembler pour lui. N'en croyez pas un injuste soupçon, de grâce ; et que le désordre où vous l'allez trouver...

**LE COMTE**

Du désordre !

**LA COMTESSE**

Hélas oui ; prêt à s'habiller en femme, une coiffure à moi sur la tête, en veste et sans manteau, le col ouvert, les bras nus ; il allait essayer...

**LE COMTE**

Et vous vouliez garder votre chambre ! Indigne épouse ! ah ! vous la garderez... longtemps ; mais il faut avant que j'en chasse un insolent, de manière à ne plus le rencontrer nulle part.

**LA COMTESSE** *se jette à genoux, les bras élevés*

Monsieur le comte, épargnez un enfant ; je ne me consolerais pas d'avoir causé...

**LE COMTE**

Vos frayeurs aggravent son crime.

**LA COMTESSE**

Il n'est pas coupable, il partait : c'est moi qui l'ai fait appeler.

**LE COMTE,** *furieux*

Levez-vous. Ôtez-vous... Tu es bien audacieuse d'oser me parler pour un autre !

**LA COMTESSE**

Eh bien ! je m'ôterai, monsieur, je me lèverai ; je vous remettrai même la clef du cabinet : mais, au nom de votre amour...

**LE COMTE**

De mon amour ! Perfide !

**LA COMTESSE** *se lève et lui présente la clef*

Promettez-moi que vous laisserez aller cet enfant sans lui faire aucun mal ; et puisse après tout votre courroux tomber sur moi ; si je ne vous convaincs pas…

**LE COMTE,** *prenant la clef*

Je n'écoute plus rien.

**LA COMTESSE** *se jette sur une bergère, un mouchoir sur les yeux*

Oh ! Ciel ! il va périr.

**LE COMTE** *ouvre la porte et recule*

C'est Suzanne !

## Scène 17

## LA COMTESSE, LE COMTE, SUZANNE

**SUZANNE** *sort en riant*

« Je le tuerai, je le tuerai. » Tuez-le donc, ce méchant page !

**LE COMTE,** *à part*

Ah ! quelle école[1] ! *(Regardant la comtesse qui est restée stupéfaite.)* Et vous aussi, vous jouez l'étonnement ?… Mais peut-être elle n'y est pas seule.

*Il entre.*

1. Terme de jeu : quelle sottise (j'ai commise)!

## Scène 18

## LA COMTESSE *assise*, SUZANNE

**SUZANNE** *accourt à sa maîtresse*

Remettez-vous, madame, il est bien loin, il a fait un saut…

**LA COMTESSE**

Ah, Suzon, je suis morte.

## Scène 19

## LA COMTESSE *assise*, SUZANNE, LE COMTE

**LE COMTE** *sort du cabinet d'un air confus. Après un court silence*

Il n'y a personne, et pour le coup j'ai tort. Madame… vous jouez fort bien la comédie.

**SUZANNE,** *gaiement*

Et moi, monseigneur ?

*La comtesse, son mouchoir sur sa bouche pour se remettre, ne parle pas**.

**LE COMTE** *s'approche*

Quoi, madame, vous plaisantiez ?

**LA COMTESSE,** *se remettant un peu*

Eh ! pourquoi non, monsieur ?

* Suzanne. La comtesse, assise. Le comte.

**LE COMTE**

Quel affreux badinage ! et par quel motif, je vous prie ?…

**LA COMTESSE**

Vos folies méritent-elles de la pitié ?

**LE COMTE**

Nommer folies ce qui touche à l'honneur !

**LA COMTESSE,** *assurant son ton par degrés*

Me suis-je unie à vous pour être éternellement dévouée à l'abandon et à la jalousie, que vous seul osez concilier ?

**LE COMTE**

Ah ! madame, c'est sans ménagement.

**SUZANNE**

Madame n'avait qu'à vous laisser appeler les gens.

**LE COMTE**

Tu as raison, et c'est à moi de m'humilier… Pardon, je suis d'une confusion !…

**SUZANNE**

Avouez, monseigneur, que vous la méritez un peu !

**LE COMTE**

Pourquoi donc ne sortais-tu pas lorsque je t'appelais ? Mauvaise !

**SUZANNE**

Je me rhabillais de mon mieux, à grand renfort d'épingles, et Madame qui me le défendait avait bien ses raisons pour le faire.

**LE COMTE**

Au lieu de rappeler mes torts, aide-moi plutôt à l'apaiser.

**LA COMTESSE**

Non, monsieur ; un pareil ouvrage ne se couvre point[1]. Je vais me retirer aux Ursulines, et je vois trop qu'il en est temps.

**LE COMTE**

Le pourriez-vous sans quelques regrets ?

**SUZANNE**

Je suis sûre, moi, que le jour du départ serait la veille des larmes.

1. Ne peut trouver d'excuses.

LA COMTESSE

Eh ! quand cela serait, Suzon ? j'aime mieux le regretter que d'avoir la bassesse de lui pardonner ; il m'a trop offensée.

LE COMTE

Rosine !…

LA COMTESSE

Je ne la suis plus, cette Rosine que vous avez tant poursuivie ! Je suis la pauvre comtesse Almaviva, la triste femme délaissée, que vous n'aimez plus.

SUZANNE

Madame !

LE COMTE, *suppliant*

Par pitié !

LA COMTESSE

Vous n'en aviez aucune pour moi.

LE COMTE

Mais aussi ce billet… Il m'a tourné le sang !

LA COMTESSE

Je n'avais pas consenti qu'on l'écrivît.

LE COMTE

Vous le saviez ?

LA COMTESSE

C'est cet étourdi de Figaro…

LE COMTE

Il en était ?

LA COMTESSE

… qui l'a remis à Bazile.

LE COMTE

Qui m'a dit le tenir d'un paysan. Ô perfide chanteur ! lame à deux tranchants ! c'est toi qui payeras pour tout le monde.

LA COMTESSE

Vous demandez pour vous un pardon que vous refusez aux autres : voilà bien les hommes ! Ah ! Si jamais je consentais à pardonner en faveur de[1] l'erreur où vous a jeté ce billet, j'exigerais que l'amnistie fût générale.

**LE COMTE**

Eh bien ! de tout mon cœur, comtesse. Mais comment réparer une faute aussi humiliante ?

**LA COMTESSE** *se lève*

Elle l'était pour tous deux.

**LE COMTE**

Ah ! dites pour moi seul. Mais je suis encore à concevoir comment les femmes prennent si vite et si juste l'air et le ton des circonstances. Vous rougissiez, vous pleuriez, votre visage était défait… D'honneur il l'est encore.

**LA COMTESSE,** *s'efforçant de sourire*

Je rougissais… du ressentiment de vos soupçons. Mais les hommes sont-ils assez délicats pour distinguer l'indignation d'une âme honnête outragée, d'avec la confusion qui naît d'une accusation méritée ?

**LE COMTE,** *souriant*

Et ce page en désordre, en veste et presque nu…

**LA COMTESSE,** *montrant Suzanne*

Vous le voyez devant vous. N'aimez-vous pas mieux l'avoir trouvé que l'autre ? en général, vous ne haïssez pas de rencontrer celui-ci.

**LE COMTE,** *riant plus fort*

Et ces prières, ces larmes feintes…

**LA COMTESSE**

Vous me faites rire, et j'en ai peu d'envie.

**LE COMTE**

Nous croyons valoir quelque chose en politique, et nous ne sommes que des enfants. C'est vous, c'est vous, madame, que le roi devrait envoyer en ambassade à Londres ! Il faut que votre sexe ait fait une étude bien réfléchie de l'art de se composer pour réussir à ce point !

**LA COMTESSE**

C'est toujours vous qui nous y forcez.

1. En prenant en considération.

SUZANNE

Laissez-nous prisonniers sur parole, et vous verrez si nous sommes gens d'honneur.

LA COMTESSE

Brisons là, monsieur le comte. J'ai peut-être été trop loin ; mais mon indulgence en un cas aussi grave doit au moins m'obtenir la vôtre.

LE COMTE

Mais vous répéterez que vous me pardonnez.

LA COMTESSE

Est-ce que je l'ai dit, Suzon ?

SUZANNE

Je ne l'ai pas entendu, madame.

LE COMTE

Eh bien ! que ce mot vous échappe.

LA COMTESSE

Le méritez-vous, ingrat ?

LE COMTE

Oui, par mon repentir.

SUZANNE

Soupçonner un homme dans le cabinet de Madame !

LE COMTE

Elle m'en a si sévèrement puni !

SUZANNE

Ne pas s'en fier à elle quand elle dit que c'est sa camariste !

LE COMTE

Rosine, êtes-vous donc implacable ?

LA COMTESSE

Ah ! Suzon ! que je suis faible ! quel exemple je te donne ! *(Tendant la main au comte.)* On ne croira plus à la colère des femmes.

SUZANNE

Bon ! madame, avec eux ne faut-il pas toujours en venir là ?

*Le comte baise ardemment la main de sa femme.*

## Scène 20

# SUZANNE, FIGARO, LA COMTESSE, LE COMTE

**FIGARO**, *arrivant tout essoufflé*

On disait Madame incommodée. Je suis vite accouru… je vois avec joie qu'il n'en est rien.

**LE COMTE**, *sèchement*

Vous êtes fort attentif[1] !

**FIGARO**

Et c'est mon devoir. Mais puisqu'il n'en est rien, monseigneur, tous vos jeunes vassaux des deux sexes sont en bas avec les violons et les cornemuses, attendant, pour m'accompagner, l'instant où vous permettrez que je mène ma fiancée…

**LE COMTE**

Et qui surveillera la comtesse au château ?

**FIGARO**

La veiller ! elle n'est pas malade.

**LE COMTE**

Non ; mais cet homme absent qui doit l'entretenir ?

**FIGARO**

Quel homme absent ?

**LE COMTE**

L'homme du billet que vous avez remis à Bazile.

**FIGARO**

Qui dit cela ?

**LE COMTE**

Quand je ne le saurais pas d'ailleurs, fripon ! ta physionomie qui t'accuse me prouverait déjà que tu mens.

**FIGARO**

S'il en est ainsi, ce n'est pas moi qui mens, c'est ma physionomie.

1. Attentionné.

SUZANNE

Va, mon pauvre Figaro, n'use pas ton éloquence en défaites[1] ; nous avons tout dit.

FIGARO

Et quoi dit ? vous me traitez comme un Bazile !

SUZANNE

Que tu avais écrit le billet de tantôt pour faire accroire à Monseigneur, quand il entrerait, que le petit page était dans ce cabinet où je me suis enfermée.

LE COMTE

Qu'as-tu à répondre ?

LA COMTESSE

Il n'y a plus rien à cacher, Figaro ; le badinage est consommé.

FIGARO, *cherchant à deviner*

Le badinage… est consommé ?

LE COMTE

Oui, consommé. Que dis-tu là-dessus ?

FIGARO

Moi ! je dis… que je voudrais bien qu'on en pût dire autant de mon mariage ; et si vous l'ordonnez…

LE COMTE

Tu conviens donc enfin du billet ?

FIGARO

Puisque Madame le veut, que Suzanne le veut, que vous le voulez vous-même, il faut bien que je le veuille aussi : mais à votre place, en vérité, monseigneur, je ne croirais pas un mot de tout ce que nous vous disons.

LE COMTE

Toujours mentir contre l'évidence ! à la fin cela m'irrite.

LA COMTESSE, *en riant*

Eh, ce pauvre garçon ! pourquoi voulez-vous, monsieur, qu'il dise une fois la vérité ?

FIGARO, *bas à Suzanne*

Je l'avertis de son danger ; c'est tout ce qu'un honnête homme peut faire.

1. En mauvaises excuses.

**SUZANNE**, *bas*

As-tu vu le petit page ?

**FIGARO**, *bas*

Encore tout froissé.

**SUZANNE**, *bas*

Ah, pécaïre[1] !

**LA COMTESSE**

Allons, monsieur le comte, ils brûlent de s'unir : leur impatience est naturelle ! entrons pour la cérémonie.

**LE COMTE**, *à part*

Et Marceline, Marceline… *(Haut.)* Je voudrais être… au moins vêtu.

**LA COMTESSE**

Pour nos gens ! Est-ce que je le suis ?

## Scène 21

### FIGARO, SUZANNE, LA COMTESSE, LE COMTE, ANTONIO

**ANTONIO**, *demi-gris, tenant un pot de giroflées écrasées*

Monseigneur ! Monseigneur !

**LE COMTE**

Que me veux-tu, Antonio ?

**ANTONIO**

Faites donc une fois griller les croisées[2] qui donnent sur mes couches. On jette toutes sortes de choses par ces fenêtres ; et tout à l'heure encore on vient d'en jeter un homme.

1. Interjection d'origine provençale.
2. Une fois : une fois pour toutes. Griller les croisées : poser un grillage sur les fenêtres.

**LE COMTE**

Par ces fenêtres ?

**ANTONIO**

Regardez comme on arrange mes giroflées !

**SUZANNE,** *bas à Figaro*

Alerte, Figaro ! alerte.

**FIGARO**

Monseigneur, il est gris dès le matin.

**ANTONIO**

Vous n'y êtes pas. C'est un petit reste d'hier. Voilà comme on fait des jugements… ténébreux.

**LE COMTE,** *avec feu*

Cet homme ! cet homme ! où est-il ?

**ANTONIO**

Où il est ?

**LE COMTE**

Oui.

**ANTONIO**

C'est ce que je dis. Il faut me le trouver déjà. Je suis votre domestique ; il n'y a que moi qui prends soin de votre jardin ; il y tombe un homme, et vous sentez… que ma réputation en est effleurée.

**SUZANNE,** *bas à Figaro*

Détourne, détourne.

**FIGARO**

Tu boiras donc toujours ?

**ANTONIO**

Et si je ne buvais pas, je deviendrais enragé.

**LA COMTESSE**

Mais en prendre ainsi sans besoin…

**ANTONIO**

Boire sans soif et faire l'amour en tout temps, madame, il n'y a que ça qui nous distingue des autres bêtes.

**LE COMTE,** *vivement*

Réponds-moi donc ou je vais te chasser.

**ANTONIO**

Est-ce que je m'en irais ?

**LE COMTE**

Comment donc ?

**ANTONIO,** *se touchant le front*

Si vous n'avez pas assez de ça pour garder un bon domestique, je ne suis pas assez bête, moi, pour renvoyer un si bon maître.

**LE COMTE** *le secoue avec colère*

On a, dis-tu, jeté un homme par cette fenêtre ?

**ANTONIO**

Oui, Mon Excellence ; tout à l'heure, en veste blanche, et qui s'est enfui, jarni[1], courant…

**LE COMTE,** *impatienté*

Après ?

**ANTONIO**

J'ai bien voulu courir après ; mais je me suis donné contre la grille une si fière gourde[2] à la main que je ne peux plus remuer ni pied ni patte de ce doigt-là.

*Levant le doigt.*

**LE COMTE**

Au moins tu reconnaîtrais l'homme ?

**ANTONIO**

Oh ! que oui-da !… si je l'avais vu pourtant !

**SUZANNE,** *bas à Figaro*

Il ne l'a pas vu.

**FIGARO**

Voilà bien du train[3] pour un pot de fleurs ! combien te faut-il, pleurard ! avec ta giroflée ? Il est inutile de chercher, monseigneur, c'est moi qui ai sauté.

**LE COMTE**

Comment ? c'est vous !

1. Juron paysan.
2. Un tel coup.
3. Du tapage, de l'agitation.

ANTONIO

« Combien te faut-il, pleurard ? » Votre corps a donc bien grandi depuis ce temps-là ? car je vous ai trouvé beaucoup plus moindre et plus fluet !

FIGARO

Certainement ; quand on saute, on se pelotonne…

ANTONIO

M'est avis que c'était plutôt… qui dirait, le gringalet de page.

LE COMTE

Chérubin, tu veux dire ?

FIGARO

Oui, revenu tout exprès avec son cheval, de la porte de Séville, où peut-être il est déjà.

ANTONIO

Oh ! non, je ne dis pas ça, je ne dis pas ça ; je n'ai pas vu sauter de cheval, car je le dirais de même.

LE COMTE

Quelle patience !

FIGARO

J'étais dans la chambre des femmes en veste blanche : il fait un chaud !… J'attendais là ma Suzannette, quand j'ai ouï tout à coup la voix de Monseigneur et le grand bruit qui se faisait : je ne sais quelle crainte m'a saisi à l'occasion de ce billet ; et s'il faut avouer ma bêtise, j'ai sauté sans réflexion sur les couches, où je me suis même un peu foulé le pied droit.

*Il frotte son pied.*

ANTONIO

Puisque c'est vous, il est juste de vous rendre ce brimborion de papier qui a coulé[1] de votre veste en tombant.

LE COMTE *se jette dessus*

Donne-le-moi.

*Il ouvre le papier et le referme.*

1. S'est échappé.

**FIGARO**, *à part*

Je suis pris.

**LE COMTE**, *à Figaro*

La frayeur ne vous aura pas fait oublier ce que contient ce papier, ni comment il se trouvait dans votre poche ?

**FIGARO**, *embarrassé, fouille dans ses poches et en tire des papiers*

Non sûrement… Mais c'est que j'en ai tant. Il faut répondre à tout… *(Il regarde un des papiers.)* Ceci ? ah ! c'est une lettre de Marceline, en quatre pages ; elle est belle !… Ne serait-ce pas la requête de ce pauvre braconnier en prison ?… non, la voici… J'avais l'état des meubles du petit château dans l'autre poche…

*Le comte rouvre le papier qu'il tient.*

**LA COMTESSE**, *bas à Suzanne*

Ah dieux ! Suzon. C'est le brevet d'officier.

**SUZANNE**, *bas à Figaro*

Tout est perdu, c'est le brevet.

**LE COMTE** *replie le papier*

Eh bien ! l'homme aux expédients, vous ne devinez pas ?

**ANTONIO**, *s'approchant de Figaro**

Monseigneur dit si vous ne devinez pas !

**FIGARO** *le repousse*

Fi donc ! vilain, qui me parle dans le nez !

**LE COMTE**

Vous ne vous rappelez pas ce que ce peut être ?

**FIGARO**

A, a, a, ah ! *Povero*[1] ! ce sera le brevet de ce malheureux enfant, qu'il m'avait remis et que j'ai oublié de lui rendre. O, o, o, oh ! étourdi que je suis ! que fera-t-il sans son brevet ? Il faut courir…

* Antonio. Figaro. Suzanne. La comtesse. Le comte.

1. Pauvre de moi !

**LE COMTE**

Pourquoi vous l'aurait-il remis ?

**FIGARO,** *embarrassé*

Il… désirait qu'on y fît quelque chose.

**LE COMTE** *regarde son papier*

Il n'y manque rien.

**LA COMTESSE,** *bas à Suzanne*

Le cachet.

**SUZANNE,** *bas à Figaro*

Le cachet manque.

**LE COMTE,** *à Figaro*

Vous ne répondez pas ?

**FIGARO**

C'est… qu'en effet il y manque peu de chose. Il dit que c'est l'usage…

**LE COMTE**

L'usage ! l'usage ! l'usage de quoi ?

**FIGARO**

D'y apposer le sceau de vos armes. Peut-être aussi que cela ne valait pas la peine.

**LE COMTE** *rouvre le papier et le chiffonne de colère*

Allons, il est écrit que je ne saurai rien. *(À part.)* C'est ce Figaro qui les mène et je ne m'en vengerais pas !

*Il veut sortir avec dépit.*

**FIGARO,** *l'arrêtant*

Vous sortez sans ordonner mon mariage ?

## Scène 22

## BAZILE, BARTHOLO, MARCELINE, FIGARO, LE COMTE, GRIPPE-SOLEIL, LA COMTESSE, SUZANNE, ANTONIO ; VALETS DU COMTE, SES VASSAUX

**MARCELINE,** *au comte*

Ne l'ordonnez pas, monseigneur ! Avant de lui faire grâce, vous nous devez justice. Il a des engagements avec moi.

**LE COMTE,** *à part*

Voilà ma vengeance arrivée.

**FIGARO**

Des engagements ! de quelle nature ? Expliquez-vous.

**MARCELINE**

Oui, je m'expliquerai, malhonnête !

*La comtesse s'assied sur une bergère. Suzanne est derrière elle.*

**LE COMTE**

De quoi s'agit-il, Marceline ?

**MARCELINE**

D'une obligation de mariage.

**FIGARO**

Un billet, voilà tout, pour de l'argent prêté.

**MARCELINE,** *au comte*

Sous condition de m'épouser. Vous êtes un grand seigneur, le premier juge de la province…

**LE COMTE**

Présentez-vous au tribunal ; j'y rendrai justice à tout le monde.

**BAZILE,** *montrant Marceline*

En ce cas, Votre Grandeur permet que je fasse aussi valoir mes droits sur Marceline ?

**LE COMTE**, *à part*

Ah ! voilà mon fripon du billet.

**FIGARO**

Autre fou de la même espèce !

**LE COMTE**, *en colère, à Bazile*

Vos droits ! vos droits ! Il vous convient bien de parler devant moi, maître sot !

**ANTONIO**, *frappant dans sa main*

Il ne l'a, ma foi, pas manqué du premier coup : c'est son nom.

**LE COMTE**

Marceline, on suspendra tout jusqu'à l'examen de vos titres, qui se fera publiquement dans la grand-salle d'audience. Honnête Bazile ! agent fidèle et sûr ! allez au bourg chercher les gens du Siège[1].

**BAZILE**

Pour son affaire ?

**LE COMTE**

Et vous m'amènerez le paysan du billet.

**BAZILE**

Est-ce que je le connais ?

**LE COMTE**

Vous résistez !

**BAZILE**

Je ne suis pas entré au château pour en faire les commissions.

**LE COMTE**

Quoi donc ?

**BAZILE**

Homme à talent sur l'orgue du village, je montre le clavecin à Madame, à chanter à ses femmes, la mandoline aux pages ; et mon emploi surtout est d'amuser votre compagnie avec ma guitare, quand il vous plaît de l'ordonner.

**GRIPPE-SOLEIL** *s'avance*

J'irai bien, monsigneu, si cela vous plaira.

1. Hommes de justice.

**LE COMTE**

Quel est ton nom, et ton emploi ?

**GRIPPE-SOLEIL**

Je suis Grippe-Soleil, mon bon signeu ; le petit patouriau des chèvres, commandé pour le feu d'artifice. C'est fête aujourd'hui dans le troupiau ; et je sais oùs-ce qu'est toute l'enragée boutique à procès du pays.

**LE COMTE**

Ton zèle me plaît ; vas-y : mais vous, *(à Bazile)* accompagnez Monsieur en jouant de la guitare, et chantant pour l'amuser en chemin. Il est de ma compagnie.

**GRIPPE-SOLEIL,** *joyeux*

Oh ! moi, je suis de la… ?

*Suzanne l'apaise de la main, en lui montrant la comtesse.*

**BAZILE, surpris**

Que j'accompagne Grippe-Soleil en jouant ?…

**LE COMTE**

C'est votre emploi. Partez, ou je vous chasse.

*Il sort.*

## Scène 23

## LES ACTEURS PRÉCÉDENTS, *excepté* LE COMTE

**BAZILE,** *à lui-même*

Ah ! je n'irai pas lutter contre le pot de fer[1], moi qui ne suis…

**FIGARO**

Qu'une cruche.

1. Le pot de fer contre le pot de terre désigne un combat inégal.

**BAZILE,** *à part*

Au lieu d'aider à leur mariage, je m'en vais assurer le mien avec Marceline. *(À Figaro :)* Ne conclus rien, crois-moi, que je ne sois de retour.

*Il va prendre la guitare sur le fauteuil du fond.*

**FIGARO** *le suit*

Conclure ! oh ! va, ne crains rien ; quand même tu ne reviendrais jamais… Tu n'as pas l'air en train de chanter[1] ; veux-tu que je commence ?… allons gai, haut, la-mi-la[2], pour ma fiancée.

*Il se met en marche à reculons, danse en chantant la séguedille suivante. Bazile accompagne, et tout le monde le suit.*

**SÉGUEDILLE**

*Air noté.*

Je préfère à richesse,
La sagesse
De ma Suzon ;
Zon, zon, zon,
Zon, zon, zon,
Zon, zon, zon,
Zon, zon, zon.
Aussi sa gentillesse
Est maîtresse
De ma raison ;
Zon, zon, zon,
Zon, zon, zon,
Zon, zon, zon,
Zon, zon, zon.

*Le bruit s'éloigne, on n'entend pas le reste.*

1. Tu n'as pas l'air en bonne disposition pour chanter.
2. Indication fournissant la tonalité qui équivaut à un ordre : « Musique ! »

## Scène 24

## SUZANNE, LA COMTESSE

LA COMTESSE, *dans sa bergère*

Vous voyez, Suzanne, la jolie scène que votre étourdi m'a value avec son billet.

SUZANNE

Ah ! madame, quand je suis rentrée du cabinet, si vous aviez vu votre visage ! il s'est terni tout à coup ; mais ce n'a été qu'un nuage ; et par degrés vous êtes devenue rouge, rouge, rouge !

LA COMTESSE

Il a donc sauté par la fenêtre ?

SUZANNE

Sans hésiter, le charmant enfant ! léger… comme une abeille !

LA COMTESSE

Ah ! ce fatal jardinier ! Tout cela m'a remuée au point… que je ne pouvais rassembler deux idées.

SUZANNE

Ah ! madame, au contraire ; et c'est là que j'ai vu combien l'usage du grand monde donne d'aisance aux dames comme il faut, pour mentir sans qu'il y paraisse.

LA COMTESSE

Crois-tu que le comte en soit la dupe ? et s'il trouvait cet enfant au château !

SUZANNE

Je vais recommander de le cacher si bien…

LA COMTESSE

Il faut qu'il parte. Après ce qui vient d'arriver, vous croyez bien que je ne suis pas tentée de l'envoyer au jardin à votre place.

SUZANNE

Il est certain que je n'irai pas non plus. Voilà donc mon mariage encore une fois…

**LA COMTESSE** *se lève*

Attends… Au lieu d'un autre ou de toi, si j'y allais moi-même ?

**SUZANNE**

Vous, madame ?

**LA COMTESSE**

Il n'y aurait personne d'exposé… Le comte alors ne pourrait nier… Avoir puni sa jalousie et lui prouver son infidélité, cela serait… Allons : le bonheur d'un premier hasard[1] m'enhardit à tenter le second. Fais-lui savoir promptement que tu te rendras au jardin. Mais surtout que personne…

**SUZANNE**

Ah ! Figaro.

**LA COMTESSE**

Non, non. Il voudrait mettre ici du sien. Mon masque de velours et ma canne ; que j'aille y rêver sur la terrasse.

*Suzanne entre dans le cabinet de toilette.*

## Scène 25

## LA COMTESSE, *seule.*

Il est assez effronté, mon petit projet ! *(Elle se retourne.)* Ah ! le ruban ! mon joli ruban ! je t'oubliais ! *(Elle le prend sur sa bergère et le roule.)* Tu ne me quitteras plus… tu me rappelleras la scène où ce malheureux enfant… Ah ! monsieur le comte, qu'avez-vous fait ?… Et moi, que fais-je en ce moment ?…

1. L'issue favorable d'une première aventure risquée.

## Scène 26

### LA COMTESSE, SUZANNE

*(La comtesse met furtivement le ruban dans son sein.)*

**SUZANNE**

Voici la canne et votre loup.

**LA COMTESSE**

Souviens-toi que je t'ai défendu d'en dire un mot à Figaro.

**SUZANNE,** *avec joie*

Madame, il est charmant votre projet. Je viens d'y réfléchir. Il rapproche tout, termine tout, embrasse tout ; et, quelque chose qui arrive, mon mariage est maintenant certain.

*Elle baise la main de sa maîtresse. Elles sortent.*

## FIN DU SECOND ACTE

*Pendant l'entracte, des valets arrangent la salle d'audience : on apporte les deux banquettes à dossier des avocats, que l'on place aux deux côtés du théâtre, de façon que le passage soit libre par-derrière. On pose une estrade à deux marches dans le milieu du théâtre, vers le fond, sur laquelle on place le fauteuil du comte. On met la table du greffier et son tabouret de côté sur le devant, et des sièges pour Brid'oison et d'autres juges, des deux côtés de l'estrade du comte.*

# Acte III

*Le théâtre représente une salle du château, appelée salle du trône et servant de salle d'audience, ayant sur le côté une impériale en dais*[1] *et, dessous, le portrait du roi.*

## Scène 1

**LE COMTE, PÉDRILLE,**
*en veste et botté, tenant un paquet cacheté.*

**LE COMTE**, *vite*

M'as-tu bien entendu ?

**PÉDRILLE**

Excellence, oui.

*Il sort.*

## Scène 2

**LE COMTE** *seul, criant.*

Pédrille ?

1. Tenture suspendue et formant un plafond, qui protège le portrait du roi au nom duquel le comte va juger.

## Scène 3

## LE COMTE, PÉDRILLE *revient.*

**PÉDRILLE**

Excellence ?

**LE COMTE**

On ne t'a pas vu ?

**PÉDRILLE**

Âme qui vive.

**LE COMTE**

Prenez le cheval barbe[1].

**PÉDRILLE**

Il est à la grille du potager, tout sellé.

**LE COMTE**

Ferme, d'un trait, jusqu'à Séville.

**PÉDRILLE**

Il n'y a que trois lieues, elles sont bonnes.

**LE COMTE**

En descendant, sachez si le page est arrivé.

**PÉDRILLE**

Dans l'hôtel ?

**LE COMTE**

Oui ; surtout depuis quel temps.

**PÉDRILLE**

J'entends.

**LE COMTE**

Remets-lui son brevet et reviens vite.

**PÉDRILLE**

Et s'il n'y était pas ?

**LE COMTE**

Revenez plus vite et m'en rendez compte. Allez.

1. Un cheval de selle.

## Scène 4

### **LE COMTE** *seul, marche en rêvant.*

J'ai fait une gaucherie en éloignant Bazile !... la colère n'est bonne à rien. Ce billet remis par lui, qui m'avertit d'une entreprise sur la comtesse ; la camariste enfermée quand j'arrive ; la maîtresse affectée d'une terreur fausse ou vraie ; un homme qui saute par la fenêtre, et l'autre après qui avoue... ou qui prétend que c'est lui... Le fil m'échappe. Il y a là-dedans une obscurité... Des libertés chez mes vassaux, qu'importe à gens de cette étoffe ? Mais la comtesse ! si quelque insolent attendait... où m'égaré-je ? En vérité quand la tête se monte, l'imagination la mieux réglée devient folle comme un rêve ! Elle s'amusait ; ces ris étouffés, cette joie mal éteinte ! Elle se respecte, et mon honneur... où diable on l'a placé ! De l'autre part où suis-je ? cette friponne de Suzanne a-t-elle trahi mon secret ?... Comme il n'est pas encore le sien... Qui donc[1] m'enchaîne à cette fantaisie ? j'ai voulu vingt fois y renoncer... Étrange effet de l'irrésolution ! si je la voulais sans débat[2], je la désirerais mille fois moins. Ce Figaro se fait bien attendre ! il faut le sonder adroitement, *(Figaro paraît dans le fond ; il s'arrête)* et tâcher, dans la conversation que je vais avoir avec lui, de démêler d'une manière détournée s'il est instruit ou non de mon amour pour Suzanne.

1. Qu'est-ce donc qui...
2. Sans obstacle.

## Scène 5
## LE COMTE, FIGARO

**FIGARO**, *à part*

Nous y voilà.

**LE COMTE**

… S'il en sait par elle un seul mot…

**FIGARO**, *à part*

Je m'en suis douté.

**LE COMTE**

… Je lui fais épouser la vieille.

**FIGARO**, *à part*

Les amours de M. Bazile.

**LE COMTE**

… Et voyons ce que nous ferons de la jeune.

**FIGARO**, *à part*

Ah ! ma femme, s'il vous plaît.

**LE COMTE** *se retourne*

Hein ? quoi ? qu'est-ce que c'est ?

**FIGARO** *s'avance*

Moi, qui me rends à vos ordres.

**LE COMTE**

Et pourquoi ces mots ?

**FIGARO**

Je n'ai rien dit.

**LE COMTE** *répète*

« Ma femme, s'il vous plaît » ?

**FIGARO**

C'est… la fin d'une réponse que je faisais : « Allez le dire à ma femme, s'il vous plaît. »

**LE COMTE** *se promène*

« Sa femme » !… Je voudrais bien savoir quelle affaire peut arrêter Monsieur, quand je le fais appeler ?

**FIGARO**, *feignant d'assurer son habillement*
Je m'étais sali sur ces couches en tombant ; je me changeais.

**LE COMTE**
Faut-il une heure ?

**FIGARO**
Il faut le temps.

**LE COMTE**
Les domestiques ici… sont plus longs à s'habiller que les maîtres !

**FIGARO**
C'est qu'ils n'ont point de valets pour les y aider.

**LE COMTE**
… Je n'ai pas trop compris ce qui vous avait forcé tantôt de courir un danger inutile, en vous jetant…

**FIGARO**
Un danger ! on dirait que je me suis engouffré tout vivant…

**LE COMTE**
Essayez de me donner le change en feignant de le prendre[1], insidieux valet ! vous entendez fort bien que ce n'est pas le danger qui m'inquiète, mais le motif.

**FIGARO**
Sur un faux avis, vous arrivez furieux, renversant tout, comme le torrent de la Morena ; vous cherchez un homme ; il vous le faut, ou vous allez briser les portes, enfoncer les cloisons ! je me trouve là par hasard ; qui sait dans votre emportement si…

**LE COMTE**, *interrompant*
Vous pouviez fuir par l'escalier.

**FIGARO**
Et vous, me prendre au corridor.

**LE COMTE**, *en colère*
Au corridor ! *(À part.)* Je m'emporte, et nuis à ce que je veux savoir.

**FIGARO**, *à part*
Voyons-le venir, et jouons serré.

1. Essayez de me tromper en feignant de vous tromper vous-même.

**LE COMTE,** *radouci*

Ce n'est pas ce que je voulais dire, laissons cela. J'avais… oui, j'avais quelque envie de t'emmener à Londres, courrier de dépêches… mais toutes réflexions faites…

**FIGARO**

Monseigneur a changé d'avis ?

**LE COMTE**

Premièrement, tu ne sais pas l'anglais.

**FIGARO**

Je sais *God-dam*.

**LE COMTE**

Je n'entends pas.

**FIGARO**

Je dis que je sais *God-dam*.

**LE COMTE**

Eh bien ?

**FIGARO**

Diable ! c'est une belle langue que l'anglais ; il en faut peu pour aller loin. Avec *God-dam* en Angleterre, on ne manque de rien nulle part. Voulez-vous tâter d'un bon poulet gras ? entrez dans une taverne, et faites seulement ce geste au garçon. *(Il tourne la broche.) God-dam !* on vous apporte un pied de bœuf salé sans pain. C'est admirable ! Aimez-vous à boire un coup d'excellent bourgogne ou de clairet ? rien que celui-ci. *(Il débouche une bouteille.) Goddam !* on vous sert un pot de bière, en bel étain, la mousse aux bords. Quelle satisfaction ! Rencontrez-vous une de ces jolies personnes qui vont trottant menu, les yeux baissés, coudes en arrière, et tortillant un peu des hanches ? mettez mignardement[1] tous les doigts unis sur la bouche. Ah ! *Goddam !* elle vous sangle un soufflet de crocheteur[2]. Preuve qu'elle entend. Les Anglais, à la vérité, ajoutent par-ci, par-là quelques autres mots en conversant ; mais il est bien aisé de voir que *God-dam* est

1. De manière affectée en signe d'admiration.
2. Celui qui porte les charges sur son dos, portefaix.

le fond de la langue ; et si Monseigneur n'a pas d'autre motif de me laisser en Espagne…

**LE COMTE**, *à part*

Il veut venir à Londres ; elle n'a pas parlé.

**FIGARO**, *À part*

Il croit que je ne sais rien ; travaillons-le un peu dans son genre.

**LE COMTE**

Quel motif avait la comtesse pour me jouer un pareil tour ?

**FIGARO**

Ma foi, monseigneur, vous le savez mieux que moi.

**LE COMTE**

Je la préviens sur tout[1] et la comble de présents.

**FIGARO**

Vous lui donnez, mais vous êtes infidèle. Sait-on gré du superflu à qui nous prive du nécessaire ?

**LE COMTE**

… Autrefois tu me disais tout.

**FIGARO**

Et maintenant je ne vous cache rien.

**LE COMTE**

Combien la comtesse t'a-t-elle donné pour cette belle association ?

**FIGARO**

Combien me donnâtes-vous pour la tirer des mains du docteur ? Tenez, monseigneur, n'humilions pas l'homme qui nous sert bien, crainte d'en faire un mauvais valet.

**LE COMTE**

Pourquoi faut-il qu'il y ait toujours du louche en ce que tu fais ?

**FIGARO**

C'est qu'on en voit partout quand on cherche des torts.

1. Je préviens tous ses désirs.

**LE COMTE**

Une réputation détestable !

**FIGARO**

Et si je vaux mieux qu'elle ? y a-t-il beaucoup de seigneurs qui puissent en dire autant ?

**LE COMTE**

Cent fois je t'ai vu marcher à la fortune, et jamais aller droit.

**FIGARO**

Comment voulez-vous ? la foule est là : chacun veut courir, on se presse, on pousse, on coudoie, on renverse, arrive qui peut ; le reste est écrasé. Aussi c'est fait ; pour moi, j'y renonce.

**LE COMTE**

À la fortune ? *(À part.)* Voici du neuf.

**FIGARO**

*(À part.)* À mon tour maintenant. *(Haut.)* Votre Excellence m'a gratifié de la conciergerie du château ; c'est un fort joli sort ; à la vérité je ne serai pas le courrier étrenné des nouvelles intéressantes ; mais en revanche, heureux avec ma femme au fond de l'Andalousie…

**LE COMTE**

Qui t'empêcherait de l'emmener à Londres ?

**FIGARO**

Il faudrait la quitter si souvent que j'aurais bientôt du mariage par-dessus la tête.

**LE COMTE**

Avec du caractère et de l'esprit, tu pourrais un jour t'avancer dans les bureaux.

**FIGARO**

De l'esprit pour s'avancer ? Monseigneur se rit du mien. Médiocre et rampant ; et l'on arrive à tout.

**LE COMTE**

… Il ne faudrait qu'étudier un peu sous moi la politique.

**FIGARO**

Je la sais.

**LE COMTE**

Comme l'anglais, le fond de la langue !

**FIGARO**

Oui, s'il y avait de quoi se vanter. Mais feindre d'ignorer ce qu'on sait, de savoir tout ce qu'on ignore, d'entendre ce qu'on ne comprend pas, de ne point ouïr ce qu'on entend, surtout de pouvoir au-delà de ses forces ; avoir souvent pour grand secret de cacher qu'il n'y en a point ; s'enfermer pour tailler des plumes et paraître profond, quand on n'est, comme on dit, que vide et creux ; jouer bien ou mal un personnage ; répandre des espions et pensionner des traîtres ; amollir des cachets ; intercepter des lettres ; et tâcher d'ennoblir la pauvreté des moyens par l'importance des objets : voilà toute la politique, ou je meure !

**LE COMTE**

Eh ! c'est l'intrigue que tu définis !

**FIGARO**

La politique, l'intrigue, volontiers ; mais comme je les crois un peu germaines, en fasse qui voudra. « J'aime mieux ma mie, ô gué ! » comme dit la chanson du bon roi.

**LE COMTE**, *à part*

Il veut rester. J'entends… Suzanne m'a trahi.

**FIGARO**, *à part*

Je l'enfile[1] et le paye en sa monnaie.

**LE COMTE**

Ainsi tu espères gagner ton procès contre Marceline ?

**FIGARO**

Me feriez-vous un crime de refuser une vieille fille, quand Votre Excellence se permet de nous souffler toutes les jeunes ?

**LE COMTE**, *raillant*

Au tribunal, le magistrat s'oublie et ne voit plus que l'ordonnance.

**FIGARO**

Indulgente aux grands, dure aux petits…

1. Je le trompe (terme de jeu).

# Analyse

### Texte 1 : Acte III, scène 5

**Introduction**

Après une exposition de l'intrigue de la pièce dans l'acte I et un acte II presque exclusivement consacré à l'idylle de la comtesse avec Chérubin, l'acte III se recentre sur le mariage de Figaro et de Suzanne en même temps qu'il offre une satire de l'institution judiciaire et des inégalités de la société d'Ancien Régime.

## *Situation*

La scène se situe avant le procès entre Marceline et Figaro qui va occuper tout l'acte III et se dérouler sous l'autorité — partiale — du comte, grand corrégidor d'Andalousie. Celui-ci, avant de tenter d'infléchir la décision du juge, décide de sonder son valet afin de savoir s'il est au courant de son projet de faire de Suzanne sa maîtresse. Cette scène est la première où les deux hommes s'affrontent directement tant sur le plan humain que social, dans une habile joute verbale. On insistera notamment sur **l'évolution de la relation maître / valet** qui, dans cette scène, passe du regret d'une complicité perdue à un duel explicite dont l'issue reste pourtant incertaine. On éclairera également la manière dont Beaumarchais parvient à **faire monter la tension entre les deux hommes en combinant effets comiques et tirades satiriques**.

## *Analyse*

• Dans **un premier mouvement** (de « Monseigneur a changé d'avis… » à « en Espagne. »), Figaro affirme au comte qu'il le suivra en Angleterre en justifiant ironiquement son choix par sa connaissance « approfondie » de la langue anglaise (« God-dam est le fond de la langue »). Répondant à l'objection du comte quant à son ignorance de l'anglais, Figaro se lance ainsi dans

**une tirade comique** fondée sur la répétition du juron God-dam (« maudit soit Dieu, nom de Dieu ») qui résume à lui seul, et de façon contradictoire, cette « *belle* langue que l'anglais ». Pour convaincre le comte, Figaro propose **une parodie de discours argumentatif** aux apparences logiques : il annonce tout d'abord sa thèse (exorde) sur un ton péremptoire (« Avec God-dam en Angleterre, on ne manque de rien nulle part. »). Ensuite, il structure son discours à partir de questions successives et pragmatiques qui intègrent stratégiquement le comte pour mieux le convaincre (« Voulez-vous tâter d'un bon poulet gras..., Aimez-vous à boire..., Rencontrez-vous... ») mais dont l'unique réponse est le mot passe-partout et ridicule « God-dam ». Celui-ci est ensuite ponctué d'une exclamation d'admiration en totale contradiction avec le résultat.

- Dans la composition du discours classique, **l'argumentation par l'exemple** correspond à ce qu'on appelle la narration, mais Figaro lui ôte tout sérieux par le comique de répétition auquel s'ajoute l'absurdité de l'effet obtenu : on donne un pied de bœuf à la place du poulet réclamé, un pot de bière à la place du vin de Bourgogne tandis qu'un soufflet récompense un compliment galant.
- L'ordre du discours rhétorique préconise ensuite ce qu'on appelle la confirmation où, de façon plus abstraite ou générale, l'orateur ébauche **une réfutation de sa thèse** (« Les Anglais, à la vérité, ajoutent par-ci, par-là quelques autres mots en conversant ») pour aussitôt la balayer et conclure : « mais il est bien aisé de voir que God-dam est le fond de la langue... ». Figaro est ensuite interrompu dans sa tentative de péroraison (ou conclusion).

Si le comte n'est sans doute pas dupe de la qualité argumentative du discours au grotesque explicite, il est peut être étourdi par son rythme et sa vivacité (nombreuses exclamations, questions rhétoriques, phrases nominales ou à la syntaxe incomplète) renforcés par le jeu de scène du valet qui mime la broche qu'on tourne, la bouteille qu'on débouche et, sans doute, les jeunes filles tortillant des hanches.

Mais à cette parodie burlesque (boire, manger et séduire les filles renvoient au domaine de la farce), Beaumarchais ajoute une **satire** caustique des Anglais et de leur mode de vie qu'il a eu l'occasion de découvrir lorsqu'il était espion du roi à Londres. Le discours de Figaro suggère en effet que leur cuisine est infâme, leur vin mauvais et que leurs femmes sont franchement odieuses. Enfin, **le secret de la langue se résume à un juron**...

• Dans **un deuxième mouvement** (de « Il veut venir à Londres... » à « voici du neuf »), les deux hommes s'affrontent dans un vif échange de répliques qui souligne l'évolution de leur relation. **Ils souhaitent se manipuler l'un, l'autre.** Mais les apartés montrent que Figaro est supérieur au comte puisqu'il en sait plus que lui. Almaviva rappelle comme à regret ou par chantage affectif l'ancienne complicité qui le liait à Figaro lorsque celui-ci l'aidait dans *Le Barbier de Séville* à séduire Rosine (« Autrefois tu me disais tout... »). À l'expression « tout dire », le valet oppose « ne rien cacher » : il refuse désormais de le flatter et n'hésite pas à reprocher à son maître son infidélité. Les répliques s'opposent symétriquement avec des effets de répétition : « combien t'a donné / combien me donnâtes-vous ? ». Le ton monte : Figaro tente d'abord l'esquive en répondant aux attaques d'Almaviva par des questions. Puis il lui faut se défendre. Pourtant Figaro n'incrimine pas directement le comte et rappelle avec déférence son titre (« Tenez, Monseigneur, n'humilions pas *l'homme* qui *nous* sert bien..., *on* en voit partout quand *on* cherche..., *on* se presse, *on* pousse... »). Le comte, lui, est moins subtil et plus agressif en le tutoyant et en l'accusant d'être « louche » en complotant contre lui. Les attaques du valet touchent pourtant juste car en refusant de nommer le comte, elles remettent en cause tout un système : humilier un serviteur, c'est prendre le risque de s'en faire un ennemi, quant aux malhonnêtes, on en trouve tout autant dans les rangs du peuple que dans ceux de la noblesse. Mais il est trop tôt encore pour vraiment se fâcher (V, 12). Figaro change donc de tactique, et apparemment d'avis, pour déstabiliser le comte : il restera finalement en France.

• Dans **le troisième mouvement** (de « À mon tour maintenant... » à « bon roi »), Le comte semble reprendre la main et fait miroiter à Figaro les perspectives d'une ascension sociale par la politique (« les bureaux ») à la condition de rester en son pouvoir en l'imitant (« Il ne faudrait qu'étudier un peu sous moi la politique »). Ici le ton se fait grinçant : alors que Figaro feint l'humilité non sans ironie (« Votre Excellence m'a gratifié de la conciergerie du château »), il entame une satire sans concession de la politique et de la vie à la Cour. L'unique phrase de sa tirade juxtapose en asyndète des propositions infinitives à valeur de vérité générale qui critiquent la superficialité de la Cour, la vanité et la pédanterie des fonctionnaires et agents du roi et **le culte du secret, du mensonge et de la tromperie** (champ lexical du paraître et de la feinte). En somme : l'hypocrisie amorale d'un pouvoir qui subventionne le crime et exclut le méritant.

La rhétorique de Figaro est impitoyable : une série d'antithèses (profond / creux, entendre / ne pas comprendre, ignorer / savoir) et des formules en chiasme renvoient à l'hypocrisie, à la superficialité et à la vanité de la politique. Le coup de grâce est donné quand, face à la remarque du comte, Figaro assimile la politique qu'il vient de décrire et qui est le fait de la noblesse à l'intrigue qui était une pratique de Cour (d'où leur parenté) mais qui peut être aussi associée aux brigands et aux déclassés. « Je les crois un peu germaines. »

## Conclusion

Comme la pièce, le passage s'achève sur une chanson pour introduire une forme de légèreté dans la tension entre Figaro et son maître mais aussi pour faire un contrepoint à une satire peut-être trop corrosive ou démonstrative. Le procès peut s'ouvrir : le comte ne soutiendra sans doute pas son valet qui s'est permis une dernière pique concernant une justice « dure aux petits et indulgente aux grands ». Mais Figaro a démontré dans cette scène que désormais **l'arme des valets n'est plus la ruse ou la fourberie mais la maîtrise du langage**.

**LE COMTE**

Crois-tu donc que je plaisante ?

**FIGARO**

Eh ! qui le sait, monseigneur ? *Tempo è galant' uomo*, dit l'italien ; il dit toujours la vérité : c'est lui qui m'apprendra qui me veut du mal ou du bien.

**LE COMTE,** *à part*

Je vois qu'on lui a tout dit ; il épousera la duègne.

**FIGARO,** *à part*

Il a joué au fin avec moi ; qu'a-t-il appris ?

## Scène 6

## LE COMTE, UN LAQUAIS, FIGARO

**LE LAQUAIS,** *annonçant*

Don Gusman Brid'oison.

**LE COMTE**

Brid'oison ?

**FIGARO**

Eh ! sans doute. C'est le juge ordinaire ; le lieutenant du siège ; votre prud'homme[1].

**LE COMTE**

Qu'il attende.

*Le laquais sort.*

1. Conseiller juridique.

## Scène 7

## LE COMTE, FIGARO

**FIGARO** *reste un moment à regarder le comte qui rêve*

… Est-ce là ce que Monseigneur voulait ?

**LE COMTE,** *revenant à lui*

Moi ?… Je disais d'arranger ce salon pour l'audience publique.

**FIGARO**

Hé, qu'est-ce qu'il manque ? le grand fauteuil pour vous, de bonnes chaises aux prud'hommes, le tabouret du greffier, deux banquettes aux avocats, le plancher pour le beau monde, et la canaille derrière. Je vais renvoyer les frotteurs.

*Il sort.*

## Scène 8

## LE COMTE, *seul.*

Le maraud m'embarrassait ! en disputant[1], il prend son avantage, il vous serre, vous enveloppe… Ah ! friponne et fripon ! vous vous entendez pour me jouer ! Soyez amis, soyez amants, soyez ce qu'il vous plaira, j'y consens ; mais, parbleu, pour époux…

1. Au cours de la conversation.

## Scène 9

# SUZANNE, LE COMTE

**SUZANNE,** *essoufflée*

Monseigneur… pardon, monseigneur.

**LE COMTE,** *avec humeur*

Qu'est-ce qu'il y a, mademoiselle ?

**SUZANNE**

Vous êtes en colère !

**LE COMTE**

Vous voulez quelque chose apparemment ?

**SUZANNE,** *timidement*

C'est que ma maîtresse a ses vapeurs. J'accourais vous prier de nous prêter votre flacon d'éther. Je l'aurais rapporté dans l'instant.

**LE COMTE** *le lui donne*

Non, non, gardez-le pour vous-même. Il ne tardera pas à vous être utile.

**SUZANNE**

Est-ce que les femmes de mon état ont des vapeurs, donc ? c'est un mal de condition[1] qu'on ne prend que dans les boudoirs.

**LE COMTE**

Une fiancée bien éprise, et qui perd son futur…

**SUZANNE**

En payant Marceline avec la dot que vous m'avez promise…

**LE COMTE**

Que je vous ai promise, moi ?

**SUZANNE** *baissant les yeux*

Monseigneur, j'avais cru l'entendre.

**LE COMTE**

Oui, si vous consentiez à m'entendre vous-même.

1. C'est-à-dire qui ne touche que les femmes de condition, issues de la noblesse.

SUZANNE, *les yeux baissés*

Et n'est-ce pas mon devoir d'écouter Son Excellence ?

LE COMTE

Pourquoi donc, cruelle fille ! ne me l'avoir pas dit plus tôt ?

SUZANNE

Est-il jamais trop tard pour dire la vérité ?

LE COMTE

Tu te rendrais sur la brune au jardin ?

SUZANNE

Est-ce que je ne m'y promène pas tous les soirs ?

LE COMTE

Tu m'as traité ce matin si durement !

SUZANNE

Ce matin ? et le page derrière le fauteuil ?

LE COMTE

Elle a raison, je l'oubliais. Mais pourquoi ce refus obstiné, quand Bazile, de ma part ?...

SUZANNE

Quelle nécessité qu'un Bazile ?...

LE COMTE

Elle a toujours raison. Cependant il y a un certain Figaro à qui je crains bien que vous n'ayez tout dit !

SUZANNE

Dame ! oui, je lui dis tout — hors ce qu'il faut lui taire.

LE COMTE, *en riant*

Ah ! charmante ! Et, tu me le promets ? Si tu manquais à ta parole, entendons-nous, mon cœur : point de rendez-vous, point de dot, point de mariage.

SUZANNE, *faisant la révérence*

Mais aussi, point de mariage, point de droit du seigneur, monseigneur.

LE COMTE

Où prend-elle ce qu'elle dit ? d'honneur j'en raffolerai ! Mais ta maîtresse attend le flacon...

SUZANNE, *riant et rendant le flacon*

Aurais-je pu vous parler sans un prétexte ?

LE COMTE *veut l'embrasser*

Délicieuse créature !

SUZANNE *s'échappe*

Voilà du monde.

LE COMTE, *à part*

Elle est à moi.

*Il s'enfuit.*

SUZANNE

Allons vite rendre compte à Madame.

## Scène 10

## SUZANNE, FIGARO

FIGARO

Suzanne, Suzanne ! où cours-tu donc si vite en quittant Monseigneur ?

SUZANNE

Plaide à présent, si tu le veux ; tu viens de gagner ton procès.

*Elle s'enfuit.*

FIGARO *la suit*

Ah ! mais, dis donc…

## Scène 11

### LE COMTE *rentre seul.*

« Tu viens de gagner ton procès ! » Je donnais là dans un bon piège ! Ô mes chers insolents ! je vous punirai de façon… Un bon arrêt, bien juste… mais s'il allait payer la duègne… avec quoi ?… s'il payait… Eeeeh ! n'ai-je pas le fier Antonio, dont le noble orgueil dédaigne en Figaro un inconnu pour sa nièce ? En caressant cette manie… pourquoi non ? dans le vaste champ de l'intrigue, il faut savoir tout cultiver, jusqu'à la vanité d'un sot. *(Il appelle.)* Anto…

*Il voit entrer Marceline, etc. Il sort.*

## Scène 12

### BARTHOLO, MARCELINE, BRID'OISON

**MARCELINE**, *à Brid'oison*
Monsieur, écoutez mon affaire.

**BRID'OISON**, *en robe, et bégayant un peu*
Eh bien ! pa-arlons-en verbalement.

**BARTHOLO**
C'est une promesse de mariage.

**MARCELINE**
Accompagnée d'un prêt d'argent.

**BRID'OISON**
J'en-entends, *et caetera*, le reste.

**MARCELINE**

Non, monsieur, point d'*et caetera.*

**BRID'OISON**

J'en-entends : vous avez la somme ?

**MARCELINE**

Non, monsieur, c'est moi qui l'ai prêtée.

**BRID'OISON**

J'en-entends bien : vou-ous redemandez l'argent ?

**MARCELINE**

Non, monsieur ; je demande qu'il m'épouse.

**BRID'OISON**

Eh, mais, j'en-entends fort bien ; et lui, veu-eut-il vous épouser ?

**MARCELINE**

Non, monsieur ; voilà tout le procès !

**BRID'OISON**

Croyez-vous que je ne l'en-entende pas, le procès ?

**MARCELINE**

Non, monsieur. *(À Bartholo :)* Où sommes-nous ? *(À Brid'oison :)* Quoi ! c'est vous qui nous jugerez ?

**BRID'OISON**

Est-ce que j'ai a-acheté ma charge pour autre chose ?

**MARCELINE,** *en soupirant*

C'est un grand abus que de les vendre !

**BRID'OISON**

Oui, l'on-on ferait mieux de nous les donner pour rien. Contre qui plai-aidez-vous ?

## Scène 13

### BARTHOLO, MARCELINE, BRID'OISON ; FIGARO *rentre en se frottant les mains.*

MARCELINE, *montrant Figaro*

Monsieur, contre ce malhonnête homme.

FIGARO, *très gaiement, à Marceline*

Je vous gêne, peut-être. Monseigneur revient dans l'instant, monsieur le conseiller.

BRID'OISON

J'ai vu ce ga-arçon-là quelque part ?

FIGARO

Chez madame votre femme, à Séville, pour la servir, monsieur le conseiller.

BRID'OISON

Dan-ans quel temps ?

FIGARO

Un peu moins d'un an avant la naissance de monsieur votre fils, le cadet, qui est un bien joli enfant, je m'en vante.

BRID'OISON

Oui, c'est le plus jo-oli de tous. On dit que tu-u fais ici des tiennes ?

FIGARO

Monsieur est bien bon. Ce n'est là qu'une misère.

BRID'OISON

Une promesse de mariage ! A-ah ! le pauvre benêt !

FIGARO

Monsieur…

BRID'OISON

A-t-il vu mon-on secrétaire, ce bon garçon ?

FIGARO

N'est-ce pas Double-Main, le greffier ?

**BRID'OISON**

Oui, c'est qu'il mange à deux râteliers.

**FIGARO**

Manger ! je suis garant qu'il dévore. Oh ! que oui, je l'ai vu, pour l'extrait et pour le supplément d'extrait ; comme cela se pratique, au reste.

**BRID'OISON**

On-on doit remplir les formes.

**FIGARO**

Assurément, monsieur : si le fond des procès appartient aux plaideurs, on sait bien que la forme est le patrimoine des tribunaux.

**BRID'OISON**

Ce garçon-là n'è-est pas si niais que je l'avais cru d'abord. Eh bien, l'ami, puisque tu en sais tant, nou-ous aurons soin de ton affaire.

**FIGARO**

Monsieur, je m'en rapporte à votre équité, quoique vous soyez de notre justice.

**BRID'OISON**

Hein ?... Oui, je suis de la-a justice. Mais si tu dois et que tu-u ne payes pas ?...

**FIGARO**

Alors Monsieur voit bien que c'est comme si je ne devais pas.

**BRID'OISON**

San-ans doute. Hé mais ! qu'est-ce donc qu'il dit ?

## Scène 14

## BARTHOLO, MARCELINE, LE COMTE, BRID'OISON, FIGARO, UN HUISSIER

**L'HUISSIER**, *précédant le comte, crie*

Monseigneur, messieurs.

**LE COMTE**

En robe ici, seigneur Brid'oison ! ce n'est qu'une affaire domestique. L'habit de ville était trop bon.

**BRID'OISON**

C'è-est vous qui l'êtes, monsieur le comte. Mais je ne vais jamais san-ans elle ; parce que la forme, voyez-vous, la forme ! Tel rit d'un juge en habit court, qui-i tremble au seul aspect d'un procureur en robe. La forme, la-a forme !

**LE COMTE**, *à l'huissier*

Faites entrer l'audience.

**L'HUISSIER** *va ouvrir en glapissant*

L'audience !

## Scène 15

**LES ACTEURS PRÉCÉDENTS, ANTONIO, LES VALETS DU CHÂTEAU, LES PAYSANS ET PAYSANNES** *en habits de fête* ; **LE COMTE** *s'assied sur le grand fauteuil,* **BRID'OISON** *sur une chaise à côté* ; **LE GREFFIER** *sur le tabouret derrière sa table* ; **LES JUGES, LES AVOCATS** *sur les banquettes* ; **MARCELINE** *à côté de* **BARTHOLO** ; **FIGARO** *sur l'autre banquette* ; **LES PAYSANS ET VALETS** *debout derrière.*

BRID'OISON, *à Double-Main*

Double-Main, a-appelez les causes.

DOUBLE-MAIN *lit un papier*

Noble, très noble, infiniment noble, *Dom Pedro George, Hidalgo, baron de Los Altos, y Montes Fieros, y otros montes* ; contre *Alonzo Calderon*, jeune auteur dramatique. Il est question d'une comédie mort-née, que chacun désavoue et rejette sur l'autre.

LE COMTE

Ils ont raison tous deux. Hors de Cour[1]. S'ils font ensemble un autre ouvrage, pour qu'il marque un peu dans le grand monde, ordonné que le noble y mettra son nom, le poète son talent.

DOUBLE-MAIN *lit un autre papier*

*André Petrutchio*, laboureur ; contre le receveur de la province. Il s'agit d'un forcement arbitraire[2].

LE COMTE

L'affaire n'est pas de mon ressort. Je servirai mieux mes vassaux en les protégeant près du Roi. Passez.

1. Ils sont déboutés.
2. Augmentation injustifiée de redevance.

**DOUBLE-MAIN** *en prend un troisième.*
*(Bartholo et Figaro se lèvent.)*
*Barbe-Agar-Raab-Madeleine-Nicole Marceline de Verte-Allure*, fille majeure *(Marceline se lève et salue)* ; contre *Figaro*… nom de baptême en blanc ?

**FIGARO**
Anonyme.

**BRID'OISON**
A-anonyme ! Què-el patron est-ce là ?

**FIGARO**
C'est le mien.

**DOUBLE-MAIN** *écrit*
Contre anonyme *Figaro*. Qualités ?

**FIGARO**
Gentilhomme.

**LE COMTE**
Vous êtes gentilhomme ? *(Le greffier écrit.)*

**FIGARO**
Si le Ciel l'eût voulu, je serais fils d'un prince.

**LE COMTE,** *au greffier*
Allez.

**L'HUISSIER,** *glapissant*
Silence, messieurs.

**DOUBLE-MAIN** *lit*
… Pour cause d'opposition faite au mariage dudit *Figaro* par ladite de *Verte-Allure*. Le docteur *Bartholo* plaidant pour la demanderesse[1], et ledit *Figaro* pour lui-même ; si la Cour le permet, contre le vœu de l'usage et la jurisprudence du Siège.

**FIGARO**
L'usage, maître Double-Main, est souvent un abus ; le client un peu instruit sait toujours mieux sa cause que certains avocats qui, suant à froid, criant à tue-tête, et connaissant tout, hors le fait, s'embarrassent aussi peu de ruiner le plaideur que d'ennuyer l'auditoire, et d'endormir Messieurs ; plus boursouflés après que

1. Celle qui intente une action en justice.

s'ils eussent composé l'*Oratio pro Murena*[1] ; moi je dirai le fait en peu de mots. Messieurs…

**DOUBLE-MAIN**

En voilà beaucoup d'inutiles, car vous n'êtes pas demandeur et n'avez pas la défense. Avancez, docteur, et lisez la promesse.

**FIGARO**

Oui, promesse !

**BARTHOLO,** *mettant ses lunettes*

Elle est précise.

**BRID'OISON**

I-il faut la voir.

**DOUBLE-MAIN**

Silence donc, messieurs.

**L'HUISSIER,** *glapissant*

Silence.

**BARTHOLO** *lit*

« Je soussigné reconnais avoir reçu de damoiselle, etc., Marceline de Verte-Allure, dans le château d'Aguas-Frescas, la somme de deux mille piastres fortes cordonnées ; laquelle somme je lui rendrai à sa réquisition, dans ce château, et je l'épouserai, par forme de reconnaissance, etc. » Signé *Figaro*, tout court. Mes conclusions sont au payement du billet, et à l'exécution de la promesse, avec dépens. *(Il plaide.)* Messieurs… jamais cause plus intéressante ne fut soumise au jugement de la Cour ! et depuis Alexandre le Grand, qui promit mariage à la belle Thalestris…

**LE COMTE,** *interrompant*

Avant d'aller plus loin, avocat… convient-on de la validité du titre ?

**BRID'OISON,** *à Figaro*

Qu'oppo… qu'oppo-osez-vous à cette lecture ?

**FIGARO**

Qu'il y a, messieurs, malice, erreur, ou distraction dans la manière dont on a lu la pièce ; car il n'est pas dit dans l'écrit : « laquelle somme je lui rendrai *et* je l'épouserai » ; mais : « laquelle somme je lui rendrai *ou* je l'épouserai » ; ce qui est bien différent.

1. Plaidoyer fameux de Cicéron, considéré comme un modèle d'éloquence.

LE COMTE

Y a-t-il *et* dans l'acte, ou bien *ou* ?

BARTHOLO

Il y a *et.*

FIGARO

Il y a *ou.*

BRID'OISON

Dou-ouble-Main, lisez vous-même.

DOUBLE-MAIN, *prenant le papier*

Et c'est le plus sûr ; car souvent les parties déguisent en lisant. *(Il lit :)* « E. e. e. damoiselle e. e. e. de Verte-Allure e. e. e. Ah ! laquelle somme je lui rendrai à sa réquisition, dans ce château... *et... ou... et... ou...* » Le mot est si mal écrit... il y a un pâté.

BRID'OISON

Un pâ-âté ? je sais ce que c'est.

BARTHOLO, *plaidant*

Je soutiens, moi, que c'est la conjonction copulative *et* qui lie les membres corrélatifs de la phrase ; je payerai la demoiselle *et* je l'épouserai.

FIGARO, *plaidant*

Je soutiens, moi, que c'est la conjonction alternative *ou*, qui sépare lesdits membres ; je payerai la donzelle *ou* je l'épouserai : à pédant, pédant et demi ; qu'il s'avise de parler latin, j'y suis grec ; je l'extermine.

LE COMTE

Comment juger pareille question ?

BARTHOLO

Pour la trancher, messieurs, et ne plus chicaner sur un mot, nous passons qu'il y ait *ou.*

FIGARO

J'en demande acte.

BARTHOLO

Et nous y adhérons. Un si mauvais refuge ne sauvera pas le coupable : examinons le titre en ce sens. *(Il lit :)* « Laquelle somme je lui rendrai dans ce château *où* je l'épouserai. » C'est ainsi qu'on dirait, messieurs : « vous vous ferez saigner dans ce lit *où* vous resterez chaudement » ; c'est « dans lequel ». « Il prendra deux gros[1] de rhubarbe *où* vous mêlerez un peu de tamarin » ; dans lesquels on mêlera… Ainsi « château *où* je l'épouserai », messieurs, c'est « château dans lequel »…

**FIGARO**

Point du tout : la phrase est dans le sens de celle-ci : « *ou* la maladie vous tuera, *ou* ce sera le médecin ; *ou bien* le médecin » ; c'est incontestable. Autre exemple : « *ou* vous n'écrirez rien qui plaise, *ou* les sots vous dénigreront ; *ou bien* les sots » ; le sens est clair ; car, audit cas, « *sots* ou *méchants* » sont le substantif qui gouverne. Maître Bartholo croit-il donc que j'aie oublié ma syntaxe ? Ainsi, je la payerai dans ce château, *virgule* ; ou je l'épouserai…

**BARTHOLO**, *vite*

Sans virgule.

**FIGARO**, *vite*

Elle y est. C'est *virgule*, messieurs, ou bien je l'épouserai.

**BARTHOLO**, *regardant le papier ; vite*

Sans virgule, messieurs.

**FIGARO**, *vite*

Elle y était, messieurs. D'ailleurs, l'homme qui épouse est-il tenu de rembourser ?

**BARTHOLO**, *vite*

Oui ; nous nous marions séparés de biens.

**FIGARO**, *vite*

Et nous de corps, dès que mariage n'est pas quittance[2].

*Les juges se lèvent et opinent tout bas.*

**BARTHOLO**

Plaisant acquittement !

**DOUBLE-MAIN**

Silence, messieurs.

**L'HUISSIER**, *glapissant*

Silence.

1. Mesure de poids utilisée en pharmacie, équivalant à environ trois grammes un quart.
2. Puisque le mariage ne supprime pas la dette.

BARTHOLO

Un pareil fripon appelle cela payer ses dettes !

FIGARO

Est-ce votre cause, avocat, que vous plaidez ?

BARTHOLO

Je défends cette demoiselle.

FIGARO

Continuez à déraisonner ; mais cessez d'injurier. Lorsque, craignant l'emportement des plaideurs, les tribunaux ont toléré qu'on appelât des tiers, ils n'ont pas entendu que ces défenseurs modérés deviendraient impunément des insolents privilégiés. C'est dégrader le plus noble institut.

*Les juges continuent d'opiner bas.*

ANTONIO, *à Marceline, montrant les juges*

Qu'ont-ils tant à balbucifier[1] ?

MARCELINE

On a corrompu le grand juge, il corrompt l'autre[2], et je perds mon procès.

BARTHOLO, *bas, d'un ton sombre*

J'en ai peur.

FIGARO, *gaiement*

Courage, Marceline !

DOUBLE-MAIN *se lève ;*
*à Marceline*

Ah, c'est trop fort ! Je vous dénonce ; et pour l'honneur du tribunal, je demande qu'avant faire droit sur l'autre affaire, il soit prononcé sur celle-ci.

LE COMTE s'assied

Non, greffier, je ne prononcerai point sur mon injure personnelle : un juge espagnol n'aura point à rougir d'un excès digne au plus des tribunaux asiatiques : c'est assez des autres abus ! J'en vais corriger un second en vous motivant mon arrêt : tout

1. Déformation de *balbutier*.
2. C'est-à-dire le comte et Brid'oison.

juge qui s'y refuse est un grand ennemi des lois ! Que peut requérir la demanderesse ? mariage à défaut de paiement ; les deux ensemble impliqueraient[1].

**DOUBLE-MAIN**

Silence, messieurs !

**L'HUISSIER,** *glapissant*

Silence !

**LE COMTE**

Que nous répond le défendeur ? qu'il veut garder sa personne ; à lui permis.

**FIGARO,** *avec joie*

J'ai gagné.

**LE COMTE**

Mais comme le texte dit : « laquelle somme je payerai à la première réquisition, ou bien j'épouserai, etc. », la Cour condamne le défendeur à payer deux mille piastres fortes à la demanderesse, ou bien à l'épouser dans le jour.

*Il se lève.*

**FIGARO,** *stupéfait*

J'ai perdu.

**ANTONIO,** *avec joie*

Superbe arrêt.

**FIGARO**

En quoi superbe ?

**ANTONIO**

En ce que tu n'es plus mon neveu. Grand merci, monseigneur.

**L'HUISSIER,** *glapissant*

Passez, messieurs.

*Le peuple sort.*

1. Impliqueraient contradiction.

**ANTONIO**

Je m'en vas tout conter à ma nièce.

*Il sort.*

## Scène 16

### LE COMTE, *allant de côté et d'autre* ; MARCELINE, BARTHOLO, FIGARO, BRID'OISON

**MARCELINE** *s'assied*

Ah ! je respire.

**FIGARO**

Et moi, j'étouffe.

**LE COMTE,** *à part*

Au moins je suis vengé, cela soulage.

**FIGARO,** *à part*

Et ce Bazile qui devait s'opposer au mariage de Marceline ; voyez comme il revient ! *(Au comte qui sort :)* Monseigneur, vous nous quittez ?

**LE COMTE**

Tout est jugé.

**FIGARO,** *à Brid'oison*

C'est ce gros enflé de conseiller.

**BRID'OISON**

Moi, gro-os enflé !

**FIGARO**

Sans doute. Et je ne l'épouserai pas : je suis gentilhomme une fois[1].

*Le comte s'arrête.*

1. Que cela soit clair une fois pour toutes.

**BARTHOLO**

Vous l'épouserez.

**FIGARO**

Sans l'aveu[1] de mes nobles parents ?

**BARTHOLO**

Nommez-les, montrez-les.

**FIGARO**

Qu'on me donne un peu de temps : je suis bien près de les revoir ; il y a quinze ans que je les cherche.

**BARTHOLO**

Le fat[2] ! c'est quelque enfant trouvé !

**FIGARO**

Enfant perdu, docteur ; ou plutôt enfant volé.

**LE COMTE** *revient*

« Volé, perdu », la preuve ? il crierait qu'on lui fait injure !

**FIGARO**

Monseigneur, quand les langes à dentelles, tapis brodés et joyaux d'or trouvés sur moi par les brigands n'indiqueraient pas ma haute naissance, la précaution qu'on avait prise de me faire des marques distinctives témoignerait assez combien j'étais un fils précieux ; et cet hiéroglyphe à mon bras...

*Il veut se dépouiller le bras droit.*

**MARCELINE,** *se levant vivement*

Une spatule à ton bras droit ?

**FIGARO**

D'où savez-vous que je dois l'avoir ?

**MARCELINE**

Dieux ! c'est lui !

**FIGARO**

Oui, c'est moi.

1. Ici, le consentement.
2. L'imbécile !

**BARTHOLO**, *à Marceline*

Et qui ? lui !

**MARCELINE**, *vivement*

C'est Emmanuel.

**BARTHOLO**, *à Figaro*

Tu fus enlevé par des bohémiens ?

**FIGARO**, *exalté*

Tout près d'un château. Bon docteur, si vous me rendez à ma noble famille, mettez un prix à ce service ; des monceaux d'or n'arrêteront pas mes illustres parents.

**BARTHOLO**, *montrant Marceline*

Voilà ta mère.

**FIGARO**

… Nourrice ?

**BARTHOLO**

Ta propre mère.

**LE COMTE**

Sa mère !

**FIGARO**

Expliquez-vous.

**MARCELINE**, *montrant Bartholo*

Voilà ton père.

**FIGARO**, *désolé*

O o oh ! aïe de moi !

**MARCELINE**

Est-ce que la nature ne te l'a pas dit mille fois ?

**FIGARO**

Jamais.

**LE COMTE**, *à part*

Sa mère !

**BRID'OISON**

C'est clair, i-il ne l'épousera pas.

**BARTHOLO***

Ni moi non plus.

**MARCELINE**

Ni vous ! et votre fils ? vous m'aviez juré…

**BARTHOLO**

J'étais fou. Si pareils souvenirs engageaient, on serait tenu d'épouser tout le monde.

**BRID'OISON**

E-et si l'on y regardait de si près, per-ersonne n'épouserait personne.

**BARTHOLO**

Des fautes si connues ! une jeunesse déplorable !

**MARCELINE**, *s'échauffant par degrés*

Oui, déplorable, et plus qu'on ne croit ! Je n'entends pas nier mes fautes, ce jour les a trop bien prouvées ! mais qu'il est dur de les expier après trente ans d'une vie modeste ! J'étais née, moi, pour être sage, et je la suis devenue sitôt qu'on m'a permis d'user de ma raison. Mais dans l'âge des illusions, de l'inexpérience et des besoins, où les séducteurs nous assiègent, pendant que la misère nous poignarde, que peut opposer une enfant à tant d'ennemis rassemblés ? Tel nous juge ici sévèrement, qui, peut-être, en sa vie a perdu dix infortunées !

**FIGARO**

Les plus coupables sont les moins généreux ; c'est la règle.

**MARCELINE**, *vivement*

Hommes plus qu'ingrats, qui flétrissez par le mépris les jouets de vos passions, vos victimes ! c'est vous qu'il faut punir des erreurs de notre jeunesse ; vous et vos magistrats, si vains du droit de nous juger, et qui nous laissent enlever, par leur coupable négligence, tout honnête moyen de subsister. Est-il un seul état pour les malheureuses filles ? Elles avaient un droit naturel à toute la parure des femmes : on y laisse former mille ouvriers de l'autre sexe.

* Ce qui suit, enfermé entre ces deux index, a été retranché par les Comédiens-Français aux représentations de Paris.

**FIGARO,** *en colère*

Ils font broder jusqu'aux soldats !

**MARCELINE,** *exaltée*

Dans les rangs même plus élevés, les femmes n'obtiennent de vous qu'une considération dérisoire ; leurrées de respects apparents, dans une servitude réelle ; traitées en mineures pour nos biens, punies en majeures pour nos fautes ! ah, sous tous les aspects, votre conduite avec nous fait horreur ou pitié !

**FIGARO**

Elle a raison !

**LE COMTE,** *à part*

Que trop raison !

**BRID'OISON**

Elle a, mon-on Dieu ! raison.

**MARCELINE**

Mais que nous font, mon fils, les refus d'un homme injuste ? ne regarde pas d'où tu viens, vois où tu vas ; cela seul importe à chacun. Dans quelques mois, ta fiancée ne dépendra plus que d'elle-même ; elle t'acceptera, j'en réponds : vis entre une épouse, une mère tendres qui te chériront à qui mieux mieux. Sois indulgent pour elles, heureux pour toi, mon fils ; gai, libre et bon pour tout le monde : il ne manquera rien à ta mère.

**FIGARO**

Tu parles d'or, maman, et je me tiens à ton avis. Qu'on est sot, en effet ! il y a des mille, mille ans que le monde roule, et dans cet océan de durée où j'ai par hasard attrapé quelques chétifs trente ans qui ne reviendront plus, j'irais me tourmenter pour savoir à qui je les dois ! tant pis pour qui s'en inquiète ! Passer ainsi la vie à chamailler, c'est peser sur le collier sans relâche, comme les malheureux chevaux de la remonte des fleuves qui ne reposent pas, même quand ils s'arrêtent, et qui tirent toujours quoiqu'ils cessent de marcher. Nous attendrons.

**LE COMTE**

Sot événement qui me dérange !

**BRID'OISON,** *à Figaro*

Et la noblesse et le château ? vous impo-osez à la justice.

**FIGARO**

Elle allait me faire faire une belle sottise, la justice ! après que j'ai manqué, pour ces maudits cent écus, d'assommer vingt fois Monsieur, qui se trouve aujourd'hui mon père ! Mais, puisque le Ciel a sauvé ma vertu de ces dangers, mon père, agréez mes excuses… Et vous, ma mère, embrassez-moi… le plus maternellement que vous pourrez.

*Marceline lui saute au cou.*

## Scène 17

## BARTHOLO, FIGARO, MARCELINE, BRID'OISON, SUZANNE, ANTONIO, LE COMTE

**SUZANNE,** *accourant, une bourse à la main*

Monseigneur, arrêtez ; qu'on ne les marie pas : je viens payer Madame avec la dot que ma maîtresse me donne.

**LE COMTE,** *à part*

Au diable la maîtresse ! Il semble que tout conspire…

*Il sort.*

# Commentaire

### Texte 2 : Acte III, scène 16

**Situation du passage**
La fin de l'acte III multiplie les retournements de situation et s'achève sur un coup de théâtre : alors que Figaro pense avoir remporté son procès, le jugement est prononcé en sa défaveur, soulignant ainsi l'arbitraire de la justice de l'époque. Et au moment où son mariage avec Marceline semble inévitable, il se révèle soudainement qu'il est le fils qu'elle eut jadis avec Bartholo et qui fut enlevé par des bohémiens. Tout paraît donc brusquement s'arranger pour Figaro et Suzanne. Pourtant l'intrigue va rebondir et se prolonger encore pendant deux actes.

## *Plan du passage*

1) Marceline justifie sa conduite en évoquant sa jeunesse et les épreuves qu'elle a subies.
2) Elle rend responsables les hommes et la justice de la condition des femmes.
3) Elle propose à son fils un nouveau modèle familial égalitaire et obtient son soutien.

## *Enjeux du passage*

Cet extrait correspond à un passage qui a été supprimé par les Comédiens-Français lors des représentations de Paris ; il donne pourtant **une dimension nouvelle et profonde au personnage de Marceline** qui n'avait pas été très sympathique jusque-là et qu'on avait surtout vue âpre au gain avec Figaro et agressive avec Suzanne. À la faveur du coup de théâtre de la fin de l'acte III, on découvre en effet une femme éduquée, sensible et généreuse : si la mégère qui voulait épouser de force Figaro pouvait sembler machiavélique et odieuse, la mère du valet se révèle tout à la fois la victime émouvante d'une société profondément inégalitaire et une révoltée, dont Figaro sera le fidèle héritier à l'acte V.

## *Proposition de plan composé*

On montrera que le retournement de situation correspond également à **un changement de ton qui fait basculer la comédie vers le drame bourgeois (1).** Il s'agira ensuite d'observer comment la tirade argumentative de Marceline passe incidemment d'une justification personnelle à **une dénonciation de la condition des femmes au XVIIIe siècle (2).** Enfin on verra comment **évolue la relation entre Marceline et Figaro pour préparer le monologue de l'acte V et fonder un nouvel idéal familial (3)**.

**Point de méthode**
Pour faire un commentaire composé d'un texte, il faut tout d'abord l'étudier en détail (structure, champs lexicaux, figures de style, répartition des répliques, vocabulaire...), puis trouver les deux ou trois axes thématiques de votre explication afin de rendre compte du sens du passage. Il vous faudra citer avec précision le texte et toujours relier les éléments stylistiques que vous avez repérés aux effets de sens qu'ils produisent.

### 1) Un passage qui passe de l'esprit de la comédie à celui du drame et du rire aux larmes :

Le coup de théâtre qui découvre les origines de Figaro donne une **coloration paradoxale** à cette fin d'acte III. Le passage à étudier s'en fait l'écho **en mêlant l'esthétique de la comédie à celle du drame bourgeois** caractérisée par la sentimentalité et des intrigues familiale.

A) L'esprit comique en mode mineur — Montrer comment le personnage de Brid'oison avec son bégaiement et sa naïveté oscille entre la bêtise et le bon sens et emprunte explicitement à l'esprit de la comédie. De même, à la fin de la scène, Figaro rappelle dans la tonalité de la farce qu'il a multiplié les fourberies à l'égard de Bartholo (« j'ai manqué d'assommer vingt fois Monsieur ») puis il propose, avec un soupçon d'ironie et une légère hésitation comique, à Marceline de l'embrasser « le plus maternellement » possible. Ce faisant, il souligne aussi avec subtilité l'invraisemblance du coup de théâtre.

B) Le drame en mode majeur — Le passage emprunte au drame en privilégiant l'expression des sentiments et en jouant sur le pathétique pour faire éprouver de la pitié pour Marceline et, par extension, pour les femmes en général. Étudier les didascalies pour montrer ainsi combien le personnage se laisse submerger au fil de sa tirade par l'émotion (« s'échauffant par degrés, vivement, exaltée »). Observer l'évolution du discours de Marceline qui passe de la justification personnelle (« Je n'entends pas nier mes fautes », « qu'il est dur de les expier ») à la dénonciation (« Hommes plus qu'ingrats... c'est vous qu'il faut punir ») puis à la révolte accusatoire (« Votre conduite avec nous fait horreur et pitié ! »).

C) Vers le tragique ? — Les nombreuses phrases exclamatives, les hyperboles (« que peut opposer une enfant à ***tant*** d'ennemis ***rassemblés*** ? », « on y laisse former ***mille*** ouvriers de l'autre sexe »), l'abondant champ lexical de la souffrance et du malheur (« la misère nous poignarde, infortunées, victimes, malheureuse filles ») achèvent de donner à son discours un aspect presque tragique. Il est d'ailleurs résumé par les deux termes qui, depuis Aristote, servent à définir le genre : « la terreur et la pitié ». Le résultat est efficace : tel un chœur tragique, Figaro, le comte (certes, de mauvaise foi) et Brid'oison reconnaissent la justesse du discours de Marceline. Le premier, « en colère », renchérit et vient soutenir sa mère : « Les plus coupables sont les plus généreux,... Tu parles d'or, maman. » Le passage se rapproche enfin de la tragédie par sa thématique : si l'inceste est en effet évité, on peut s'interroger sur le trouble désir de Marceline à l'égard du « beau et gai » Figaro. La différence d'âge importe ici moins que la nature complexe de ce qui peut lier un enfant à ses parents. On notera ainsi que le couple Marceline / Figaro a son pendant symétrique avec celui ébauché entre la comtesse et Chérubin ou celui du comte et de Fanchette. Mais Beaumarchais se contente ici de suggestions. Son objectif est tout autre.

## 2) Une critique féministe et contestataire :

En effet, avec ses deux tirades, Marceline se sert de son expérience personnelle pour remettre en cause la condition de toutes les femmes sous l'Ancien Régime. **Son récit de vie ouvre sur l'universel et prend une valeur politique et critique.**

A) Une argumentation structurée — Marceline évoque ainsi l'injustice de la condition des femmes dans une argumentation structurée et persuasive : ses questions rhétoriques sont suivies d'exclamations pathétiques destinées à emporter l'adhésion. Rétablir le plan de son discours : elle dénonce d'abord le fait qu'on laisse les femmes dans l'ignorance (« inexpérience ») puis qu'elles sont des proies (« jeunesse, jouets, victimes ») faciles pour les hommes. Elle reprend alors l'image de l'imaginaire militaire pour évoquer la conquête amoureuse : « séducteurs qui assiègent ». Marceline parle ici d'elle mais l'on songe à la très jeune Fanchette qui subit les assauts du comte et dont la moralité commence à se corrompre. Remarquer l'usage du pronom personnel « nous », solidaire et collectif, qui engage rapidement à généraliser le cas, à l'origine, personnel. Il est complété par des termes génériques (« les femmes, les filles, elles ») et par des vérités énoncées au présent.

B) La remise en cause de la domination masculine — En s'échauffant, la mère de Figaro critique plus largement une société patriarcale qui condamne les femmes à une situation de mineures, quelle que soit leur condition sociale : servante ou comtesse, aucune n'est libre de conduire sa vie, aucune ne possède de quoi survivre seule. Le travail qui les rendrait indépendantes leur est en effet interdit : même les travaux d'aiguille sont confiés aux hommes, s'exclame Figaro. De façon très pertinente, Marceline, qui rappelle qu'elle est née sage et dotée de raison (on reconnaît la revendication du droit naturel qui fondera *La Déclaration des droits de l'Homme et du citoyen*), explique que l'aliénation des femmes est non seulement économique mais qu'elle est de plus légitimée par un statut juridique terriblement inégalitaire. Les fautes dont on accuse les femmes sont dues à une corruption sociale que soulignent les nombreuses antithèses du discours : « respects apparents / servitude réelle, traitées en mineures / punies en majeures ».

Une fois de plus, c'est toute l'hypocrisie d'une société qui est brocardée.

C) Une femme des Lumières ? — Pourtant, Marceline ne se contente ni de se justifier ni d'attaquer les hommes. En femme optimiste des Lumières, elle expose aussi le mode impératif, une philosophie de vie et, en filigrane, une nouvelle société : « ne regarde pas d'où tu viens, vois où tu vas ». En d'autres termes, il s'agit d'ignorer la naissance et le passé (l'Ancien Régime se fonde sur la tradition et sur la lignée) pour construire librement son destin. Plus de privilèges mais du mérite, plus d'héritage (« des mille, mille ans que le monde roule, océan de durée ») mais un horizon moderne, plus d'attache imposée (« ne plus dépendre que de soi-même ») mais des liens choisis. Marceline propose ainsi un nouveau contrat pour lier les hommes, une morale du plaisir et de la liberté, et, peut-être, une esthétique : émouvoir au théâtre pour mouvoir le public et changer la société.

### 3) Une relation et un idéal familial nouveaux :

Dans ce passage, Marceline cesse pour le moins subitement d'être l'ennemie de Figaro et de Suzanne ; **deux nouveaux couples naissent** (mère / fils ; belle-mère/belle-fille) et vont s'unir contre le comte. Beaumarchais ébauche avec eux **une famille aux contours renouvelés**.

A) Un nouveau duo : la mère et le fils — Observer les pronoms personnels : on passe du vouvoiement au tutoiement et les répliques s'agrémentent de signes de tendresse : « mon fils, maman, chérir, embrassez-moi, *Marceline lui saute au cou* ». Un nouveau duo / couple naît et il s'allie contre les dominants : il oppose aux calculs et aux valeurs de l'apparence l'espoir du bonheur et les ressources de la volonté. Montrer que Suzanne est également concernée par ce changement brutal.

B) Des effets d'écho se créent entre la mère et le fils : comparer cette scène avec l'acte V scène 3 (monologue de Figaro) — Marceline a été abandonnée et si elle a commis des fautes, c'est qu'elle y a été contrainte par une société qui ne lui laissait pas d'autre choix pour survivre. Figaro ne dira pas autre chose : « Il ne me restait plus qu'à voler. » De même, Marceline ébauche le récit de sa vie avant que son fils ne détaille la sienne ; la portée de son discours est tout aussi contestataire et révolutionnaire que le célèbre monologue de la pièce. Il est peut-être même plus original car il émane d'une femme.

C) Une famille nouvelle ? — Les problématiques familiales propres au drame sont approfondies : lâchement repoussée par Bartholo qui refuse de reconnaître sa paternité, Marceline propose en effet à Figaro et à sa femme, elle-même interdite de mariage par Antonio, un modèle familial original fondé sur les relations affectives et non plus sur des conventions sociales présentées comme artificielles. « Nous attendrons », conclut Figaro qui, convaincu par sa mère, préfère les liens du cœur à ceux du sang et de l'alliance sociale ou financière. Beaumarchais offre à son public un nouveau modèle établi sur le libre choix donnant enfin leur place et leur droit au bonheur aux marginaux à savoir les filles-mères ou abandonnées, les orphelins et tous ceux que la société d'Ancien Régime condamne ou stigmatise. En cela, l'écrivain s'inscrit dans la continuité de la conclusion du conte philosophique *Candide* de Voltaire dont il rappelle de surcroît qu'il est son modèle dans le vaudeville final.

## Conclusion

Figaro acquiesce sagement : au début de l'acte V, il se souviendra des arguments et de la révolte de sa mère. La tirade de Marceline prépare celle de son fils, peut-être fut-elle supprimée afin d'éviter toute redite et de préserver à celle de Figaro tous ses effets. Elle donne cependant une dimension féministe à l'œuvre de Beaumarchais qui reste d'une incroyable modernité.

## Scène 18

## BARTHOLO, ANTONIO, SUZANNE, FIGARO, MARCELINE, BRID'OISON

**ANTONIO**, *voyant Figaro embrasser sa mère, dit à Suzanne*

Ah ! oui, payer ! Tiens, tiens.

**SUZANNE** *se retourne*

J'en vois assez : sortons, mon oncle.

**FIGARO**, *l'arrêtant*

Non, s'il vous plaît. Que vois-tu donc ?

**SUZANNE**

Ma bêtise et ta lâcheté.

**FIGARO**

Pas plus de l'une que de l'autre.

**SUZANNE**, *en colère*

Et que tu l'épouses à gré, puisque tu la caresses.

**FIGARO**, *gaiement*

Je la caresse, mais je ne l'épouse pas.

*Suzanne veut sortir, Figaro la retient.*

**SUZANNE** *lui donne un soufflet*

Vous êtes bien insolent d'oser me retenir !

**FIGARO**, *à la compagnie*

C'est-il çà de l'amour ? Avant de nous quitter, je t'en supplie, envisage bien cette chère femme-là.

**SUZANNE**

Je la regarde.

**FIGARO**

Et tu la trouves ?

**SUZANNE**

Affreuse.

**FIGARO**

Et vive la jalousie ! elle ne vous marchande pas.

**MARCELINE,** *les bras ouverts*

Embrasse ta mère, ma jolie Suzannette. Le méchant qui te tourmente est mon fils.

**SUZANNE** *court à elle*

Vous, sa mère !

*Elles restent dans les bras l'une de l'autre.*

**ANTONIO**

C'est donc de tout à l'heure ?

**FIGARO**

… Que je le sais.

**MARCELINE,** *exaltée*

Non, mon cœur entraîné vers lui ne se trompait que de motif ; c'était le sang qui me parlait.

**FIGARO**

Et moi le bon sens[1], ma mère, qui me servait d'instinct quand je vous refusais, car j'étais loin de vous haïr ; témoin l'argent…

**MARCELINE** *lui remet un papier*

Il est à toi : reprends ton billet, c'est ta dot.

**SUZANNE** *lui jette la bourse*

Prends encore celle-ci.

**FIGARO**

Grand merci.

**MARCELINE,** *exaltée*

Fille assez malheureuse, j'allais devenir la plus misérable des femmes et je suis la plus fortunée des mères ! Embrassez-moi, mes deux enfants ; j'unis dans vous toutes mes tendresses. Heureuse autant que je puis l'être, ah ! mes enfants, combien je vais aimer !

**FIGARO,** *attendri, avec vivacité*

Arrête donc, chère mère ! arrête donc ! voudrais-tu voir se fondre en eau mes yeux noyés des premières larmes que je

1. Jeu de mots qui repose sur l'homophonie entre *sang* et *sens*, dont le *s* final, au XVIIIe siècle, ne se prononce pas (sauf devant une voyelle).

connaisse ? elles sont de joie, au moins. Mais quelle stupidité ! j'ai manqué d'en être honteux : je les sentais couler entre mes doigts, regarde ; *(il montre ses doigts écartés)* et je les retenais bêtement ! va te promener, la honte ! je veux rire et pleurer en même temps ; on ne sent pas deux fois ce que j'éprouve.

*Il embrasse sa mère d'un côté, Suzanne de l'autre.*

MARCELINE

Ô mon ami !

SUZANNE*

Mon cher ami !

BRID'OISON, *s'essuyant les yeux d'un mouchoir*

Eh bien ! moi ! je suis donc bê-ête aussi !

FIGARO, *exalté*

Chagrin, c'est maintenant que je puis te défier : atteins-moi, si tu l'oses, entre ces deux femmes chéries.

ANTONIO, *à Figaro*

Pas tant de cajoleries, s'il vous plaît. En fait de mariage dans les familles, celui des parents va devant, savez. Les vôtres se baillent-ils la main[1]?

BARTHOLO

Ma main ! puisse-t-elle se dessécher et tomber, si jamais je la donne à la mère d'un tel drôle !

ANTONIO, *à Bartholo*

Vous n'êtes donc qu'un père marâtre[2] ? *(À Figaro :)* En ce cas, not' galant, plus de parole.

SUZANNE

Ah ! mon oncle…

ANTONIO

Irai-je donner l'enfant de not' sœur à sti, qui n'est l'enfant de personne ?

* Bartholo. Antonio. Suzanne. Figaro. Marceline. Brid'oison.
1. Se donnent-ils.
2. Qui se comporte comme une mère cruelle.

**BRID'OISON**

Est-ce que cela-a se peut, imbécile ? on est toujours l'enfant de quelqu'un.

**ANTONIO**

Tarare[1] !… Il ne l'aura jamais.

*Il sort.*

## Scène 19

### BARTHOLO, SUZANNE, FIGARO, MARCELINE, BRID'OISON

**BARTHOLO**, *à Figaro*

Et cherche à présent qui t'adopte.

*Il veut sortir.*

**MARCELINE**, *courant prendre Bartholo à bras-le-corps, le ramène*

Arrêtez, docteur, ne sortez pas !

**FIGARO**, *à part*

Non, tous les sots d'Andalousie sont, je crois, déchaînés contre mon pauvre mariage !

**SUZANNE**, *à Bartholo*

Bon petit papa, c'est votre fils*.

**MARCELINE**, *à Bartholo*

De l'esprit, des talents, de la figure.

**FIGARO**, *à Bartholo*

Et qui ne vous a pas coûté une obole[2].

1. Interjection. De nos jours : taratata.
* Suzanne. Bartholo. Marceline. Figaro. Brid'oison
2. Une petite somme d'argent.

**BARTHOLO**

Et les cent écus qu'il m'a pris ?

**MARCELINE**, *le caressant*

Nous aurons tant de soin de vous, papa !

**SUZANNE**, *le caressant*

Nous vous aimerons tant, petit papa !

**BARTHOLO**, *attendri*

Papa ! bon papa ! petit papa ! voilà que je suis plus bête encore que Monsieur, moi. *(Montrant Brid'oison.)* Je me laisse aller comme un enfant. *(Marceline et Suzanne l'embrassent.)* Oh ! non, je n'ai pas dit oui. *(Il se retourne.)* Qu'est donc devenu Monseigneur ?

**FIGARO**

Courons le joindre ; arrachons-lui son dernier mot. S'il machinait quelque autre intrigue, il faudrait tout recommencer.

**TOUS ENSEMBLE**

Courons, courons !

*Ils entraînent Bartholo dehors.*

## Scène 20

### BRID'OISON *seul.*

Plus bê-ête encore que Monsieur ! On peut se dire à soi-même ces-es sortes de choses-là, mais… I-ils ne sont pas polis du tout dan-ans cet endroit-ci.

*Il sort.*

FIN DU TROISIÈME ACTE

# Acte IV

*Le théâtre représente une galerie ornée de candélabres, de lustres allumés, de fleurs, de guirlandes, en un mot préparée pour donner une fête. Sur le devant à droite est une table avec une écritoire, un fauteuil derrière.*

## Scène 1

## FIGARO, SUZANNE

**FIGARO,** *la tenant à bras-le-corps*

Eh bien ! amour, es-tu contente ? elle a converti son docteur, cette fine langue dorée de ma mère ! malgré sa répugnance il l'épouse, et ton bourru d'oncle est bridé ; il n'y a que Monseigneur qui rage, car enfin notre hymen va devenir le prix du leur. Ris donc un peu de ce bon résultat.

**SUZANNE**

As-tu rien vu de plus étrange ?

**FIGARO**

Ou plutôt d'aussi gai. Nous ne voulions qu'une dot arrachée à l'Excellence ; en voilà deux dans nos mains, qui ne sortent pas des siennes. Une rivale acharnée te poursuivait ; j'étais tourmenté par une furie ; tout cela s'est changé, pour nous, dans « la plus bonne » des mères. Hier j'étais comme seul au monde ; et voilà que j'ai tous mes parents ; pas si magnifiques, il est vrai, que je me les étais galonnés ; mais assez bien pour nous, qui n'avons pas la vanité des riches.

SUZANNE

Aucune des choses que tu avais disposées, que nous attendions, mon ami, n'est pourtant arrivée !

FIGARO

Le hasard a mieux fait que nous tous, ma petite : ainsi va le monde ; on travaille, on projette, on arrange d'un côté ; la fortune accomplit de l'autre : et depuis l'affamé conquérant qui voudrait avaler la terre, jusqu'au paisible aveugle qui se laisse mener par son chien, tous sont le jouet de ses caprices ; encore l'aveugle au chien est-il souvent mieux conduit, moins trompé dans ses vues, que l'autre aveugle avec son entourage. — Pour cet aimable aveugle qu'on nomme Amour…

*Il la reprend tendrement à bras-le-corps.*

SUZANNE

Ah ! c'est le seul qui m'intéresse !

FIGARO

Permets donc que, prenant l'emploi de la folie, je sois le bon chien qui le mène à ta jolie mignonne porte ; et nous voilà logés pour la vie.

SUZANNE, *riant*

L'Amour et toi ?

FIGARO

Moi et l'Amour.

SUZANNE

Et vous ne chercherez pas d'autre gîte ?

FIGARO

Si tu m'y prends, je veux bien que mille millions de galants…

SUZANNE

Tu vas exagérer : dis ta bonne vérité.

FIGARO

Ma vérité la plus vraie !

SUZANNE

Fi donc, vilain ! en a-t-on plusieurs ?

**FIGARO**

Oh ! que oui. Depuis qu'on a remarqué qu'avec le temps vieilles folies deviennent sagesse, et qu'anciens petits mensonges, assez mal plantés, ont produit de grosses, grosses vérités, on en a de mille espèces ! Et celles qu'on sait, sans oser les divulguer : car toute vérité n'est pas bonne à dire ; et celles qu'on vante, sans y ajouter foi : car toute vérité n'est pas bonne à croire ; et les serments passionnés, les menaces des mères, les protestations des buveurs, les promesses des gens en place, le dernier mot de nos marchands ; cela ne finit pas. Il n'y a que mon amour pour Suzon qui soit une vérité de bon aloi.

**SUZANNE**

J'aime ta joie, parce qu'elle est folle ; elle annonce que tu es heureux. Parlons du rendez-vous du comte.

**FIGARO**

Ou plutôt n'en parlons jamais ; il a failli me coûter Suzanne.

**SUZANNE**

Tu ne veux donc plus qu'il ait lieu ?

**FIGARO**

Si vous m'aimez, Suzon, votre parole d'honneur sur ce point : qu'il s'y morfonde ; et c'est sa punition.

**SUZANNE**

Il m'en a plus coûté de l'accorder que je n'ai de peine à le rompre ; il n'en sera plus question.

**FIGARO**

Ta bonne vérité ?

**SUZANNE**

Je ne suis pas comme vous autres savants ; moi, je n'en ai qu'une.

**FIGARO**

Et tu m'aimeras un peu ?

**SUZANNE**

Beaucoup.

**FIGARO**

Ce n'est guère.

**SUZANNE**

Et comment ?

**FIGARO**

En fait d'amour, vois-tu, trop n'est pas même assez.

**SUZANNE**

Je n'entends pas toutes ces finesses ; mais je n'aimerai que mon mari.

**FIGARO**

Tiens parole, et tu feras une belle exception à l'usage.

*Il veut l'embrasser.*

## Scène 2

## FIGARO, SUZANNE, LA COMTESSE

**LA COMTESSE**

Ah ! j'avais raison de le dire : en quelque endroit qu'ils soient, croyez qu'ils sont ensemble. Allons donc, Figaro, c'est voler l'avenir, le mariage et vous-même, que d'usurper un tête-à-tête. On vous attend, on s'impatiente.

**FIGARO**

Il est vrai, madame, je m'oublie. Je vais leur montrer mon excuse.

*Il veut emmener Suzanne.*

**LA COMTESSE** *la retient*

Elle vous suit.

## Scène 3

## SUZANNE, LA COMTESSE

**LA COMTESSE**

As-tu ce qu'il nous faut pour troquer de vêtement ?

**SUZANNE**

Il ne faut rien, madame ; le rendez-vous ne tiendra pas.

**LA COMTESSE**

Ah ! vous changez d'avis ?

**SUZANNE**

C'est Figaro.

**LA COMTESSE**

Vous me trompez.

**SUZANNE**

Bonté divine !

**LA COMTESSE**

Figaro n'est pas homme à laisser échapper une dot.

**SUZANNE**

Madame ! eh ! que croyez-vous donc ?

**LA COMTESSE**

Qu'enfin, d'accord avec le comte, il vous fâche à présent de m'avoir confié ses projets. Je vous sais par cœur. Laissez-moi.

*Elle veut sortir.*

**SUZANNE** *se jette à genoux*

Au nom du Ciel, espoir de tous ! vous ne savez pas, madame, le mal que vous faites à Suzanne ! après vos bontés continuelles et la dot que vous me donnez !…

**LA COMTESSE** *la relève*

Hé mais… je ne sais ce que je dis ! En me cédant ta place au jardin, tu n'y vas pas, mon cœur ; tu tiens parole à ton mari ; tu m'aides à ramener le mien.

**SUZANNE**

Comme vous m'avez affligée !

**LA COMTESSE**

C'est que je ne suis qu'une étourdie. *(Elle la baise au front.)* Où est ton rendez-vous ?

**SUZANNE** *lui baise la main*

Le mot de jardin m'a seul frappée.

**LA COMTESSE,** *montrant la table*

Prends cette plume, et fixons un endroit.

**SUZANNE**

Lui écrire !

**LA COMTESSE**

Il le faut.

**SUZANNE**

Madame ! au moins, c'est vous…

**LA COMTESSE**

Je mets tout sur mon compte. *(Suzanne s'assied, la comtesse dicte :) « Chanson nouvelle, sur l'air :… Qu'il fera beau ce soir sous les grands marronniers… Qu'il fera beau, ce soir… »*

**SUZANNE** *écrit*

*« Sous les grands marronniers… »* Après ?

**LA COMTESSE**

Crains-tu qu'il ne t'entende pas ?

**SUZANNE** *relit*

C'est juste. *(Elle plie le billet.)* Avec quoi cacheter ?

**LA COMTESSE**

Une épingle, dépêche : elle servira de réponse. Écris sur le revers : « Renvoyez-moi le cachet. »

**SUZANNE** *écrit en riant*

Ah ! « le cachet » !… Celui-ci, madame, est plus gai que celui du brevet.

**LA COMTESSE,** *avec un souvenir douloureux*

Ah !

**SUZANNE** *cherche sur elle*

Je n'ai pas d'épingle à présent !

**LA COMTESSE** *détache sa lévite*

Prends celle-ci. *(Le ruban du page tombe de son sein à terre.)* Ah ! mon ruban !

**SUZANNE** *le ramasse*

C'est celui du petit voleur ! vous avez eu la cruauté ?...

**LA COMTESSE**

Fallait-il le laisser à son bras ? c'eût été joli ! Donnez donc !

**SUZANNE**

Madame ne le portera plus, taché du sang de ce jeune homme.

**LA COMTESSE** *le reprend*

Excellent pour Fanchette... Le premier bouquet qu'elle m'apportera...

## Scène 4

### UNE JEUNE BERGÈRE, CHÉRUBIN *en fille*, FANCHETTE, *et beaucoup de jeunes filles habillées comme elle et tenant des bouquets.* LA COMTESSE, SUZANNE

**FANCHETTE**

Madame, ce sont les filles du bourg qui viennent vous présenter des fleurs.

**LA COMTESSE,** *serrant vite son ruban*

Elles sont charmantes : je me reproche, mes belles petites, de ne pas vous connaître toutes. *(Montrant Chérubin.)* Quelle est cette aimable enfant qui a l'air si modeste ?

**UNE BERGÈRE**

C'est une cousine à moi, madame, qui n'est ici que pour la noce.

**LA COMTESSE**

Elle est jolie. Ne pouvant porter vingt bouquets, faisons honneur à l'étrangère. *(Elle prend le bouquet de Chérubin et le baise au front.)* Elle en rougit ! *(À Suzanne :)* Ne trouves-tu pas, Suzon… qu'elle ressemble à quelqu'un ?

**SUZANNE**

À s'y méprendre, en vérité.

**CHÉRUBIN,** *à part, les mains sur son cœur*

Ah ! Ce baiser-là m'a été bien loin !

## Scène 5

### LES JEUNES FILLES, CHÉRUBIN *au milieu d'elles* ; FANCHETTE, ANTONIO, LE COMTE, LA COMTESSE, SUZANNE

**ANTONIO**

Moi je vous dis, monseigneur, qu'il y est ; elles l'ont habillé chez ma fille ; toutes ses hardes y sont encore, et voilà son chapeau d'ordonnance que j'ai retiré du paquet. *(Il s'avance, et regardant toutes les filles, il reconnaît Chérubin, lui enlève son bonnet de femme, ce qui fait retomber ses longs cheveux en cadenette[1]. Il lui met sur la tête le chapeau d'ordonnance et dit :)* Eh ! parguenne, v'là notre officier.

**LA COMTESSE** *recule*

Ah ! Ciel !

**SUZANNE**

Ce friponneau !

**ANTONIO**

Quand je disais là-haut[2] que c'était lui !…

1. Avec une longue tresse.
2. Dans la chambre de la comtesse.

**LE COMTE**, *en colère*

Eh bien, madame ?

**LA COMTESSE**

Eh bien, monsieur ! vous me voyez plus surprise que vous, et, pour le moins, aussi fâchée.

**LE COMTE**

Oui ; mais tantôt, ce matin ?

**LA COMTESSE**

Je serais coupable en effet, si je dissimulais encore. Il était descendu chez moi. Nous entamions le badinage que ces enfants viennent d'achever ; vous nous avez surprises l'habillant ; votre premier mouvement est si vif ! il s'est sauvé, je me suis troublée, l'effroi général a fait le reste.

**LE COMTE**, *avec dépit, à Chérubin*

Pourquoi n'êtes-vous pas parti ?

**CHÉRUBIN**, *ôtant son chapeau brusquement*

Monseigneur…

**LE COMTE**

Je punirai ta désobéissance.

**FANCHETTE**, *étourdiment*

Ah ! monseigneur, entendez-moi ! Toutes les fois que vous venez m'embrasser, vous savez bien que vous dites toujours : « Si tu veux m'aimer, petite Fanchette, je te donnerai ce que tu voudras. »

**LE COMTE**, *rougissant*

Moi ! j'ai dit cela ?

**FANCHETTE**

Oui, monseigneur. Au lieu de punir Chérubin, donnez-le-moi en mariage, et je vous aimerai à la folie.

**LE COMTE**, *à part*

Être ensorcelé par un page !

**LA COMTESSE**

Eh bien, monsieur, à votre tour ; l'aveu de cette enfant, aussi naïf que le mien, atteste enfin deux vérités : que c'est toujours sans le vouloir si je vous cause des inquiétudes, pendant que vous épuisez tout pour augmenter et justifier les miennes.

**ANTONIO**

Vous aussi, monseigneur ? Dame ! je vous la redresserai comme feu sa mère, qui est morte… Ce n'est pas pour la conséquence ; mais c'est que Madame sait bien que les petites filles, quand elles sont grandes…

**LE COMTE,** *déconcerté, à part*

Il y a un mauvais génie qui tourne tout ici contre moi !

## Scène 6

## LES JEUNES FILLES, CHÉRUBIN, ANTONIO, FIGARO, LE COMTE, LA COMTESSE, SUZANNE

**FIGARO**

Monseigneur, si vous retenez nos filles, on ne pourra commencer ni la fête ni la danse.

**LE COMTE**

Vous, danser ! vous n'y pensez pas. Après votre chute de ce matin, qui vous a foulé le pied droit !

**FIGARO,** *remuant la jambe*

Je souffre encore un peu ; ce n'est rien. *(Aux jeunes filles :)* Allons, mes belles, allons !

**LE COMTE** *le retourne*

Vous avez été fort heureux que ces couches ne fussent que du terreau bien doux !

**FIGARO**

Très heureux, sans doute ; autrement…

**ANTONIO** *le retourne*

Puis il s'est pelotonné en tombant jusqu'en bas.

**FIGARO**

Un plus adroit, n'est-ce pas, serait resté en l'air ! *(Aux jeunes filles :)* Venez-vous, mesdemoiselles ?

**ANTONIO** *le retourne*

Et pendant ce temps, le petit page galopait sur son cheval à Séville ?

**FIGARO**

Galopait ou marchait au pas !…

**LE COMTE** *le retourne*

Et vous aviez son brevet dans la poche ?

**FIGARO,** *un peu étonné*

Assurément, mais quelle enquête ? *(Aux jeunes filles :)* Allons donc, jeunes filles !

**ANTONIO,** *attirant Chérubin par le bras*

En voici une qui prétend que mon neveu futur n'est qu'un menteur.

**FIGARO,** *surpris*

Chérubin !… *(À part.)* Peste du petit fat[1] !

**ANTONIO**

Y es-tu maintenant ?

**FIGARO,** *cherchant*

J'y suis… j'y suis… Hé ! qu'est-ce qu'il chante ?

**LE COMTE,** *sèchement*

Il ne chante pas ; il dit que c'est lui qui a sauté sur les giroflées.

**FIGARO,** *rêvant*

Ah ! s'il le dit… cela se peut ; je ne dispute pas de ce que j'ignore.

**LE COMTE**

Ainsi vous et lui ?…

**FIGARO**

Pourquoi non ? la rage de sauter peut gagner : voyez les moutons de Panurge ; et quand vous êtes en colère, il n'y a personne qui n'aime mieux risquer…

**LE COMTE**

Comment, deux à la fois !…

**FIGARO**

On aurait sauté deux douzaines ; et qu'est-ce que cela fait, monseigneur, dès qu'il[2] n'y a personne de blessé ? *(Aux jeunes filles :)* Ah çà, voulez-vous venir, ou non ?

1. Impertinent.
2. Puisque.

**LE COMTE,** *outré*
Jouons-nous une comédie ?

*On entend un prélude de fanfare.*

**FIGARO**
Voilà le signal de la marche. À vos postes, les belles, à vos postes ! Allons, Suzanne, donne-moi le bras.

*Tous s'enfuient, Chérubin reste seul, la tête baissée.*

## Scène 7

## CHÉRUBIN, LE COMTE, LA COMTESSE

**LE COMTE,** *regardant aller Figaro*
En voit-on de plus audacieux ? *(Au page :)* Pour vous, monsieur le sournois, qui faites le honteux, allez vous rhabiller bien vite ; et que je ne vous rencontre nulle part de la soirée.

**LA COMTESSE**
Il va bien s'ennuyer.

**CHÉRUBIN,** *étourdiment*
M'ennuyer ! j'emporte à mon front du bonheur pour plus de cent années de prison.

*Il met son chapeau et s'enfuit.*

## Scène 8

### LE COMTE, LA COMTESSE

*(La comtesse s'évente fortement sans parler.)*

**LE COMTE**

Qu'a-t-il au front de si heureux ?

**LA COMTESSE,** *avec embarras*

Son… premier chapeau d'officier, sans doute ; aux enfants tout sert de hochet.

*Elle veut sortir.*

**LE COMTE**

Vous ne nous restez pas, comtesse ?

**LA COMTESSE**

Vous savez que je ne me porte pas bien.

**LE COMTE**

Un instant pour votre protégée, ou je vous croirais en colère.

**LA COMTESSE**

Voici les deux noces, asseyons-nous donc pour les recevoir.

**LE COMTE,** *à part*

La noce ! il faut souffrir ce qu'on ne peut empêcher.

*Le comte et la comtesse s'assoient vers un des côtés de la galerie.*

## Scène 9

**LE COMTE, LA COMTESSE,** *assis ;*
*l'on joue les « folies d'Espagne »*
*d'un mouvement de marche. (Symphonie notée.)*

**MARCHE**

LES GARDES-CHASSES, *fusil sur l'épaule.*

L'ALGUAZIL, LES PRUD'HOMMES, BRID'OISON.

LES PAYSANS ET PAYSANNES, *en habits de fête.*

DEUX JEUNES FILLES *portant la toque virginale à plumes blanches ;*

DEUX AUTRES, *le voile blanc ;*

DEUX AUTRES, *les gants et le bouquet de côté.*

ANTONIO *donne la main à* SUZANNE, *comme étant celui qui la marie à* FIGARO.

D'AUTRES JEUNES FILLES *portent une autre toque, un autre voile, un autre bouquet blanc, semblables aux premiers, pour* MARCELINE.

*Figaro donne la main à Marceline, comme celui qui doit la remettre au docteur, lequel ferme la marche, un gros bouquet au côté. Les jeunes filles, en passant devant le comte, remettent à ses valets tous les ajustements destinés à Suzanne et à Marceline.*

*Les Paysans et Paysannes s'étant rangés sur deux colonnes à chaque côté du salon, on danse une reprise du fandango (air noté) avec des castagnettes ; puis on joue la ritournelle du duo, pendant laquelle Antonio conduit Suzanne au comte ; elle se met à genoux devant lui.*

*Pendant que le comte lui pose la toque, le voile, et lui donne le bouquet, deux jeunes filles chantent le duo suivant (air noté) :*

Jeune épouse, chantez les bienfaits et la gloire
D'un maître qui renonce aux droits qu'il eut sur vous :

Préférant au plaisir la plus noble victoire,
Il vous rend chaste et pure aux mains de votre époux.

*Suzanne est à genoux, et, pendant les derniers vers du duo, elle tire le comte par son manteau et lui montre le billet qu'elle tient ; puis elle porte la main qu'elle a du côté des spectateurs à sa tête, où le comte a l'air d'ajuster sa toque ; elle lui donne le billet.*
*Le comte le met furtivement dans son sein ; on achève de chanter le duo ; la fiancée se relève et lui fait une grande révérence.*
*Figaro vient la recevoir des mains du comte et se retire avec elle, à l'autre côté du salon, près de Marceline.*
*(On danse une autre reprise du fandango, pendant ce temps.)*
*Le comte, pressé de lire ce qu'il a reçu, s'avance au bord du théâtre et tire le papier de son sein ; mais en le sortant il fait le geste d'un homme qui s'est cruellement piqué le doigt ; il le secoue, le presse, le suce, et regardant le papier cacheté d'une épingle, il dit :*

LE COMTE *(Pendant qu'il parle, ainsi que Figaro, l'orchestre joue pianissimo.)*

Diantre soit des femmes, qui fourrent des épingles partout ! *(Il la jette à terre, puis il lit le billet et le baise.)*

FIGARO, *qui a tout vu, dit à sa mère et à Suzanne*

C'est un billet doux, qu'une fillette aura glissé dans sa main en passant. Il était cacheté d'une épingle, qui l'a outrageusement piqué. *(La danse reprend : le comte qui a lu le billet le retourne ; il y voit l'invitation de renvoyer le cachet pour réponse. Il cherche à terre et retrouve enfin l'épingle qu'il attache à sa manche.)*

FIGARO, *à Suzanne et à Marceline*

D'un objet aimé tout est cher. Le voilà qui ramasse l'épingle. Ah, c'est une drôle de tête ! *(Pendant ce temps, Suzanne a des signes d'intelligence avec la comtesse. La danse finit, la ritournelle du duo recommence.)*

FIGARO *conduit Marceline au comte, ainsi qu'on a conduit Suzanne ; à l'instant où le comte prend la toque et où l'on va chanter le duo, on est interrompu par les cris suivants :*

L'HUISSIER, *criant à la porte*

Arrêtez donc, messieurs ! vous ne pouvez entrer tous... Ici les gardes, les gardes !

*Les gardes vont vite à cette porte.*

**LE COMTE**, *se levant*

Qu'est-ce qu'il y a ?

**L'HUISSIER**

Monseigneur, c'est monsieur Bazile, entouré d'un village entier, parce qu'il chante en marchant.

**LE COMTE**

Qu'il entre seul.

**LA COMTESSE**

Ordonnez-moi de me retirer.

**LE COMTE**

Je n'oublie pas votre complaisance.

**LA COMTESSE**

Suzanne !… elle reviendra. *(À part, à Suzanne :)* Allons changer d'habits.

*Elle sort avec Suzanne.*

**MARCELINE**

Il n'arrive jamais que pour nuire.

**FIGARO**

Ah ! je m'en vais vous le faire déchanter !

## Scène 10

### TOUS LES ACTEURS PRÉCÉDENTS, *excepté* LA COMTESSE *et* SUZANNE ; BAZILE *tenant sa guitare* ; GRIPPE-SOLEIL

**BAZILE** *entre en chantant sur l'air du vaudeville de la fin (air noté)* :

Cœurs sensibles, cœurs fidèles,
Qui blâmez l'amour léger,

Cessez vos plaintes cruelles :
Est-ce un crime de changer ?
Si l'Amour porte des ailes,
N'est-ce pas pour voltiger ?
N'est-ce pas pour voltiger ?
N'est-ce pas pour voltiger ?

**FIGARO** *s'avance à lui*

Oui, c'est pour cela justement qu'il a des ailes au dos ; notre ami, qu'entendez-vous par cette musique ?

**BAZILE,** *montrant Grippe-Soleil*

Qu'après avoir prouvé mon obéissance à Monseigneur en amusant Monsieur, qui est de sa compagnie, je pourrai, à mon tour, réclamer sa justice.

**GRIPPE-SOLEIL**

Bah ! monsigneu, il ne m'a pas amusé du tout : avec leux guenilles d'ariettes…

**LE COMTE**

Enfin que demandez-vous, Bazile ?

**BAZILE**

Ce qui m'appartient, monseigneur, la main de Marceline ; et je viens m'opposer…

**FIGARO** *s'approche*

Y a-t-il longtemps que Monsieur n'a vu la figure d'un fou ?

**BAZILE**

Monsieur, en ce moment même.

**FIGARO**

Puisque mes yeux vous servent si bien de miroir, étudiez-y l'effet de ma prédiction. Si vous faites mine seulement d'approximer Madame…

**BARTHOLO,** *en riant*

Eh pourquoi ? laisse-le parler.

**BRID'OISON** *s'avance entre deux*

Fau-aut-il que deux amis ?…

**FIGARO**

Nous, amis !

**BAZILE**

Quelle erreur !

**FIGARO,** *vite*

Parce qu'il fait de plats airs de chapelle ?

**BAZILE,** *vite*

Et lui, des vers comme un journal ?

**FIGARO,** *vite*

Un musicien de guinguette !

**BAZILE,** *vite*

Un postillon de gazette !

**FIGARO,** *vite*

Cuistre d'oratorio !

**BAZILE,** *vite*

Jockey diplomatique !

**LE COMTE,** *assis*

Insolents tous les deux !

**BAZILE**

Il me manque en toute occasion.

**FIGARO**

C'est bien dit, si cela se pouvait !

**BAZILE**

Disant partout que je ne suis qu'un sot.

**FIGARO**

Vous me prenez donc pour un écho ?

**BAZILE**

Tandis qu'il n'est pas un chanteur que mon talent n'ait fait briller.

**FIGARO**

Brailler.

**BAZILE**

Il le répète !

**FIGARO**

Et pourquoi non, si cela est vrai ? es-tu un prince, pour qu'on te flagorne[1] ? souffre la vérité, coquin ! puisque tu n'as pas de quoi

1. Flatte.

gratifier un menteur ; ou si tu la crains de notre part, pourquoi viens-tu troubler nos noces ?

**BAZILE,** *à Marceline*

M'avez-vous promis, oui ou non, si dans quatre ans vous n'étiez pas pourvue, de me donner la préférence ?

**MARCELINE**

À quelle condition l'ai-je promis ?

**BAZILE**

Que si vous retrouviez un certain fils perdu, je l'adopterais par complaisance.

**TOUS ENSEMBLE**

Il est trouvé.

**BAZILE**

Qu'à cela ne tienne !

**TOUS ENSEMBLE,** *montrant Figaro*

Et le voici.

**BAZILE,** *reculant de frayeur*

J'ai vu le diable !

**BRID'OISON,** *à Bazile*

Et vou-ous renoncez à sa chère mère !

**BAZILE**

Qu'y aurait-il de plus fâcheux que d'être cru le père d'un garnement ?

**FIGARO**

D'en être cru le fils ; tu te moques de moi !

**BAZILE,** *montrant Figaro*

Dès que Monsieur est de quelque chose ici, je déclare, moi, que je n'y suis plus de rien.

*Il sort.*

## Scène 11

## LES ACTEURS PRÉCÉDENTS, *excepté* BAZILE

**BARTHOLO**, *riant*

Ah ! ah ! ah ! ah !

**FIGARO**, *sautant de joie*

Donc à la fin j'aurai ma femme !

**LE COMTE**, *à part*

Moi, ma maîtresse.

*Il se lève.*

**BRID'OISON**, *à Marceline*

Et tou-out le monde est satisfait.

**LE COMTE**

Qu'on dresse les deux contrats ; j'y signerai.

**TOUS ENSEMBLE**

Vivat !

*Ils sortent.*

**LE COMTE**

J'ai besoin d'une heure de retraite.

*Il veut sortir avec les autres.*

## Scène 12

## GRIPPE-SOLEIL, FIGARO, MARCELINE, LE COMTE

**GRIPPE-SOLEIL**, *à Figaro*

Et moi, je vas aider à ranger le feu d'artifice sous les grands marronniers, comme on l'a dit.

**LE COMTE** *revient en courant*

Quel sot a donné un tel ordre ?

**FIGARO**

Où est le mal ?

**LE COMTE**, *vivement*

Et la comtesse qui est incommodée, d'où le verra-t-elle, l'artifice ? C'est sur la terrasse qu'il le faut, vis-à-vis son appartement.

**FIGARO**

Tu l'entends, Grippe-Soleil ? la terrasse.

**LE COMTE**

Sous les grands marronniers ! belle idée ! *(En s'en allant, à part.)* Ils allaient incendier mon rendez-vous !

## Scène 13

## FIGARO, MARCELINE

**FIGARO**

Quel excès d'attention pour sa femme !

*Il veut sortir.*

**MARCELINE** *l'arrête*

Deux mots, mon fils. Je veux m'acquitter avec toi : un sentiment mal dirigé m'avait rendue injuste envers ta charmante femme : je la supposais d'accord avec le comte, quoique j'eusse appris de Bazile qu'elle l'avait toujours rebuté.

**FIGARO**

Vous connaissiez mal votre fils, de le croire ébranlé par ces impulsions féminines. Je puis défier la plus rusée de m'en faire accroire.

**MARCELINE**

Il est toujours heureux de le penser, mon fils ; la jalousie…

**FIGARO**

… N'est qu'un sot enfant de l'orgueil, ou c'est la maladie d'un fou. Oh ! j'ai là-dessus, ma mère, une philosophie… imperturbable ; et si Suzanne doit me tromper un jour, je lui pardonne d'avance ; elle aura longtemps travaillé…

*Il se retourne et aperçoit Fanchette qui cherche de côté et d'autre.*

## Scène 14

## FIGARO, FANCHETTE, MARCELINE

**FIGARO**

Eeeh…. ma petite cousine qui nous écoute !

**FANCHETTE**

Oh ! pour ça, non : on dit que c'est malhonnête.

**FIGARO**

Il est vrai ; mais comme cela est utile, on fait aller souvent l'un pour l'autre.

**FANCHETTE**

Je regardais si quelqu'un était là.

**FIGARO**

Déjà dissimulée, friponne ! Vous savez bien qu'il n'y peut être.

**FANCHETTE**

Et qui donc ?

**FIGARO**

Chérubin.

**FANCHETTE**

Ce n'est pas lui que je cherche, car je sais fort bien où il est ; c'est ma cousine Suzanne.

**FIGARO**

Et que lui veut ma petite cousine ?

**FANCHETTE**

À vous, petit cousin, je le dirai. C'est… ce n'est qu'une épingle que je veux lui remettre.

**FIGARO,** *vivement*

Une épingle ! une épingle !… et de quelle part, coquine ? à votre âge, vous faites déjà un mét… *(Il se reprend, et dit d'un ton doux :)* Vous faites déjà très bien tout ce que vous entreprenez, Fanchette ; et ma jolie cousine est si obligeante[1]…

**FANCHETTE**

À qui donc en a-t-il de se fâcher ? Je m'en vais.

**FIGARO,** *l'arrêtant*

Non, non, je badine ; tiens, ta petite épingle est celle que Monseigneur t'a dit de remettre à Suzanne, et qui servait à cacheter un petit papier qu'il tenait ; tu vois que je suis au fait.

**FANCHETTE**

Pourquoi donc le demander, quand vous le savez si bien ?

**FIGARO,** *cherchant*

C'est qu'il est assez gai de savoir comment Monseigneur s'y est pris pour te donner la commission.

**FANCHETTE,** *naïvement*

Pas autrement que vous ne dites : « Tiens, petite Fanchette, rends cette épingle à ta belle cousine, et dis-lui seulement que c'est le cachet des grands marronniers. »

1. Qui aime faire plaisir, avec une nuance ironique.

**FIGARO**

« Des grands… » ?

**FANCHETTE**

« Marronniers. » Il est vrai qu'il a ajouté : « Prends garde que personne ne te voie. »

**FIGARO**

Il faut obéir, ma cousine : heureusement personne ne vous a vue. Faites donc joliment votre commission ; et n'en dites pas plus à Suzanne que Monseigneur n'a ordonné.

**FANCHETTE**

Et pourquoi lui en dirais-je ? il me prend pour un enfant, mon cousin.

*Elle sort en sautant.*

## Scène 15

## FIGARO, MARCELINE

**FIGARO**

Eh bien, ma mère ?

**MARCELINE**

Eh bien, mon fils ?

**FIGARO**, *comme étouffé*

Pour celui-ci !… il y a réellement des choses… !

**MARCELINE**

Il y a des choses ! hé, qu'est-ce qu'il y a ?

**FIGARO**, *les mains sur la poitrine*

Ce que je viens d'entendre, ma mère, je l'ai là comme un plomb.

**MARCELINE**, *riant*

Ce cœur plein d'assurance n'était donc qu'un ballon gonflé ? une épingle a tout fait partir !

**FIGARO,** *furieux*

Mais cette épingle, ma mère, est celle qu'il a ramassée !...

**MARCELINE,** *rappelant ce qu'il a dit*

« La jalousie ! oh ! j'ai là-dessus, ma mère, une philosophie... imperturbable ; et si Suzanne m'attrape un jour, je le lui pardonne... »

**FIGARO,** *vivement*

Oh ! ma mère ! on parle comme on sent : mettez le plus glacé des juges à plaider dans sa propre cause, et voyez-le expliquer la loi ! Je ne m'étonne plus s'il avait tant d'humeur sur ce feu ! Pour la mignonne aux fines épingles, elle n'en est pas où elle le croit, ma mère, avec ses marronniers ! Si mon mariage est assez fait pour légitimer ma colère, en revanche, il ne l'est pas assez pour que je n'en puisse épouser une autre, et l'abandonner...

**MARCELINE**

Bien conclu ! abîmons tout sur un soupçon. Qui t'a prouvé, dis-moi, que c'est toi qu'elle joue, et non le comte ? L'as-tu étudiée de nouveau, pour la condamner sans appel ? Sais-tu si elle se rendra sous les arbres ? à quelle intention elle y va ? ce qu'elle y dira, ce qu'elle y fera ? Je te croyais plus fort en jugement !

**FIGARO,** *lui baisant la main avec respect*

Elle a raison, ma mère, elle a raison, raison, toujours raison ! Mais accordons, maman, quelque chose à la nature ; on en vaut mieux après. Examinons en effet avant d'accuser et d'agir. Je sais où est le rendez-vous. Adieu, ma mère.

*Il sort.*

## Scène 16

**MARCELINE,** *seule.*

Adieu ; et moi aussi, je le sais. Après l'avoir arrêté, veillons sur les voies de Suzanne ; ou plutôt avertissons-la ; elle est si jolie créature ! Ah ! quand l'intérêt personnel ne nous arme pas les unes contre les autres, nous sommes toutes portées à soutenir notre pauvre sexe opprimé, contre ce fier, ce terrible… *(en riant)* et pourtant un peu nigaud de sexe masculin.

*Elle sort.*

FIN DU QUATRIÈME ACTE

# Acte V

*Le théâtre représente une salle*[1] *de marronniers, dans un parc ; deux pavillons, kiosques, ou temples de jardin, sont à droite et à gauche ; le fond est une clarière*[2] *ornée ; un siège de gazon sur le devant. Le théâtre est obscur.*

## Scène 1

**FANCHETTE,** *seule, tenant d'une main deux biscuits et une orange, et de l'autre une lanterne de papier allumée.*

Dans le pavillon à gauche, a-t-il dit. C'est celui-ci. S'il allait ne pas venir à présent ! mon petit rôle... Ces vilaines gens de l'office qui ne voulaient pas seulement me donner une orange et deux biscuits ! « Pour qui, mademoiselle ? — Eh bien, monsieur, c'est pour quelqu'un. — Oh ! nous savons. » Et quand ça serait ? parce que Monseigneur ne veut pas le voir, faut-il qu'il meure de faim ? Tout ça pourtant m'a coûté un fier baiser sur la joue !... Que sait-on ? il me le rendra peut-être. *(Elle voit Figaro qui vient l'examiner ; elle fait un cri.)* Ah !...

*Elle s'enfuit, et elle entre dans le pavillon à sa gauche.*

1. Lieu planté d'arbres dans un jardin.
2. Forme archaïque : clairière.

## Scène 2

### **FIGARO**, *un grand manteau sur les épaules, un large chapeau rabattu* ; **BAZILE, ANTONIO, BARTHOLO, BRID'OISON, GRIPPE-SOLEIL, TROUPE DE VALETS ET DE TRAVAILLEURS**

**FIGARO**, *d'abord seul*

C'est Fanchette ! *(Il parcourt des yeux les autres à mesure qu'ils arrivent, et dit d'un ton farouche :)* Bonjour, messieurs ; bonsoir ; êtes-vous tous ici ?

**BAZILE**

Ceux que tu as pressés d'y venir.

**FIGARO**

Quelle heure est-il bien à peu près ?

**ANTONIO** *regarde en l'air*

La lune devrait être levée.

**BARTHOLO**

Eh ! quels noirs apprêts fais-tu donc ? Il a l'air d'un conspirateur !

**FIGARO**, *s'agitant*

N'est-ce pas pour une noce, je vous prie, que vous êtes rassemblés au château ?

**BRID'OISON**

Cè-ertainement.

**ANTONIO**

Nous allions là-bas, dans le parc, attendre un signal pour ta fête.

**FIGARO**

Vous n'irez pas plus loin, messieurs ; c'est ici, sous ces marronniers, que nous devons tous célébrer l'honnête fiancée que j'épouse, et le loyal seigneur qui se l'est destinée.

**BAZILE,** *se rappelant la journée*

Ah ! vraiment, je sais ce que c'est. Retirons-nous, si vous m'en croyez : il est question d'un rendez-vous ; je vous conterai cela près d'ici.

**BRID'OISON,** *à Figaro*

Nou-ous reviendrons.

**FIGARO**

Quand vous m'entendrez appeler, ne manquez pas d'accourir tous, et dites du mal de Figaro s'il ne vous fait voir une belle chose.

**BARTHOLO**

Souviens-toi qu'un homme sage ne se fait point d'affaires avec les grands.

**FIGARO**

Je m'en souviens.

**BARTHOLO**

Qu'ils ont quinze et bisque sur nous[1], par leur état.

**FIGARO**

Sans leur industrie[2], que vous oubliez. Mais souvenez-vous aussi que l'homme qu'on sait timide[3] est dans la dépendance de tous les fripons.

**BARTHOLO**

Fort bien.

**FIGARO**

Et que j'ai nom de Verte-Allure, du chef honoré de ma mère.

**BARTHOLO**

Il a le diable au corps.

**BRID'OISON**

I-il l'a.

**BAZILE,** *à part*

Le comte et sa Suzanne se sont arrangés sans moi ? Je ne suis pas fâché de l'algarade[4].

1. Terme de jeu : avoir un grand avantage pour le succès d'une partie.
2. Leur adresse, leur dextérité.
3. Craintif.
4. L'insulte.

**FIGARO,** *aux valets*

Pour vous autres, coquins, à qui j'ai donné l'ordre, illuminez-moi ces entours ; ou, par la mort que je voudrais tenir aux dents, si j'en saisis un par le bras…

*Il secoue le bras de Grippe-Soleil.*

**GRIPPE-SOLEIL** *s'en va en criant et pleurant*

A, a, o, oh ! Damné brutal !

**BAZILE,** *en s'en allant*

Le Ciel vous tienne en joie, monsieur du marié !

*Ils sortent.*

## Scène 3

**FIGARO**

*seul, se promenant dans l'obscurité,*
*dit du ton le plus sombre* :

Ô Femme ! femme ! femme ! créature faible et décevante !… nul animal[1] créé ne peut manquer à son instinct ; le tien est-il donc de tromper ?… Après m'avoir obstinément refusé quand je l'en pressais devant sa maîtresse ; à l'instant qu'elle me donne sa parole ; au milieu même de la cérémonie… Il riait en lisant, le perfide ! et moi comme un benêt !… Non, monsieur le comte, vous ne l'aurez pas… vous ne l'aurez pas. Parce que vous êtes un grand seigneur, vous vous croyez un grand génie !… noblesse, fortune, un rang, des places ; tout cela rend si fier ! Qu'avez-vous fait pour tant de biens ? vous vous êtes donné la peine de naître, et rien de plus. Du reste, homme assez ordinaire ! tandis que moi, morbleu ! perdu dans

1. Au sens général d'*être animé*.

la foule obscure, il m'a fallu déployer plus de science et de calculs pour subsister seulement, qu'on n'en a mis depuis cent ans à gouverner toutes les Espagnes ; et vous voulez jouter… On vient… c'est elle… ce n'est personne. La nuit est noire en diable, et me voilà faisant le sot métier de mari, quoique je ne le sois qu'à moitié ! *(Il s'assied sur un banc.)* Est-il rien de plus bizarre que ma destinée ! fils de je ne sais pas qui ; volé par des bandits, élevé dans leurs mœurs, je m'en dégoûte et veux courir une carrière honnête ; et partout je suis repoussé ! J'apprends la chimie, la pharmacie, la chirurgie, et tout le crédit d'un grand seigneur peut à peine me mettre à la main une lancette vétérinaire ! Las d'attrister des bêtes malades, et pour faire un métier contraire, je me jette à corps perdu dans le théâtre ; me fussé-je mis une pierre au cou ! Je broche une comédie dans les mœurs du sérail ; auteur espagnol, je crois pouvoir y fronder Mahomet sans scrupule : à l'instant un envoyé… de je ne sais où se plaint que j'offense dans mes vers la Sublime Porte, la Perse, une partie de la presqu'île de l'Inde, toute l'Égypte, les royaumes de Barca, de Tripoli, de Tunis, d'Alger et de Maroc : et voilà ma comédie flambée, pour plaire aux princes mahométans, dont pas un, je crois, ne sait lire, et qui nous meurtrissent l'omoplate, en nous disant : « chiens de chrétiens » ! Ne pouvant avilir l'esprit, on se venge en le maltraitant. Mes joues creusaient ; mon terme était échu ; je voyais de loin arriver l'affreux recors[1], la plume fichée dans sa perruque ; en frémissant je m'évertue. Il s'élève une question sur la nature des richesses ; et comme il n'est pas nécessaire de tenir les choses pour en raisonner, n'ayant pas un sou, j'écris sur la valeur de l'argent et sur son produit net[2] ; sitôt je vois, du fond d'un fiacre, baisser pour moi le pont d'un château fort, à l'entrée duquel je laissai l'espérance et la liberté. *(Il se lève.)* Que je voudrais bien tenir un de ces puissants de quatre jours, si légers sur le mal qu'ils ordonnent, quand une bonne disgrâce a cuvé son orgueil ! je lui dirais… que les sottises imprimées n'ont d'importance qu'aux lieux où l'on en gêne le cours ; que

1. Second d'un sergent pour servir de témoin et prêter main-forte en cas de nécessité.
2. Terme technique de la théorie économique naissante, celle des « physiocrates ».

sans la liberté de blâmer, il n'est point d'éloge flatteur ; et qu'il n'y a que les petits hommes qui redoutent les petits écrits. *(Il se rassied.)* Las de nourrir un obscur pensionnaire, on me met un jour dans la rue ; et comme il faut dîner, quoiqu'on ne soit plus en prison, je taille encore ma plume et demande à chacun de quoi il est question : on me dit que pendant ma retraite économique, il s'est établi dans Madrid un système de liberté sur la vente des productions, qui s'étend même à celles de la presse ; et que, pourvu que je ne parle en mes écrits, ni de l'autorité, ni du culte, ni de la politique, ni de la morale, ni des gens en place, ni des corps en crédit, ni de l'opéra, ni des autres spectacles, ni de personne qui tienne à quelque chose, je puis tout imprimer librement, sous l'inspection de deux ou trois censeurs. Pour profiter de cette douce liberté, j'annonce un écrit périodique, et croyant n'aller sur les brisées d'aucun autre, je le nomme *Journal inutile.* Pou-ou ! je vois s'élever contre moi mille pauvres diables à la feuille ; on me supprime ; et me voilà derechef sans emploi ! Le désespoir m'allait saisir ; on pense à moi pour une place, mais par malheur j'y étais propre : il fallait un calculateur, ce fut un danseur qui l'obtint. Il ne me restait plus qu'à voler ; je me fais banquier de pharaon : alors, bonnes gens ! je soupe en ville, et les personnes dites « comme il faut » m'ouvrent poliment leur maison, en retenant pour elles les trois quarts du profit. J'aurais bien pu me remonter ; je commençais même à comprendre que pour gagner du bien, le savoir-faire vaut mieux que le savoir. Mais comme chacun pillait autour de moi, en exigeant que je fusse honnête, il fallut bien périr encore. Pour le coup je quittais le monde, et, vingt brasses[1] d'eau m'en allaient séparer, lorsqu'un dieu bienfaisant m'appelle à mon premier état. Je reprends ma trousse et mon cuir anglais ; puis, laissant la fumée aux sots qui s'en nourrissent, et la honte au milieu du chemin comme trop lourde à un piéton, je vais rasant de ville en ville, et je vis enfin sans souci. Un grand seigneur passe à Séville ; il me reconnaît, je le marie ; et pour prix d'avoir eu par mes soins son épouse, il veut intercepter la mienne ! intrigue, orage à ce sujet. Prêt à

1. Une brasse correspond à un mètre soixante.

tomber dans un abîme, au moment d'épouser ma mère, mes parents m'arrivent à la file. *(Il se lève en s'échauffant.)* On se débat ; c'est vous, c'est lui, c'est moi, c'est toi ; non, ce n'est pas nous ; eh ! mais qui donc ? *(Il retombe assis.)* Ô bizarre suite d'événements ! Comment cela m'est-il arrivé ? Pourquoi ces choses et non pas d'autres ? Qui les a fixées sur ma tête ? Forcé de parcourir la route où je suis entré sans le savoir, comme j'en sortirai sans le vouloir, je l'ai jonchée d'autant de fleurs que ma gaieté me l'a permis ; encore je dis ma gaieté, sans savoir si elle est à moi plus que le reste, ni même quel est ce Moi dont je m'occupe : un assemblage informe de parties inconnues ; puis un chétif être imbécile[1] ; un petit animal folâtre ; un jeune homme ardent au plaisir, ayant tous les goûts pour jouir, faisant tous les métiers pour vivre ; maître ici, valet là, selon qu'il plaît à la fortune ! ambitieux par vanité, laborieux par nécessité ; mais paresseux… avec délices ! orateur selon le danger ; poète par délassement ; musicien par occasion ; amoureux par folles bouffées ; j'ai tout vu, tout fait, tout usé. Puis l'illusion s'est détruite, et, trop désabusé… Désabusé[2] !… Suzon, Suzon, Suzon ! que tu me donnes de tourments !… J'entends marcher… on vient. Voici l'instant de la crise[3].

*Il se retire près de la première coulisse à sa droite.*

## Scène 4

### FIGARO, LA COMTESSE *avec les habits de Suzon* ; SUZANNE *avec ceux de la comtesse* ; MARCELINE

SUZANNE, *bas à la comtesse*

Oui, Marceline m'a dit que Figaro y serait.

1. Un être méprisable et faible.
2. Déçu, découragé.
3. C'est-à-dire l'instant du dénouement.

# Analyse

## Texte 3 : Acte V, scène 3

**Introduction**

Alors qu'à la fin de l'acte III tout semblait résolu à l'issue d'un coup de théâtre pour le moins invraisemblable, l'intrigue repart à l'acte suivant, menée cette fois par les femmes. Suzanne se fait la complice de la comtesse qui veut reconquérir son mari : les deux femmes vont échanger leurs rôles et prendre au piège leurs compagnons à la faveur de l'obscurité.

Au début de l'acte V, Figaro croit que Suzanne le trompe et a donné rendez-vous au comte « à la brune » sous les grands marronniers. Désabusé et jaloux, le valet se promène dans la nuit et se laisse aller à ses émotions : entre révolte et désarroi, il médite, dans le monologue le plus long de l'histoire du théâtre, sur son étrange destinée. Il achève pourtant là où il a commencé sans avoir véritablement rien décidé. « Voici l'instant de la crise », c'est-à-dire ce moment paroxystique où tout doit basculer pour le meilleur ou pour le pire. Or cet étrange monologue n'aboutit à aucune délibération et s'apparente aux récits de vie qu'on trouve plutôt à l'époque dans les romans. On s'interrogera d'une part sur l'originalité esthétique et sur les différentes fonctions du monologue et d'autre part sur ce qu'il révèle du personnage Figaro et de son créateur.

• Dans **un premier mouvement** (de « Ô femme ! femme ! femme… » à « il s'assoit sur un banc »), Figaro laisse éclater sa colère contre Suzanne puis le comte. La didascalie initiale (« le ton sombre ») laisse à penser que le monologue se place sous le signe du drame et peut-être même de la tragédie. Figaro se croit trompé et il connaît les tourments de la jalousie comme le montrent les exclamations initiales. Pourtant, le valet donne d'emblée une valeur générale à sa lamentation : ce n'est pas Suzanne qui est mentionnée mais son sexe (« créature faible ») et la nature féminine (« nul animal ne peut manquer à son instinct »). Le spectateur s'attend dès lors à entendre une tirade à valeur morale sur l'éternelle perfidie des femmes : c'est le discours épidictique (du blâme, ici). Son exorde respecte les lois du genre : l'exclamation capte l'attention et la bienveillance du public sommé de partager le désarroi du héros. La question rhétorique qui suit annonce le thème (l'immoralité des femmes). La phrase suivante résume la situation et met en scène le locuteur. Le discours change pourtant rapidement d'objet, en initiant une esthétique de la variété et un rythme alerte proche de la comédie : **le monologue ne doit pas lasser le spectateur** et c'est un réel défi pour l'acteur de maintenir l'attention. Des phrases courtes, laissées en suspens et des exclamatives incomplètes proches de la syntaxe orale donnent du naturel à la tirade. Mais Figaro se détourne des femmes et s'attaque au comte : la douleur laisse la place à l'humiliation (« quel benêt ! », « sot métier de mari ») puis à la colère (« morbleu ! »). Le discours prend alors la forme d'un dialogue imaginaire : dans l'obscurité, Figaro s'adresse à son rival (« Non, monsieur le comte, vous ne l'aurez pas… vous ne l'aurez pas », « vous êtes un grand seigneur », « qu'avez-vous fait, vous vous êtes donné… », « vous voulez jouter… ») mais, là encore, Beaumarchais veille à lui donner une dimension générale. À travers le comte, c'est toute la noblesse qui est interpellée et la situation particulière de Figaro ouvre vers la remise en cause des fondements de la société d'ordres : « noblesse, fortune, rang des places » conduisent ainsi au « rien de plus » final. Figaro oppose dans la même phrase antithétique « grand seigneur et grand génie », le verbe « faire » et le verbe « naître », le mérite au privilège. Le valet s'échauffe : il réduit à néant les mérites du comte (« homme assez ordinaire ») et hypertrophie les siens (« tandis que *moi*… *Plus* de science et de calculs pour subsister… qu'on n'en a mis depuis *cent* ans à gouverner *toutes* les Espagnes »). L'art de survivre chez « la foule obscure » exige plus de génie et d'habileté que la grandeur supposée de la noblesse. Un duel commence : et le valet, qui n'a pas droit à porter l'épée, fourbit ses armes rhétoriques. Le discours prend pourtant un nouveau virage : Beaumarchais, conscient de son possible statisme, réintroduit des éléments liés à l'intrigue (« On vient… c'est elle ») : il suggère un suspens dans la nuit. Mais « ce n'est personne ». Figaro s'assoit, il peut poursuivre.

• On entame alors **le mouvement central du texte** (« Est-il rien de plus bizarre… » à « mais qui donc ? ») qui retrace la vie du héros (narration). Ce long passage exige du talent de la part de l'acteur qui doit imaginer comment occuper une scène plongée dans la quasi-obscurité (les didascalies sont peu nombreuses : « il se lève, se rassied ») mais également varier le ton. Beaumarchais l'y aide avec une écriture dynamique : on trouve des phrases courtes et elliptiques, des énumérations nombreuses et de vives asyndètes, des structures répétitives (« ni », l'anaphore « que »), des exclamations, des marques d'oralité comme l'onomatopée « Pou-ou ! » ou l'adresse « bonnes gens ! ». Mais ce sont surtout les effets comiques qui assurent la dynamique de la tirade : la vie du valet n'est ainsi que paradoxes. Vétérinaire, Figaro « attriste les bêtes malades », pauvre, il écrit sur l'argent, écrivain, il vexe l'Orient dans sa totalité, journaliste il peut tout écrire sur rien, il est libre mais doit être surveillé. Son journal est par conséquent « inutile ». Beaumarchais joue sur les exagérations mais aussi sur l'absurdité des situations dans lesquelles il plonge son personnage. Malgré les souffrances et échecs du valet, c'est l'esprit carnavalesque qui domine : tout s'inverse et il n'y a plus de valeurs, ni d'ordre dans la nuit et par extension dans l'existence du héros. Le calculateur est un danseur, le voleur devient banquier. Le spectateur s'abandonnerait complètement au rire, grâce au comique mécanique de répétition et d'attentes toujours trompées, si la tirade ne jouait pas aussi sur d'autres registres : celui de la pitié et celui de la satire. La comédie rejoint ici en effet l'esthétique du roman qui connaît au XVIII$^{e}$ un essor singulier. Comme « le paysan parvenu » de Marivaux, Figaro raconte sa vie et médite sur sa destinée. Le monologue sort alors de sa fonction délibérative traditionnelle pour emprunter les voies de la biographie : inauguré par une question rhétorique à propos des voies étranges de sa destinée, le récit de vie de Figaro se déroule au présent de narration. Il recoupe les éléments traditionnels du picaro espagnol : l'enfant abandonné, l'obligation de voler pour survivre, la conversion morale vers le bien et le goût d'apprendre. Beaumarchais emprunte beaucoup à sa propre existence : comme lui, Figaro exerce tous les métiers, comme lui il s'essaie au théâtre, à l'économie, au journalisme et aux trafics financiers. Mais à travers la trajectoire mouvementée de Figaro se dessine aussi le visage de la société du XVIII$^{e}$ : le monde interlope des brigands et des joueurs, celui des tailleurs de plume, des censeurs, celui de la cour et des grands seigneurs. La valeur de l'argent, le culte de l'apparence, le divertissement et l'orientalisme s'y reconnaissent aussi. La vie de Figaro croise celle de son siècle. Si elle impressionne le public par sa variété et l'incroyable esprit de ressource du personnage (« j'apprends, je broche une comédie, je m'évertue, j'annonce, le nomme, je soupe, je reprends ma trousse... »), elle l'émeut surtout. À chaque fois que Figaro tente en effet une action, il échoue et subit un coup du sort. La tirade joue alors sur les ressorts du pathos : « mes joues se creusaient, mon terme était échu, je voyais arriver l'affreux recors, je laissais l'espérance et la liberté, le désespoir m'allait saisir, prêt à tomber dans un abîme ». Le spectateur oscille donc entre le rire et les larmes, la comédie et le drame. Pourtant le récit de vie de Figaro suscite également chez lui la réflexion et peut-être la révolte. En effet, si le hasard de la Providence semble s'acharner sur le pauvre Figaro et l'empêcher de trouver sa place dans la société, en dépit des efforts démesurés qu'il déploie, c'est parce qu'avant tout les dés sont pipés. Le monologue est ainsi un terrible réquisitoire contre l'hypocrisie d'une société qui n'a pas d'autre objectif que de maintenir la domination des nobles, des « géants de quatre jours » et de la Cour sur la majorité de la population. Censure, artifices, amoralité, imposture des positions sociales et de la religion : le regard que Figaro pose sur la société est sans pitié. Si sa critique joue sur des effets comiques d'accumulation et d'hyperboles, elle se glisse également dans des termes forts (« orgueil, sottises », personnes dites « comme il faut », « sots ») et quelques aphorismes aiguisés qui sont passés à la postérité : « Ne pouvant avilir l'esprit, on se venge en le maltraitant », « sans la liberté de blâmer, il n'est point d'éloge flatteur ; et qu'il n'y a que les petits hommes qui redoutent les petits écrits ». Parvenu à l'acmé de la contestation (« Figaro se lève en s'échauffant »), le récit de Figaro s'accélère (asyndète : « il me reconnaît, je le marie ») et il rejoint le temps présent, celui qui vient de se dérouler pendant la pièce elle-même et que se rappelle le public (« intrigue, orage à ce sujet »). Il n'est pourtant pas achevé.

• Le **dernier mouvement du texte** débute sur la confusion du personnage marquée par le rythme saccadé de la première phrase : « c'est vous, c'est lui, c'est moi, c'est toi ». L'acte V a en effet consacré le trouble dans l'intrigue : chacun se déguise et trompe l'autre.

La comédie met en abyme la comédie. Les identités se brouillent : Suzanne et la comtesse vont échanger leurs rôles, Chérubin est une actrice qui joue un personnage de jeune homme que l'on déguise en fille… Sous l'obscurité des marronniers, Figaro interroge non seulement les soubresauts de sa vie mais également sa propre identité. La comédie ouvre alors sur la réflexion philosophique. Le valet est un homme (« un petit animal folâtre, un jeune homme ardent au plaisir, un assemblage informe de parties inconnues, un être chétif »), une voix sans corps ni costume qui devient universelle grâce à la nuit. Beaumarchais quitte la critique sociale pour questionner la liberté humaine dans la construction d'une vie et le fondement même de l'identité : qu'est-ce qu'un homme ? À travers les questions de Figaro se dessine une réponse : un tempérament (la gaîté, l'optimisme), un goût naturel pour le plaisir et la paresse complété par la nécessité de survivre (le travail), une vocation à créer des poèmes, des chansons, des discours. En somme un fol espoir de bonheur, cette invention majeure du XVIIIe siècle.

Figaro revient à la réalité : sa méditation sur les femmes l'a emporté bien loin mais il retrouve son port d'attache et sa justification : sa femme. L'apostrophe initiale sur un rythme ternaire se clôt en symétrique sur « Suzon, Suzon, Suzon ! que tu me donnes de tourments ! » Le monologue s'achève et le réel reprend ses droits. La vraisemblance aussi : si le personnage a pu parler aussi longuement seul, c'est qu'il était isolé, dans une situation de souffrance et d'attente (justification du monologue). Des personnages arrivent. Fin de la parenthèse et dénouement de la crise : ce moment où le malade doit mourir ou guérir.

## Conclusion

Avec ce monologue, Beaumarchais renouvelle le genre : il mêle les tons, l'esthétique romanesque et dramaturgique, la biographie et la satire. Il s'agit pour lui d'évoquer un monde complexe qui est plongé dans l'obscurité et l'incertitude : le valet qui souhaitait se venger au début de la tirade est désormais un homme qui médite sur la destinée. Si ce monologue est si célèbre, ce n'est pas seulement parce qu'il exige un tour de force de la part de l'acteur qui doit l'interpréter et que sa portée politique est révolutionnaire, c'est parce qu'il affirme la nécessité de changer de société par le bouleversement même de l'ordre du discours.

**MARCELINE**

Il y est aussi ; baisse la voix.

**SUZANNE**

Ainsi l'un nous écoute et l'autre va venir me chercher ; commençons.

**MARCELINE**

Pour n'en pas perdre un mot, je vais me cacher dans le pavillon.

*Elle entre dans le pavillon où est entrée Fanchette.*

## Scène 5

## FIGARO, LA COMTESSE, SUZANNE

**LA COMTESSE**, *haut*

Madame tremble ! est-ce qu'elle aurait froid ?

**SUZANNE**, *haut*

La soirée est humide, je vais me retirer.

**LA COMTESSE**, *haut*

Si Madame n'avait pas besoin de moi, je prendrais l'air un moment, sous ces arbres.

**SUZANNE**, *haut*

C'est le serein que tu prendras.

**LA COMTESSE**, *haut*

J'y suis toute faite.

**FIGARO**, *à part*

Ah ! oui, le serein !

*Suzanne se retire près de la coulisse, du côté opposé à Figaro.*

## Scène 6

### FIGARO, CHÉRUBIN, LE COMTE, LA COMTESSE, SUZANNE.

*Figaro et Suzanne retirés de chaque côté sur le devant.*

CHÉRUBIN, *en habit d'officier, arrive en chantant gaiement la reprise de l'air de la romance*

La, la, la, etc.

J'avais une marraine,
Que toujours adorai.

LA COMTESSE, *à part*

Le petit page !

CHÉRUBIN *s'arrête*

On se promène ici ; gagnons vite mon asile, où la petite Fanchette… C'est une femme !

LA COMTESSE *écoute*

Ah grands dieux !

CHÉRUBIN *se baisse en regardant de loin*

Me trompé-je ? à cette coiffure en plumes qui se dessine au loin dans le crépuscule, il me semble que c'est Suzon.

LA COMTESSE, *à part*

Si le comte arrivait !…

*Le comte paraît dans le fond.*

CHÉRUBIN *s'approche et prend la main de la comtesse, qui se défend*

Oui, c'est la charmante fille qu'on nomme Suzanne : eh ! pourrais-je m'y méprendre à la douceur de cette main, à ce petit tremblement qui l'a saisie, surtout au battement de son cœur !

*Il veut y appuyer le dos de la main de la comtesse ; elle la retire.*

**LA COMTESSE**, *bas*

Allez-vous-en.

**CHÉRUBIN**

Si la compassion t'avait conduite exprès dans cet endroit du parc où je suis caché depuis tantôt ?…

**LA COMTESSE**

Figaro va venir.

**LE COMTE**, *s'avançant, dit à part*

N'est-ce pas Suzanne que j'aperçois ?

**CHÉRUBIN**, *à la comtesse*

Je ne crains point du tout Figaro, car ce n'est pas lui que tu attends.

**LA COMTESSE**

Qui donc ?

**LE COMTE**, *à part*

Elle est avec quelqu'un.

**CHÉRUBIN**

C'est Monseigneur, friponne, qui t'a demandé ce rendez-vous ce matin, quand j'étais derrière le fauteuil.

**LE COMTE**, *à part, avec fureur*

C'est encore le page infernal !

**FIGARO**, *à part*

On dit qu'il ne faut pas écouter !

**SUZANNE**, *à part*

Petit bavard !

**LA COMTESSE**, *au page*

Obligez-moi de vous retirer.

**CHÉRUBIN**

Ce ne sera pas au moins sans avoir reçu le prix de mon obéissance.

**LA COMTESSE,** *effrayée*

Vous prétendez ?…

**CHÉRUBIN,** *avec feu*

D'abord vingt baisers, pour ton compte, et puis cent pour ta belle maîtresse.

**LA COMTESSE**

Vous oseriez ?

**CHÉRUBIN**

Oh ! que oui, j'oserai ; tu prends sa place auprès de Monseigneur ; moi celle du comte auprès de toi ; le plus attrapé, c'est Figaro.

**FIGARO,** *à part*

Ce brigandeau !

**SUZANNE,** *à part*

Hardi comme un page.

*Chérubin veut embrasser la comtesse ; le comte se met entre deux et reçoit le baiser.*

**LA COMTESSE,** *se retirant*

Ah ! Ciel !

**FIGARO,** *à part, entendant le baiser*

J'épousais une jolie mignonne !

*Il écoute.*

**CHÉRUBIN,** *tâtant les habits du comte ; à part*

C'est Monseigneur !

*Il s'enfuit dans le pavillon où sont entrées Fanchette et Marceline.*

## Scène 7
## FIGARO, LE COMTE, LA COMTESSE, SUZANNE

**FIGARO** *s'approche*
Je vais…

**LE COMTE,** *croyant parler au page*
Puisque vous ne redoublez pas le baiser…

*Il croit lui donner un soufflet.*

**FIGARO,** *qui est à portée, le reçoit*
Ah !

**LE COMTE**
… Voilà toujours le premier payé.

**FIGARO** *s'éloigne en se frottant la joue ; à part*
Tout n'est pas gain non plus en écoutant.

**SUZANNE,** *riant tout haut de l'autre côté*
Ah ! ah ! ah ! ah !

**LE COMTE,** *à la comtesse qu'il prend pour Suzanne*
Entend-on quelque chose à ce page ? il reçoit le plus rude soufflet et s'enfuit en éclatant de rire.

**FIGARO,** *à part*
S'il s'affligeait de celui-ci !…

**LE COMTE**
Comment ! je ne pourrai faire un pas… *(À la comtesse :)* Mais laissons cette bizarrerie ; elle empoisonnerait le plaisir que j'ai de te trouver dans cette salle.

**LA COMTESSE,** *imitant le parler de Suzanne*
L'espériez-vous ?

**LE COMTE**
Après ton ingénieux billet ! *(Il lui prend la main.)* Tu trembles ?

LA COMTESSE

J'ai eu peur.

LE COMTE

Ce n'est pas pour te priver du baiser que je l'ai pris.

*Il la baise au front.*

LA COMTESSE

Des libertés !

FIGARO, *à part*

Coquine !

SUZANNE, *à part*

Charmante !

LE COMTE *prend la main de sa femme*

Mais quelle peau fine et douce, et qu'il s'en faut que la comtesse ait la main aussi belle !

LA COMTESSE, *à part*

Oh ! la prévention !

LE COMTE

A-t-elle ce bras ferme et rondelet ? ces jolis doigts pleins de grâce et d'espièglerie ?

LA COMTESSE, *de la voix de Suzanne*

Ainsi l'amour ?…

LE COMTE

L'amour… n'est que le roman du cœur : c'est le plaisir qui en est l'histoire ; il m'amène à tes genoux.

LA COMTESSE

Vous ne l'aimez plus ?

LE COMTE

Je l'aime beaucoup ; mais trois ans d'union rendent l'hymen si respectable !

LA COMTESSE

Que vouliez-vous en elle ?

LE COMTE, *la caressant*

Ce que je trouve en toi, ma beauté…

**LA COMTESSE**

Mais dites donc.

**LE COMTE**

… Je ne sais : moins d'uniformité peut-être, plus de piquant dans les manières ; un je ne sais quoi qui fait le charme ; quelquefois un refus, que sais-je ? Nos femmes croient tout accomplir en nous aimant : cela dit une fois, elles nous aiment, nous aiment ! (quand elles nous aiment), et sont si complaisantes et si constamment obligeantes, et toujours, et sans relâche, qu'on est tout surpris un beau soir de trouver la satiété où l'on recherchait le bonheur !

**LA COMTESSE**, *à part*

Ah ! quelle leçon !

**LE COMTE**

En vérité, Suzon, j'ai pensé mille fois que si nous poursuivons ailleurs ce plaisir qui nous fuit chez elles, c'est qu'elles n'étudient pas assez l'art de soutenir notre goût, de se renouveler à l'amour, de ranimer, pour ainsi dire, le charme de leur possession par celui de la variété.

**LA COMTESSE**, *piquée*

Donc elles doivent tout ?…

**LE COMTE**, *riant*

Et l'homme rien ? Changerons-nous la marche de la nature ? notre tâche à nous fut de les obtenir : la leur…

**LA COMTESSE**

La leur ?…

**LE COMTE**

Est de nous retenir : on l'oublie trop.

**LA COMTESSE**

Ce ne sera pas moi.

**LE COMTE**

Ni moi.

**FIGARO**, *à part*

Ni moi.

**SUZANNE**, *à part*

Ni moi.

**LE COMTE** *prend la main de sa femme*

Il y a de l'écho ici ; parlons plus bas. Tu n'as nul besoin d'y songer, toi que l'amour a faite et si vive et si jolie ! avec un grain de caprice tu seras la plus agaçante maîtresse ! *(Il la baise au front.)* Ma Suzanne, un Castillan n'a que sa parole. Voici tout l'or promis pour le rachat du droit que je n'ai plus sur le délicieux moment que tu m'accordes. Mais comme la grâce que tu daignes y mettre est sans prix, j'y joindrai ce brillant, que tu porteras pour l'amour de moi.

**LA COMTESSE,** *une révérence*

Suzanne accepte tout.

**FIGARO,** *à part*

On n'est pas plus coquine que cela.

**SUZANNE,** *à part*

Voilà du bon bien qui nous arrive.

**LE COMTE,** *à part*

Elle est intéressée ; tant mieux.

**LA COMTESSE** *regarde au fond*

Je vois des flambeaux.

**LE COMTE**

Ce sont les apprêts de ta noce : entrons-nous un moment dans l'un de ces pavillons pour les laisser passer ?

**LA COMTESSE**

Sans lumière ?

**LE COMTE** *l'entraîne doucement*

À quoi bon ? nous n'avons rien à lire.

**FIGARO,** *à part*

Elle y va, ma foi ! Je m'en doutais.

*Il s'avance.*

**LE COMTE** *grossit sa voix en se retournant*

Qui passe ici ?

**FIGARO,** *en colère*

Passer ! on vient exprès.

**LE COMTE,** *bas, à la comtesse*

C'est Figaro !...

*Il s'enfuit.*

LA COMTESSE

Je vous suis.

*Elle entre dans le pavillon à sa droite, pendant que le comte se perd dans le bois, au fond.*

## Scène 8

## FIGARO, SUZANNE, *dans l'obscurité.*

FIGARO *cherche à voir où vont le comte et la comtesse, qu'il prend pour Suzanne*

Je n'entends plus rien ; ils sont entrés ; m'y voilà. *(D'un ton altéré :)* Vous autres époux maladroits, qui tenez des espions à gages, et tournez des mois entiers autour d'un soupçon sans l'asseoir, que ne m'imitez-vous ? Dès le premier jour je suis ma femme, et je l'écoute ; en un tour de main on est au fait : c'est charmant, plus de doutes ; on sait à quoi s'en tenir. *(Marchant vivement.)* Heureusement que je ne m'en soucie guère, et que sa trahison ne me fait plus rien du tout. Je les tiens donc enfin !

SUZANNE, *qui s'est avancée doucement dans l'obscurité. À part*

Tu vas payer tes beaux soupçons. *(Du ton de voix de la comtesse.)* Qui va là ?

FIGARO, *extravagant*

Qui va là ? Celui qui voudrait de bon cœur que la peste eût étouffé en naissant…

SUZANNE, *du ton de la comtesse*

Eh ! mais, c'est Figaro !

**FIGARO** *regarde, et dit vivement*

Madame la comtesse !

**SUZANNE**

Parlez bas.

**FIGARO,** *vite*

Ah ! madame, que le Ciel vous amène à propos ! Où croyez-vous qu'est Monseigneur ?

**SUZANNE**

Que m'importe un ingrat ? Dis-moi…

**FIGARO,** *plus vite*

Et Suzanne mon épousée, où croyez-vous qu'elle soit ?

**SUZANNE**

Mais parlez bas !

**FIGARO,** *très vite*

Cette Suzon qu'on croyait si vertueuse, qui faisait la réservée ! Ils sont enfermés là-dedans. Je vais appeler.

**SUZANNE,** *lui fermant la bouche avec sa main, oublie de déguiser sa voix*

N'appelez pas.

**FIGARO,** *à part*

Eh c'est Suzon ! *God-dam !*

**SUZANNE,** *du ton de la comtesse*

Vous paraissez inquiet.

**FIGARO,** *à part*

Traîtresse ! qui veut me surprendre !

**SUZANNE**

Il faut nous venger, Figaro.

**FIGARO**

En sentez-vous le vif désir ?

**SUZANNE**

Je ne serais donc pas de mon sexe ! Mais les hommes en ont cent moyens.

**FIGARO,** *confidemment*

Madame, il n'y a personne ici de trop. Celui des femmes… les vaut tous.

**SUZANNE**, *à part*

Comme je le souffletterais !

**FIGARO**, *à part*

Il serait bien gai qu'avant la noce !...

**SUZANNE**

Mais qu'est-ce qu'une telle vengeance, qu'un peu d'amour n'assaisonne pas ?

**FIGARO**

Partout où vous n'en voyez point, croyez que le respect dissimule.

**SUZANNE**, *piquée*

Je ne sais si vous le pensez de bonne foi, mais vous ne le dites pas de bonne grâce.

**FIGARO**, *avec une chaleur comique, à genoux*

Ah ! madame, je vous adore. Examinez le temps, le lieu, les circonstances, et que le dépit supplée en vous aux grâces qui manquent à ma prière.

**SUZANNE**, *à part*

La main me brûle !

**FIGARO**, *à part*

Le cœur me bat.

**SUZANNE**

Mais, monsieur, avez-vous songé ?...

**FIGARO**

Oui, madame, oui, j'ai songé.

**SUZANNE**

... Que pour la colère et l'amour...

**FIGARO**

... Tout ce qui se diffère est perdu. Votre main, madame ?

**SUZANNE**, *de sa voix naturelle et lui donnant un soufflet*

La voilà.

**FIGARO**

Ah ! *Demonio !* quel soufflet !

**SUZANNE** *lui en donne un second*

Quel soufflet ! Et celui-ci ?

**FIGARO**

Eh *qu'es aquo*[1] ! de par le diable ! est-ce ici la journée des tapes ?

**SUZANNE** *le bat à chaque phrase*

Ah ! *qu'es aquo ?* Voilà pour tes soupçons ; voilà pour tes vengeances et pour tes trahisons, tes expédients, tes injures et tes projets. C'est-il çà de l'amour ? dis donc comme ce matin ?

**FIGARO** *rit en se relevant*

*Santa Barbara !* oui c'est de l'amour. Ô bonheur ! ô délices ! ô cent fois heureux Figaro ! Frappe, ma bien-aimée, sans te lasser. Mais quand tu m'auras diapré tout le corps de meurtrissures, regarde avec bonté, Suzon, l'homme le plus fortuné qui fut jamais battu par une femme.

**SUZANNE**

« Le plus fortuné ! » Bon fripon, vous n'en séduisiez pas moins la comtesse, avec un si trompeur babil que m'oubliant moi-même, en vérité, c'était pour elle que je cédais.

**FIGARO**

Ai-je pu me méprendre, au son de ta jolie voix ?

**SUZANNE,** *en riant*

Tu m'as reconnue ? Ah ! comme je m'en vengerai !

**FIGARO**

Bien rosser et garder rancune est aussi par trop féminin ! Mais dis-moi donc par quel bonheur je te vois là, quand je te croyais avec lui ; et comment cet habit, qui m'abusait, te montre enfin innocente…

**SUZANNE**

Eh ! c'est toi qui es un innocent, de venir te prendre au piège apprêté pour un autre ! Est-ce notre faute à nous, si voulant museler un renard, nous en attrapons deux ?

**FIGARO**

Qui donc prend l'autre ?

1. Qu'est-ce que c'est ? (forme provençale).

**SUZANNE**

Sa femme.

**FIGARO**

Sa femme ?

**SUZANNE**

Sa femme.

**FIGARO**, *follement*

Ah ! Figaro ! pends-toi ; tu n'as pas deviné celui-là ! Sa femme ! Ô douze ou quinze mille fois spirituelles femelles ! Ainsi les baisers de cette salle… ?

**SUZANNE**

Ont été donnés à Madame.

**FIGARO**

Et celui du page ?

**SUZANNE**, riant

À Monsieur.

**FIGARO**

Et tantôt, derrière le fauteuil ?

**SUZANNE**

À personne.

**FIGARO**

En êtes-vous sûre ?

**SUZANNE**, riant

Il pleut des soufflets, Figaro.

**FIGARO** *lui baise la main*

Ce sont des bijoux que les tiens. Mais celui du comte était de bonne guerre.

**SUZANNE**

Allons, superbe ! humilie-toi.

**FIGARO** *fait tout ce qu'il annonce*

Cela est juste ; à genoux, bien courbé, prosterné, ventre à terre.

**SUZANNE**, *en riant*

Ah ! ce pauvre comte ! quelle peine il s'est donnée…

**FIGARO** se relève sur ses genoux

… Pour faire la conquête de sa femme !

## Scène 9

### LE COMTE *entre par le fond du théâtre et va droit au pavillon à sa droite.* FIGARO, SUZANNE

**LE COMTE**, *à lui-même*
Je la cherche en vain dans le bois, elle est peut-être entrée ici.

**SUZANNE**, *à Figaro, parlant bas*
C'est lui.

**LE COMTE**, *ouvrant le pavillon*
Suzon, es-tu là-dedans ?

**FIGARO**, *bas*
Il la cherche, et moi je croyais…

**SUZANNE**, *bas*
Il ne l'a pas reconnue.

**FIGARO**
Achevons-le, veux-tu ?

*Il lui baise la main.*

**LE COMTE** *se retourne*
Un homme aux pieds de la comtesse !… Ah ! je suis sans armes.

*Il s'avance.*

**FIGARO**
*se relève tout à fait en déguisant sa voix*
Pardon, madame, si je n'ai pas réfléchi que ce rendez-vous ordinaire était destiné pour la noce.

**LE COMTE**, *à part*
C'est l'homme du cabinet de ce matin.

*Il se frappe le front.*

**FIGARO** *continue*

Mais il ne sera pas dit qu'un obstacle aussi sot aura retardé nos plaisirs.

**LE COMTE,** *à part*

Massacre, mort, enfer !

**FIGARO,** *la conduisant au cabinet*

*(Bas.)* Il jure. *(Haut.)* Pressons-nous donc, madame, et réparons le tort qu'on nous a fait tantôt, quand j'ai sauté par la fenêtre.

**LE COMTE,** *à part*

Ah ! tout se découvre enfin.

**SUZANNE,** *près du pavillon à sa gauche*

Avant d'entrer, voyez si personne n'a suivi.

*Il la baise au front.*

**LE COMTE** *s'écrie*

Vengeance !

*Suzanne s'enfuit dans le pavillon où sont entrés Fanchette, Marceline et Chérubin.*

## Scène 10

### LE COMTE, FIGARO.

*(Le comte saisit le bras de Figaro.)*

**FIGARO,**

*jouant la frayeur excessive*

C'est mon maître !

**LE COMTE** *le reconnaît*

Ah ! scélérat, c'est toi ! Holà ! quelqu'un, quelqu'un !

## Scène 11

## PÉDRILLE, LE COMTE, FIGARO

**PÉDRILLE**, *botté*

Monseigneur, je vous trouve enfin.

**LE COMTE**

Bon, c'est Pédrille. Es-tu tout seul ?

**PÉDRILLE**

Arrivant de Séville à étripe-cheval.

**LE COMTE**

Approche-toi de moi, et crie bien fort.

**PÉDRILLE**, *criant à tue-tête*

Pas plus de page que sur ma main. Voilà le paquet.

**LE COMTE** *le repousse*

Eh ! l'animal.

**PÉDRILLE**

Monseigneur me dit de crier.

**LE COMTE**, *tenant toujours Figaro*

Pour appeler. Holà ! quelqu'un ! si l'on m'entend, accourez tous !

**PÉDRILLE**

Figaro et moi, nous voilà deux ; que peut-il donc vous arriver ?

## Scène 12

### LES ACTEURS PRÉCÉDENTS, BRID'OISON, BARTHOLO, BAZILE, ANTONIO, GRIPPE-SOLEIL,

*Toute la noce accourt avec des flambeaux.*

**BARTHOLO**, *à Figaro*

Tu vois qu'à ton premier signal…

**LE COMTE**, *montrant le pavillon à sa gauche*

Pédrille, empare-toi de cette porte.

*Pédrille y va.*

**BAZILE**, *bas à Figaro*

Tu l'as surpris avec Suzanne ?

**LE COMTE**, *montrant Figaro*

Et vous, tous mes vassaux, entourez-moi cet homme et m'en répondez sur la vie.

**BAZILE**

Ha ! ha !

**LE COMTE**, *furieux*

Taisez-vous donc. *(À Figaro, d'un ton glacé :)* Mon cavalier, répondez-vous à mes questions ?

**FIGARO**, *froidement*

Eh ! qui pourrait m'en exempter, monseigneur ? Vous commandez à tout ici, hors à vous-même.

**LE COMTE**, *se contenant*

Hors à moi-même !

**ANTONIO**

C'est ça parler.

**LE COMTE** *reprend sa colère*

Non, si quelque chose pouvait augmenter ma fureur ! ce serait l'air calme qu'il affecte !

**FIGARO**

Sommes-nous des soldats qui tuent et se font tuer pour des intérêts qu'ils ignorent ? Je veux savoir, moi, pourquoi je me fâche.

**LE COMTE**, *hors de lui*

Ô rage ! *(Se contenant.)* Homme de bien qui feignez d'ignorer ! nous ferez-vous au moins la faveur de nous dire quelle est la dame actuellement par vous amenée dans ce pavillon ?

**FIGARO**, *montrant l'autre avec malice*

Dans celui-là ?

**LE COMTE**, *vite*

Dans celui-ci.

**FIGARO**, *froidement*

C'est différent. Une jeune personne qui m'honore de ses bontés particulières.

**BAZILE**, *étonné*

Ha ! ha !

**LE COMTE**, *vite*

Vous l'entendez, messieurs ?

**BARTHOLO**, *étonné*

Nous l'entendons ?

**LE COMTE**, *à Figaro*

Et cette jeune personne a-t-elle un autre engagement que vous sachiez ?

**FIGARO**, *froidement*

Je sais qu'un grand seigneur s'en est occupé quelque temps : mais, soit qu'il l'ait négligée ou que je lui plaise mieux qu'un plus aimable, elle me donne aujourd'hui la préférence.

**LE COMTE**, *vivement*

La préf… *(Se contenant.)* Au moins il est naïf ! car ce qu'il avoue, messieurs, je l'ai ouï, je vous jure, de la bouche même de sa complice.

**BRID'OISON**, *stupéfait*

Sa-a complice !

**LE COMTE**, *avec fureur*

Or, quand le déshonneur est public, il faut que la vengeance le soit aussi.

*Il entre dans le pavillon.*

## Scène 13

## TOUS LES ACTEURS PRÉCÉDENTS, *hors* LE COMTE

**ANTONIO**

C'est juste.

**BRID'OISON**, *à Figaro*

Qui-i donc a pris la femme de l'autre ?

**FIGARO**, *en riant*

Aucun n'a eu cette joie-là.

## Scène 14

## LES ACTEURS PRÉCÉDENTS, LE COMTE, CHÉRUBIN

**LE COMTE,**
*parlant dans le pavillon,*
*et attirant quelqu'un qu'on ne voit pas encore*

Tous vos efforts sont inutiles ; vous êtes perdue, madame, et votre heure est bien arrivée ! *(Il sort sans regarder.)* Quel bonheur qu'aucun gage d'une union aussi détestée…

**FIGARO** *s'écrie*

Chérubin !

**LE COMTE**

Mon page ?

**BAZILE**

Ha ! ha !

**LE COMTE,**
*hors de lui, à part*

Et toujours le page endiablé ! *(À Chérubin :)* Que faisiez-vous dans ce salon ?

**CHÉRUBIN,** *timidement*

Je me cachais, comme vous l'avez ordonné.

**PÉDRILLE**

Bien la peine de crever un cheval !

**LE COMTE**

Entres-y, toi, Antonio ; conduis devant son juge l'infâme qui m'a déshonoré.

**BRID'OISON**

C'est Madame que vous y-y cherchez ?

**ANTONIO**

L'y a, parguenne, une bonne Providence ! Vous en avez tant fait dans le pays…

**LE COMTE**, *furieux*

Entre donc !

*Antonio entre.*

## Scène 15

## LES ACTEURS PRÉCÉDENTS, *excepté* ANTONIO

**LE COMTE**

Vous allez voir, messieurs, que le page n'y était pas seul.

**CHÉRUBIN**, *timidement*

Mon sort eût été trop cruel, si quelque âme sensible n'en eût adouci l'amertume.

## Scène 16

## LES ACTEURS PRÉCÉDENTS, ANTONIO, FANCHETTE

**ANTONIO**, *attirant par le bras quelqu'un qu'on ne voit pas encore*

Allons, madame, il ne faut pas vous faire prier pour en sortir, puisqu'on sait que vous y êtes entrée.

**FIGARO** *s'écrie*

La petite cousine !

**BAZILE**

Ha ! ha !

**LE COMTE**

Fanchette !

**ANTONIO** *se retourne et s'écrie*

Ah ! palsambleu, monseigneur, il est gaillard de me choisir pour montrer à la compagnie que c'est ma fille qui cause tout ce train-là !

**LE COMTE,** *outré*

Qui la savait là-dedans ?

*Il veut rentrer.*

**BARTHOLO,** *au-devant*

Permettez, monsieur le comte, ceci n'est pas plus clair. Je suis de sang-froid, moi.

*Il entre.*

**BRID'OISON**

Voilà une affaire au-aussi trop embrouillée.

## Scène 17

## LES ACTEURS PRÉCÉDENTS, MARCELINE

**BARTHOLO,** *parlant en dedans, et sortant*

Ne craignez rien, madame, il ne vous sera fait aucun mal. J'en réponds. *(Il se retourne et s'écrie :)* Marceline !

**BAZILE**

Ha, ha !

**FIGARO**, *riant*
Eh ! quelle folie ! ma mère en est ?

**ANTONIO**
À qui pis fera.

**LE COMTE**, *outré*
Que m'importe à moi ? La comtesse…

## Scène 18

## LES ACTEURS PRÉCÉDENTS, SUZANNE

*(Suzanne, son éventail sur le visage.)*

**LE COMTE**
… Ah ! la voici qui sort. *(Il la prend violemment par le bras.)* Que croyez-vous, messieurs, que mérite une odieuse… ?

*Suzanne se jette à genoux, la tête baissée.*

**LE COMTE**, *fort*
Non, non. *(Figaro se jette à genoux de l'autre côté.)*

**LE COMTE**, *plus fort*
Non, non ! *(Marceline se jette à genoux devant lui.)*

**LE COMTE**, *plus fort*
Non, non ! *(Tous se mettent à genoux, excepté Brid'oison.)*

**LE COMTE**, *hors de lui*
Y fussiez-vous un cent !

## Scène 19 et dernière

## TOUS LES ACTEURS PRÉCÉDENTS ; LA COMTESSE *sort de l'autre pavillon.*

**LA COMTESSE** *se jette à genoux*

Au moins je ferai nombre.

**LE COMTE,** *regardant la comtesse et Suzanne*

Ah ! qu'est-ce que je vois !

**BRID'OISON,** *riant*

Et pardi, c'è-est Madame.

**LE COMTE** *veut relever la comtesse*

Quoi, c'était vous, comtesse ? *(D'un ton suppliant.)* Il n'y a qu'un pardon bien généreux…

**LA COMTESSE,** *en riant*

Vous diriez « Non, non », à ma place ; et moi, pour la troisième fois d'aujourd'hui, je l'accorde sans condition.

*Elle se relève.*

**SUZANNE** *se relève*

Moi aussi.

**MARCELINE** *se relève*

Moi aussi.

**FIGARO** *se relève*

Moi aussi ; il y a de l'écho ici !

*Tous se relèvent.*

**LE COMTE**

De l'écho ! J'ai voulu ruser avec eux ; ils m'ont traité comme un enfant !

**LA COMTESSE,** *en riant*

Ne le regrettez pas, monsieur le comte.

**FIGARO,**
*s'essuyant les genoux avec son chapeau*

Une petite journée comme celle-ci forme bien un ambassadeur !

**LE COMTE,** *à Suzanne*

Ce billet fermé d'une épingle ?…

**SUZANNE**

C'est Madame qui l'avait dicté.

**LE COMTE**

La réponse lui en est bien due.

*Il baise la main de la comtesse.*

**LA COMTESSE**

Chacun aura ce qui lui appartient.

*Elle donne la bourse à Figaro et le diamant à Suzanne.*

**SUZANNE,** *à Figaro*

Encore une dot.

**FIGARO,** *frappant la bourse dans sa main*

Et de trois. Celle-ci fut rude à arracher !

**SUZANNE**

Comme notre mariage.

**GRIPPE-SOLEIL**

Et la jarretière de la mariée, l'aurons-je ?

**LA COMTESSE** *arrache le ruban qu'elle a tant gardé dans son sein, et le jette à terre*

La jarretière ? Elle était avec ses habits ; la voilà.

*Les garçons de la noce veulent la ramasser.*

**CHÉRUBIN,** *plus alerte, court la prendre, et dit*

Que celui qui la veut vienne me la disputer.

**LE COMTE,** *en riant, au page*

Pour un monsieur si chatouilleux, qu'avez-vous trouvé de gai à certain soufflet de tantôt ?

**CHÉRUBIN**
*recule en tirant à moitié son épée*
À moi, mon colonel ?

**FIGARO,** *avec une colère comique*
C'est sur ma joue qu'il l'a reçu : voilà comme les grands font justice.

**LE COMTE,** *riant*
C'est sur sa joue ? Ah, ah, ah, qu'en dites-vous donc, ma chère comtesse ?

**LA COMTESSE,** *absorbée, revient à elle, et dit avec sensibilité*
Ah ! oui, cher comte, et pour la vie, sans distraction, je vous le jure.

**LE COMTE,** *frappant sur l'épaule du juge*
Et vous, don Brid'oison, votre avis maintenant ?

**BRID'OISON**
Su-ur tout ce que je vois, monsieur le comte ?… Ma-a foi, pour moi, je-e ne sais que vous dire : voilà ma façon de penser.

**TOUS,** *ensemble*
Bien jugé !

**FIGARO**
J'étais pauvre, on me méprisait. J'ai montré quelque esprit, la haine est accourue. Une jolie femme et de la fortune.

**BARTHOLO,** *en riant*
Les cœurs vont te revenir en foule.

**FIGARO**
Est-il possible ?

**BARTHOLO**
Je les connais.

**FIGARO,** *saluant les spectateurs*
Ma femme et mon bien mis à part, tous me feront honneur et plaisir.

*On joue la ritournelle du vaudeville. Air noté.*

## VAUDEVILLE

BAZILE

*Premier couplet*

Triple dot, femme superbe ;
Que de biens pour un époux !
D'un seigneur, d'un page imberbe,
Quelque sot serait jaloux.
Du latin d'un vieux proverbe
L'homme adroit fait son parti.

FIGARO

Je le sais… *(Il chante :) Gaudeant bene nati.*

BAZILE

Non… *(Il chante :) Gaudeant bene nanti*[1].

SUZANNE

*Deuxième couplet*

Qu'un mari sa foi trahisse,
Il s'en vante, et chacun rit ;
Que sa femme ait un caprice,
S'il l'accuse on la punit.
De cette absurde injustice
Faut-il dire le pourquoi ?
Les plus forts ont fait la loi… *Bis.*

FIGARO

*Troisième couplet*

Jean Jeannot, jaloux risible,
Veut unir femme et repos ;
Il achète un chien terrible,
Et le lâche en son enclos.
La nuit, quel vacarme horrible !
Le chien court, tout est mordu,
Hors l'amant qui l'a vendu… *Bis.*

LA COMTESSE

*Quatrième couplet*

Telle est fière et répond d'elle,
Qui n'aime plus son mari ;

1. Que se réjouissent les bien nés / Que se réjouissent les bien nantis.

Telle autre, presque infidèle,
Jure de n'aimer que lui.
La moins folle, hélas ! est celle
Qui se veille en son lien,
Sans oser jurer de rien… *Bis.*

LE COMTE

*Cinquième couplet*

D'une femme de province
À qui ses devoirs sont chers,
Le succès est assez mince ;
Vive la femme aux bons airs !
Semblable à l'écu du Prince,
Sous le coin d'un seul époux,
Elle sert au bien de tous… *Bis.*

MARCELINE

*Sixième couplet*

Chacun sait la tendre mère,
Dont il a reçu le jour ;
Tout le reste est un mystère,
C'est le secret de l'amour.

FIGARO CONTINUE L'AIR.

Ce secret met en lumière
Comment le fils d'un butor
Vaut souvent son pesant d'or… *Bis.*

*Septième couplet*

Par le sort de la naissance,
L'un est roi, l'autre est berger ;
Le hasard fit leur distance ;
L'esprit seul peut tout changer.
De vingt rois que l'on encense,
Le trépas brise l'autel ;
Et Voltaire est immortel… *Bis.*

CHÉRUBIN

*Huitième couplet*

Sexe aimé, sexe volage,
Qui tourmentez nos beaux jours,

Si de vous chacun dit rage[1],
Chacun vous revient toujours.
Le parterre est votre image ;
Tel paraît le dédaigner,
Qui fait tout pour le gagner… *Bis.*

SUZANNE

*Neuvième couplet*

Si ce gai, ce fol ouvrage,
Renfermait quelque leçon,
En faveur du badinage,
Faites grâce à la raison.
Ainsi la nature sage
Nous conduit, dans nos désirs,
À son but, par les plaisirs… *Bis.*

BRID'OISON

*Dixième couplet*

Or, messieurs, la co-omédie
Que l'on juge en cè-et instant,
Sauf erreur, nous pein-eint la vie
Du bon peuple qui l'entend.
Qu'on l'opprime, il peste, il crie ;
Il s'agite en cent fa-açons ;
Tout fini-it par des chansons… *Bis*

BALLET GÉNÉRAL

FIN DU CINQUIÈME ET DERNIER ACTE

1. Dit tout le mal possible.

# Dossier

**sur**

# *Le Mariage de Figaro*

**et sur le parcours associé**

La comédie du valet

# 1 Histoire littéraire

## La comédie au siècle des Lumières

Au XVIII^e siècle, le terme de « Lumières » désigne la raison par opposition à l'obscurantisme, l'intolérance et l'ignorance. Les philosophes comme Voltaire ou Diderot, qui sont les grandes références de Beaumarchais, s'inscrivent dans la lignée de la défense de la Raison. Pour diffuser les idées nouvelles, les écrivains des Lumières renouvellent les genres littéraires de l'essai, du roman épistolaire, du conte philosophique et de la satire. Le théâtre devient à la fin du siècle une tribune importante pour soulever des débats politiques et sociaux.

## Pour commencer…

■ Au XVIII^e siècle, le philosophe se conçoit aussi comme un acteur politique qui doit éclairer et libérer les hommes par le savoir (grâce, par exemple, au projet de l'*Encyclopédie*). Il participe à la vie de la cité en menant des combats au nom de la justice, de la tolérance et de l'égalité entre les hommes, à l'exemple de Voltaire dans l'affaire Calas (1761-1765).

■ Le XVIII^e siècle peut être considéré un âge d'or du genre théâtral avec près de cent mille titres de pièces représentées, et la diversité de sa production. Il y en a en effet pour tous les goûts et tous les milieux.

■ C'est toute la société qui s'apparente à un vaste spectacle où chacun étudie et joue son rôle. La vie à la cour, la politique et la diplomatie sont ainsi dominées par les apparences, l'illusion, et finalement l'intrigue : *Le Mariage de Figaro* s'en fait largement l'écho par sa critique aiguisée des impostures du jeu social mais également par de subtiles mises en abyme, c'est-à-dire d'évocations du théâtre à l'intérieur du théâtre.

■ À plusieurs reprises, le comte suggère que cette folle journée de mariage est une

**« *Le terme* comédie *provient du grec* comoedia *qui signifie « la fête populaire » (*kommos *en grec) mais aussi « le chant » (*odè *en grec) : cette origine populaire justifie probablement ses intrigues divertissantes et prosaïques ainsi que les personnages de moyenne ou de basse extraction qu'elle met en scène.* »**

comédie où tous jouent un rôle afin de le tromper : « C'est un jeu que tout ceci », « Vous jouez fort bien la comédie », « Jouons-nous une comédie ? ».

■ Le genre de la comédie reste fidèle aux exigences antiques, consacrées au XVIIe par Molière, d'enseignement moral et de divertissement (en latin, *placere et docere* : plaire et instruire). Mais un besoin de renouvellement se fait sentir au XVIIIe siècle.

# 1. Une intense vie théâtrale

## 1. Variété des scènes théâtrales

Au XVIIIe siècle, le monde théâtral est d'une incroyable diversité. À côté des trois grandes scènes officielles parisiennes (l'Opéra, la Comédie-Française et le théâtre des Italiens), qui sont les vitrines culturelles de la monarchie, on trouve, confinés dans les faubourgs de la capitale, des théâtres privés (« théâtres du Boulevard ») et des théâtres de foire construits en dur comme à Saint-Germain et Saint-Laurent. Ils offrent au public **un répertoire et des registres plus variés**. Les pièces mêlent improvisation, pantomime, parades et parodie chantée. C'est sur ces scènes marginalisées par un théâtre officiel soucieux de conserver ses privilèges que se développera le genre du « vaudeville » dont Beaumarchais s'inspirera et qu'il finira par imposer en retour à la Comédie-Française.

## 2. L'engouement pour le théâtre

La scène se fait l'écho privilégié des débats religieux, politiques et sociaux du siècle devant un public qui n'hésite pas à réagir au cours des représentations. On construit donc de nouveaux théâtres pour répondre à **cet engouement qui concerne toutes les classes sociales** : les tréteaux en bois dressés dans des salles improvisées ne suffisent plus, il faut des lieux pérennes, beaux et adaptés aux nouvelles conditions des représentations (séparation stricte du public et de la scène, disposition circulaire en gradins pour une meilleure visibilité, banquettes installées dans le parterre, éclairage efficace). Les grands architectes de l'époque (Jean-Germain Soufflot, Claude Ledoux) créent de nouvelles scènes en province : de 1748 à 1789, on compte plus de soixante-deux inaugurations de théâtres auxquels il faut ajouter des scènes privées (ou « théâtres de société ») aménagées chez les Grands du royaume. Beaumarchais y fera ses débuts avant de conquérir la Comédie-Française.

### 3. Un nouvel espace de jeu

C'est également au XVIIIe siècle que se dessine peu à peu **une frontière ferme entre le public et l'espace de la scène**. C'est le principe du « quatrième mur », les spectateurs étant séparés de la scène par une sorte de quatrième mur transparent qui leur permet de voir les pièces et c'est ce qui permet de transformer désormais l'espace de la scène, en particulier chez Beaumarchais. En effet, jusque-là, les spectateurs pouvaient être placés sur la scène elle-même afin de pouvoir admirer de près le jeu des comédiens mais également afin d'être mieux vus de ceux restés debout dans un parterre très bruyant et indiscipliné. Le monde réel et celui de la fiction s'interpénétraient et les interférences du public pouvaient gêner la représentation. Les écrivains vont militer pour que le public s'installe, assis, dans le parterre et les loges et que la scène puisse devenir le lieu de l'illusion de la réalité.

> ***Dans la préface du* Mariage de Figaro, *Beaumarchais explique que le genre se dégrade et s'affadit : les intrigues sont artificielles, les personnages stéréotypés, le ton est ennuyeux. Il faut selon lui rapprocher la comédie du réel et renforcer les processus d'illusion : la séparation entre l'espace scénique et le public doit être mieux marquée et les personnages doivent être plus vraisemblables en étant issus du peuple ou de la bourgeoisie, en s'exprimant avec naturel et en affrontant des situations nouvelles.***

# 2. La comédie conquérante

### 1. La tradition de la comédie

__La comédie de l'Antiquité__ - **Dans l'antiquité grecque, la comédie est un genre considéré comme inférieur**, qui se distingue de celui, noble, de la tragédie. Elle s'en distingue d'abord par le rang de ses personnages, ensuite par son ton (comique et burlesque pour la première, sévère et sérieux pour la seconde), enfin par ses thèmes traités (le péril de mort ou les affaires d'État étant en principe évités dans la comédie). Mais on fait également la différence entre des comédies littéraires initiées par Aristophane en Grèce et Plaute à Rome et des comédies populaires à dominante farcesque voire grossière dont hériteront les saltimbanques de l'époque médiévale puis la *commedia dell'arte* italienne au XVIe siècle.

**Le génie comique de Molière** - **Avec Molière au XVIIe siècle, la comédie gagne ses lettres de noblesse :** si l'auteur des *Fourberies de Scapin* (1671) reprend aux Italiens les jeux de scènes muets (*lazzi*), l'esprit de la farce et la liberté d'improviser à partir d'un canevas, il innove en développant **le comique de caractère et de mœurs** dont il fait dépendre l'intrigue. Ses personnages empruntés aux fabliaux du Moyen Âge et à la *commedia dell'arte* deviennent **des types** (l'avare, l'hypocrite, la précieuse, le pédant) dont les ridicules font rire mais également réfléchir sur les travers de la société du XVIIe siècle. Le rire châtie ainsi les mœurs.

> ***« Avec* Dom Juan *ou* Le Misanthrope*, Molière explore, plus d'un siècle avant Beaumarchais, les frontières de la comédie en ouvrant sur le drame ou la satire et en donnant une profondeur psychologique nouvelle à ses personnages. »***

## 2. *Les évolutions du XVIIIe siècle*

**L'influence des Lumières** - Le succès de la comédie au XVIIIe siècle s'explique par la sclérose de la tragédie : **l'optimisme des Lumières** se détourne en effet de la vision sombre et déterministe propre au genre, l'univers antique et mythologique ne répond plus au **besoin de réalisme d'une classe bourgeoise en pleine ascension sociale**. La tragédie ne correspond plus aux aspirations du temps contrairement à la comédie dont les héros plus humains ont des préoccupations matérielles et proches de celles du public. Pourtant, la comédie n'est pas non plus à l'abri d'une forme de décadence. Dans la préface du *Mariage de Figaro*, Beaumarchais dénonce « les chemins trop battus » des intrigues, le risque de stériliser la création en appliquant aveuglément des règles dépassées, la censure morale qui affadit les situations et la licence de certaines œuvres.

> J'ai donc réfléchi que si quelque homme courageux ne secouait pas toute cette poussière, bientôt l'ennui des pièces françaises porterait la nation au frivole opéra-comique, et plus loin encore, aux boulevards,

à ce ramas infect de tréteaux élevés à notre honte, où la décente liberté, bannie du théâtre français, se change en une licence effrénée, où la jeunesse va se nourrir de grossières inepties, et perdre, avec ses mœurs, le goût de la décence et des chefs-d'œuvre de nos maîtres.

**Une forme de réalisme** - Sous peine de subir le même sort que la tragédie, la comédie doit donc se renouveler en retrouvant l'esprit des grands maîtres, mais également en répondant aux attentes contemporaines du public. Il s'agit tout d'abord de **faire vrai** : les intrigues se concentrent sur la vie quotidienne, familiale ou économique, les péripéties sont plus crédibles, les coups de théâtre jugés artificiels sont proscrits (Beaumarchais dérogera à cette règle dans l'acte III de sa pièce).
Les décors et les costumes doivent ressembler à ceux des bourgeois ou du peuple. Enfin, **la condition sociale prime sur le caractère** : le public veut se reconnaître sur scène et s'identifier aux personnages comme aux situations représentées. Il faut le « toucher ».

***Le jeu de l'acteur cherche à être le plus naturel possible : ses gestes signifient autant que ses mots. Il fait l'objet de toute l'attention de Beaumarchais qui s'inspire des théories de Denis Diderot dans son essai Paradoxe sur le comédien, qui défend la thèse selon laquelle un comédien ne doit pas trop éprouver ce que ressent son personnage pour faire passer l'émotion que celui-ci inspire.***

## 3. Les tenants du renouvellement

**Pleurer avec Sedaine** - Avec Michel-Jean Sedaine (1719-1797), la comédie devient sentimentale ou larmoyante. Il propose en 1765 dans son *Philosophe sans le savoir*, véritable manifeste de la comédie dans son ambition nouvelle, non pas de faire rire mais de faire réfléchir le public sur les usages et abus sociaux, par **un spectacle touchant** et grâce à la mise en scène de « tableaux ».
Si Beaumarchais est un temps séduit par l'esthétique de **la comédie sentimentale**, il en refuse le ton monocorde, « la prose traînante, sans sel comique, sans maximes, sans caractère ». Tout est affaire de dosage et la réussite de sa pièce tient justement dans le contrepoint savant entre la veine comique, la satire et le pathos.

> ***La comédie rejoint alors le drame bourgeois que Diderot défend dans ses* Entretiens sur le Fils naturel *en 1757 : « La gaîté légère empêche la réflexion, vaporise l'esprit et le drame touchant recentre le moi et en fait le siège d'une émotion vertueuse. »***

> **Les thématiques familiales et sujets moraux développés dans le drame et dans la comédie larmoyante sont le reflet de l'ascension de la bourgeoisie. L'expression de la sensibilité propre de cette classe se construit également par la peinture : Jean-Baptiste Greuze (1725-1805) fait le portrait de la bourgeoisie dans le décor intime de ses appartements et dans un cadre familial. Il s'attache à illustrer des scènes quotidiennes ou sentimentales (enfants en train de lire ou de jouer, la découverte par un enfant d'un oiseau mort). Il magnifie les valeurs morales du mérite, du labeur et de la piété dans le *Retour du fils prodigue*. Ses tableaux sont particulièrement admirés par Diderot qui en fait l'éloge dans ses *Salons*.**

**« Tomber amoureux » avec Marivaux** - Chez Marivaux (1668-1763), le sentiment amoureux investit une comédie qui préfère l'exploration psychologique aux effets comiques les plus lourds. Inventeur de l'expression « tomber amoureux », le dramaturge observe avec subtilité « les niches différentes où peut se cacher l'amour » et la manière dont le désir s'impose à l'esprit, la sensualité à la raison, et l'inconscient à la volonté. La satire sociale n'est pourtant pas absente de son propos : dans *L'Île des esclaves* et dans *Le Jeu de l'amour et du hasard*, les maîtres et les valets se déguisent ou échangent leurs rôles pour **questionner la légitimité du pouvoir, la dialectique de l'être et du paraître et la spontanéité d'un sentiment amoureux qui transcende les classes sociales**.

> ***La singularité de Marivaux réside surtout dans son art de ciseler les dialogues et d'inventer un langage (néologismes, mots à double sens, lapsus, vocabulaire précieux) qui épouse les intermittences du cœur (le marivaudage).***

Avec Marivaux, la relation entre maître et valet se teinte d'une confusion subversive, les rôles des personnages féminins gagnent en importance et le langage en puissance. Beaumarchais s'en souviendra tout en s'en démarquant et en préférant, malgré tout, ouvertement l'héritage oublié de Molière.

# 3. La révolution dramaturgique de Beaumarchais

## 1. *Intensifier les effets*

Homme de théâtre, Beaumarchais a l'ambition de **dépoussiérer la comédie classique**, de séduire le public et de l'instruire. Cela implique de l'audace : dans la préface du *Mariage*, il affirme ainsi rechercher « un *grand* pathétique, une *profonde* moralité, un *bon* et *vrai* comique et des situations *fortes* ». Tout l'enjeu réside donc dans le fait de maintenir un équilibre et une tension entre des forces contradictoires et des registres variés : « ne pas excéder les disconvenances » et surtout ne rien laisser au hasard.

Beaumarchais veut donner l'impression du naturel, mais il prémédite tout : la place des comédiens sur scène, leurs entrées et sorties bondissantes et leur nombre (l'affaiblissement de l'intrigue dans l'acte IV est ainsi compensé par l'intensification de leur présence sur scène). Il pense aussi l'agencement minutieux des apartés — par nature artificiels — et des répliques, le rôle symbolique des costumes (la tenue de chasseur pour le comte), des objets et du décor (la dialectique entre les espaces intimes et les espaces publics, l'opposition des chambres des valets et des maîtres, de l'extérieur masculin et de l'intérieur féminin).

> ***La théâtralité éclate partout : Figaro est le metteur en scène de son mariage, Suzanne et la comtesse sont de véritables actrices quand il s'agit de tromper les hommes, la cour de justice ressemble à une scène de théâtre. La noce est conçue comme un ballet et le vaudeville final transforme tous les personnages en comédiens-danseurs.***

Beaumarchais parvient à réaliser une synthèse de tout ce que permet le théâtre à l'époque, quitte à parfois sacrifier la vraisemblance.

## 2. *La franche gaîté et la tentation du sérieux*

La virtuosité de Beaumarchais se révèle notamment dans sa capacité à exploiter tous les moyens du comique : **comique de situation** (jeu étourdissant autour du fauteuil de l'acte I, série de soufflets et de quiproquos de l'acte V), **comique de langage** (bégaiement du juge, accent paysan et patois d'Antonio, sous-entendus grivois concernant la descendance de Brid'oison et discussions sur la conjonction copulative « et », jeux de mots et faconde de Figaro), **comique de caractère** (bêtise d'Antonio, bassesse de Bartholo, hypocrisie du comte). Mais d'une scène à l'autre voire d'une réplique à la suivante, Beaumarchais introduit une respiration dans le tempo *allegro-vivace* de la comédie : l'aigre Marceline nous tire subitement des larmes, l'enjoué Figaro sombre dans le désarroi, l'intrigue se meut en révolte, les soufflets finissent en embrassades. **La comédie laisse la place au drame** auquel Beaumarchais n'a jamais renoncé depuis l'échec en 1767 de sa première pièce, *Eugénie*. Il affleure aux instants décisifs de l'intrigue et confère à la pièce sa valeur morale : si le comique est la dominante majeure de l'œuvre, le drame en est son contrepoint en mode mineur.

# 2 Beaumarchais et son temps

❛ **Pierre-Augustin Caron naît à Paris le 24 janvier 1732. Il est l'unique fils d'un maître horloger d'origine huguenote, dont les affaires sont prospères. Après de rapides études, il est à treize ans apprenti chez son père et choyé par ses sœurs qu'il charme notamment par ses dons musicaux. Pour acheter une guitare, il détourne en 1748 le produit de la vente de montres et se fait chasser de chez lui. Il connaît alors des moments difficiles et survit en trichant dans les maisons de jeu. Pardonné à condition de s'amender, il réintègre l'entreprise paternelle en 1752 et invente un nouveau mécanisme qui permet la miniaturisation des montres. Il en fait la démonstration à l'horloger du roi qui lui en vole la propriété intellectuelle. Pierre-Auguste riposte et se plaint auprès de l'Académie des sciences : il obtient gain de cause. Mieux : Louis XV demande à le rencontrer en 1754 et c'est le début d'une incroyable ascension.** ❜

**1755** Pierre-Augustin devient l'amant de Madeleine-Catherine Franquet qu'il épouse un an plus tard, après qu'elle est devenue veuve. Il prend le nom d'une de ses terres, Beaumarchais, et mène grand train.

**1757** Madeleine meurt subitement sans avoir eu le temps de faire un testament en faveur de son mari. Celui-ci, qui se fait désormais appeler Caron de Beaumarchais, se retrouve à la rue mais grâce au soutien de Mesdames, les filles du roi à qui il donne des cours de chant, il entre dans les bonnes grâces de la Cour dont il goûte tous les plaisirs.

**1760** Il fréquente le financier Joseph Pâris-Duverney avec lequel il fait affaire et assure par des spéculations commerciales son train de vie luxueux.

1761 Il achète la charge de conseiller-secrétaire du roi qui l'anoblit et lui donne l'autorisation de porter le nom de Beaumarchais. Il écrit des « parades » pour le théâtre du château d'Étiolles.

1764 Voyageant en Espagne pour venger l'honneur de sa sœur séduite puis abandonnée, Beaumarchais découvre le personnage du Picaro et les comédies espagnoles.

**« En 1767, Beaumarchais fait sa première tentative officielle de dramaturge en faisant représenter un drame, *Eugénie*, qui n'obtient pas le succès escompté. Parallèlement, il publie un essai théorique sur le « genre dramatique sérieux ». Débute ensuite une période de difficultés et d'instabilité : pour un mauvais jeu de mots rapporté au roi, il entre en disgrâce et perd ses appuis à la Cour. Il se marie pour la seconde fois en 1768 avec la très riche Geneviève-Madeleine Wattebled dont il aura deux enfants qui mourront en bas âge. En 1770, il est à nouveau veuf et son nouveau drame, *Les Deux Amis ou le Négociant de Lyon*, est un échec. Pâris-Duverney qui lui avait signé une reconnaissance de dettes de 15 000 livres meurt et son légataire, le comte de la Blache, conteste la validité du document. Beaumarchais s'engage dans une longue et complexe affaire juridique : il multiplie les démarches et les mémoires dans lesquels il dénonce la corruption de la justice. En 1774, il est finalement privé de ses droits civiques, ce qui n'empêche pas le roi de l'envoyer comme espion et agent secret en mission à Londres. Malgré son blâme et la perte de son procès, Beaumarchais est parvenu à se faire connaître du public et d'intellectuels qui, comme Voltaire, le soutiennent. Des voies nouvelles s'offrent à lui. »**

1775 À l'issue de la décevante première du *Barbier de Séville*, Beaumarchais remanie et réduit son texte : le succès est alors au rendez-vous. Dans le même temps, le roi lui demande de fournir des armes, des munitions et des vivres aux insurgés d'Amérique. Beaumarchais donne satisfaction et l'année suivante, son blâme est levé.

**1777** En conflit avec la Comédie-Française au sujet de ses droits d'auteur, Beaumarchais fonde la Société des auteurs et compositeur dramatiques pour défendre la propriété littéraire.

**1778** Pierre-Augustin projette d'éditer les œuvres complètes de Voltaire, publication qui débutera en 1780.

> **« *Le Mariage de Figaro*, dont Beaumarchais a commencé la rédaction en 1778, est reçu en 1780 à l'unanimité par les Comédiens-Français ; mais, en 1783, Louis XVI s'oppose à la dernière minute à la représentation au théâtre des Menus-Plaisirs. L'auteur lit cependant sa pièce dans les salons et une première représentation privée a lieu chez le comte de Vaudreuil. Le 27 août 1784, *Le Mariage de Figaro* est enfin joué à la Comédie-Française et connaît un triomphe. L'année suivante, Beaumarchais vexe le roi qui l'envoie en prison à Saint-Lazare. En « compensation », on joue *Le Barbier de Séville* au Trianon avec la reine dans le rôle de Rosine. Mais déjà la Révolution gronde. »**

**1786** Beaumarchais connaît des difficultés financières et se marie pour la troisième fois avec Marie-Thérèse de Willer-Mawlas avec laquelle il aura une fille. *Le Mariage de Figaro* est adapté à l'opéra par Mozart et le librettiste Da Ponte sous le titre *Le Nozze di Figaro.*

**1787** Pierre-Augustin écrit avec le compositeur Salieri (le concurrent de Mozart) un opéra intitulé *Tarare* qui obtient un succès honorable. Il achète près de la Bastille un terrain où il fait construire une très luxueuse bâtisse. Il achève de retourner l'opinion contre lui en défendant Mme Kornman, une femme adultère enfermée par son mari, un banquier dont l'avocat charge l'écrivain au point de ternir durablement sa réputation.

**1789** La Révolution le surprend alors que sa réputation est au plus bas : accusé de cacher des émeutiers, il est surveillé par la police.

**1792** *La Mère coupable* (drame qui est la suite du *Mariage de Figaro*, et qui montre la famille Almaviva et ses valets en exil à Paris après la Révolution) est représentée sans succès. Beaumarchais est jugé trop modéré par le régime de la Convention : sa maison est pillée par le peuple et, en 1793, il échappera de peu à la guillotine.

**« Beaumarchais émigre en Hollande où il fait du trafic d'armes. Il s'exile ensuite à Lausanne puis à Londres. Ses biens en France sont confisqués et il vit misérablement à l'étranger. Il ne sera rayé des listes des émigrés qu'en 1796, année où il rentre en France, plein de nouveaux projets. En 1799, il marie sa fille, puis meurt peu de temps avant l'arrivée de Napoléon au pouvoir. »**

# 3 Présentation du *Mariage de Figaro*

• Beaumarchais débute la rédaction du *Mariage de Figaro* en 1778, l'année de la mort de Voltaire et de Rousseau et sa pièce sera jouée en 1784, l'année où Kant, dans son essai *Qu'est-ce que les Lumières ?*, définit l'esprit de son époque par la volonté qu'a l'homme de s'émanciper par le savoir.

• La pièce de Beaumarchais a toutes les apparences de la facilité : succession naturelle des répliques, tournures proches de l'oral, syntaxe elliptique de la conversation, « flots d'une inaltérable gaîté, dialogues assez vifs, intrigue aisément filée » donnent l'illusion d'un texte rédigé d'une seule traite, sans correction ni recherche esthétique particulière. Pourtant, le manuscrit a fait l'objet d'ajustements successifs qui manifestent non seulement la réflexion de l'auteur sur les moyens de renouveler l'art dramatique mais également ses nombreux tâtonnements pour parvenir à tenir en haleine son public pendant les presque trois heures que dure sa comédie.

**Le mot « confusion » apparaît symptomatiquement à plusieurs reprises dans la bouche du comte qui voit peu à peu s'effondrer ses projets de conquête et son statut de dominant. Esthétique carnavalesque ou art savant du contrepoint ? Beaumarchais est un homme de théâtre qui se souvient qu'il est aussi un musicien : tout est alors affaire de tempo et d'équilibre.**

• Tout est en effet calculé pour « frayer un nouveau sentier » à l'art théâtral au nom de l'illusion dramatique, du divertissement du public et de la justesse morale du propos : de même que Beaumarchais remet en cause l'arbitraire de la séparation entre les trois ordres qui régissent la société d'Ancien Régime en faisant des valets les maîtres du jeu, il transgresse les règles classiques qui codifient les genres.

# 1. La Genèse du *Mariage de Figaro*

**Beaumarchais a soigneusement minuté la durée de la pièce afin d'en conserver la vivacité : l'acte II est le plus long, 44 minutes environ. Il pourrait constituer à lui seul une œuvre à part entière. Les actes I, III et IV se déroulent en 30 minutes tandis que le dernier est légèrement plus court (25 minutes).**

## *1. Emprunts et modifications stratégiques*

**Du *Barbier* au *Mariage*** - *Le Mariage de Figaro* est écrit dès 1778, dans la continuité du *Barbier de Séville* (1775) dont **il reprend les personnages et poursuit l'intrigue**. Le relatif échec de la première du *Barbier* avait amené Beaumarchais à retrancher des scènes et des passages jugés trop longs : il les réutilise donc en les aménageant dans sa nouvelle œuvre. C'est notamment le cas de la fameuse tirade de « God-dam » éliminée pour alléger *Le Barbier* et, pour partie, « recyclée » dans *Le Mariage*.

**L'écriture et ses nombreuses étapes** - Le manuscrit subit de plus **des modifications sous l'impulsion des relectures successives de son auteur mais aussi des personnes (comédiens, dramaturges) à qui il lit son texte**. Beaumarchais souhaite en effet non seulement améliorer sa pièce mais également éviter toute censure — et le veto que le roi ne manqua pourtant pas de lui imposer à la veille de la première représentation de sa pièce. Parfois, l'auteur « lisse » également de lui-même son manuscrit et il en modère l'aspect critique ; il finira ainsi par éliminer une remarque acide de Bartholo concernant la stratégie matrimoniale de Marceline :

> Ô lumineux esprit de Satan, je te salue ! C'est dans les cerveaux féminins que tu brilles ; et jamais tu ne leur manques au besoin.

L'écrivain cherche par cette suppression à rendre son personnage féminin moins désagréable et il prépare le coup de théâtre qui la rendra soudainement sympathique. Dans le même temps, sa critique de la condition féminine gagne en cohérence.

**Tenir compte du plateau** - Enfin, Beaumarchais est avant tout un homme de théâtre qui tient compte **des conditions matérielles de la représentation, des contraintes scéniques et des remarques des comédiens**. Les corrections les plus importantes seront ainsi faites à partir du moment où commenceront les répétitions : le texte multiplie ainsi les didascalies, mentionne l'ordre d'entrée des personnages et précise le décor afin de faciliter la mise en scène et, surtout, afin de conférer à la pièce son rythme alerte.

## 2. *Le principe de l'économie*

**Savoir commencer** - La scène d'exposition, où Figaro mesure la pièce pour y mettre son lit nuptial et apprend de la bouche de Suzanne que le comte souhaite rétablir l'odieux droit de cuissage, était à l'origine placée après une ouverture à la tonalité joyeuse et musicale. Le rideau se levait ainsi sur Chérubin et Bazile qui essuyaient les critiques de Figaro à propos du compliment chanté qu'ils avaient prévu de faire à Suzanne durant la noce. Chérubin comparait un peu maladroitement la jeune femme à un diamant et déclenchait l'ire du futur époux. « Quelle platitude emmiellée viens-tu nous débiter ? » proteste Figaro avant de se lancer avec spiritualité dans un commentaire stylistique de la chanson. Ce faisant, **Beaumarchais expose son art du discours** (comment filer une métaphore) et dénonce implicitement les artifices et les clichés érodés du langage amoureux.

> Comment Suzanne est-elle un diamant ? Il est dur, elle est fort tendre. Il est inaltérable, elle peut changer demain. (*À Chérubin* :) N'es-tu donc aussi, toi, qu'un enfileur de mots rimés ? Quand on compare, on montre des rapports, on les développe, on les suit. Si tu disais : les belles femmes sont comme les pierres précieuses que la nature nous offre plus ou moins parfaites ; l'éducation est le lapidaire qui les taille à notre goût ; notre imagination est la feuille qui les brillante ; l'amour est le metteur en scène qui les enchâsse au fond des cœurs ; enfin l'hymen est le brocanteur qui les pousse dans le commerce et les vend le plus cher qu'il peut on voit ce que c'est, cela marche et se gradue.

***Dans cette scène qui joue sur des effets de mise en abyme tout en annonçant les grands thèmes de l'œuvre (l'amour, la condition des femmes, le rôle de l'argent, la nature changeante de l'homme), Figaro est alors présenté moins comme un valet classique que comme un amoureux, un orateur habile et un double de son créateur.***

Pourtant, Beaumarchais décide de supprimer cette entrée en matière : il lui faut faire **plus court mais aussi plus dense, mettre en scène Suzanne au lieu d'en faire un portrait indirect et être plus subtil dans la mise en abyme de l'art dramatique**. Figaro ne sera donc plus un artiste qui donne une leçon de poétique mais un acteur qui, en arpentant sa chambre à coucher, délimite l'espace scénique.

**Savoir achever** - L'autre importante coupure est la tirade située à la fin de l'acte III lorsque Marceline, ayant découvert qu'elle était la mère de Figaro, défend la condition des femmes. L'auteur l'a d'abord placée au début de l'acte IV, puis il l'a fait remonter à la fin de l'acte III. Il en a ensuite diminué la longueur en réduisant considérablement le récit de la vie de Marceline qui cherche à susciter la compassion du public (la jeune femme a subi les avances d'un chirurgien, puis d'un juge qui, pour se venger, l'a envoyée en prison). Le passage entier a finalement été supprimé par les Comédiens-Français au nom de **l'unité de ton que venait rompre cette scène à la tonalité trop pathétique**. Mais dans sa préface, Beaumarchais le regrettera au point d'en reprendre le texte : il défend non seulement le propos « féministe » de la tirade mais également son optique morale et réaliste. Selon lui, il est plus crédible et vertueux de pardonner à celui qui a souffert et qui a fauté.

## 2. Une comédie révolutionnaire : oser et transgresser

La pièce de Beaumarchais se fait l'écho de la mutation que connaît alors la légitimation du pouvoir : à l'arbitraire de la loi du seigneur, Figaro oppose le droit naturel fondé sur la raison qu'il fait défendre par le peuple (valets, paysans et paysannes de l'acte I, scène 10) et qu'il réunit stratégiquement pour célébrer ses noces et ratifier l'abolition du droit de cuissage.

**Entre le XVIIe et le XVIIIe siècle se développent dans l'Europe des Lumières les théories dites « du contrat » qui s'interrogent sur les origines de la vie en société et sur la nature du lien qui unit les citoyens à leurs dirigeants. Selon Hobbes, l'état de nature est fondamentalement violent et l'État (*Léviathan*, 1651) assure la sécurité et la protection des citoyens en échange de leur obéissance. Pour Locke (*Traité du gouvernement civil*, 1689), l'État doit**

**assurer le droit de propriété et la liberté des citoyens ; si ce contrat est rompu, ceux-ci ont le droit de se révolter. Enfin, pour Rousseau, le *Contrat social* (1762) repose sur la souveraineté du peuple qui décide librement de sa destinée et de ses lois.** ❞

## *1. Ébranler l'État et inverser les hiérarchies*

Comme l'explique Beaumarchais dans sa préface, *Le Mariage de Figaro* a une portée critique bien plus puissante que *Le Barbier de Séville*. La satire sociale et politique de la justice, des inégalités, de la corruption par l'argent et des impostures de la vie de cour ébranle certes l'État dans son ensemble. Pourtant la pièce est peut-être moins révolutionnaire que moderne, au sens où **elle jette le trouble sur toute forme de certitude**. En ménageant des échos et des effets de symétrie entre les intrigues (deux voire trois mariages, si l'on considère que celui du comte avec la comtesse doit être raffermi), entre les couples, entre les parents et les enfants (Figaro et sa mère ; Chérubin et Fanchette face aux adultes), entre les générations (Chérubin et le comte), entre les classes sociales (Suzanne et la comtesse échangeant leurs rôles) ou entre les genres (Chérubin), Beaumarchais conteste non seulement les catégories structurantes de la société, mais également la notion même de vérité. Comme dans les romans de l'Abbé Prévost (*Manon Lescaut, Histoire d'une Grecque moderne*), les grandes valeurs qui fondent la société se brouillent et se confondent : on ne sait plus qui l'on est, on ne sait plus qui l'on aime. Le bien et le mal s'intervertissent et il y a plusieurs vérités, aussi fragiles et changeantes que les sentiments des hommes. **La comédie gagne alors une profondeur inattendue : elle soulève davantage de questions qu'elle n'offre de leçons de morale.**

## *2. Les armes de l'esprit et du langage*

**Les échecs de Figaro...** - « Si j'osais parler », se lamente Suzanne face aux avances du comte. Figaro, lui, a cette audace. Il n'a peut-être même que celle-là car, à y regarder de plus près, toutes les ruses matérielles qu'il imagine échouent. Il croit gagner son procès et le perd. Il conseille à Chérubin de se cacher au lieu de partir à l'armée et tous ses subterfuges sont découverts. Au début de l'acte IV, Suzanne a beau jeu de remarquer : « Aucune des choses que tu avais disposées, que nous attendions, mon ami, n'est pourtant arrivée ! »

**... et ses talents** - Contrairement au valet traditionnel de comédie, **Figaro n'est ni un fourbe ni un habile trompeur**. Sa seule arme est le langage dont il maîtrise toutes les techniques rhétoriques. Le critique Francisque Sarcey (1827-1899) a très justement affirmé : « Figaro n'est point un intrigant, mais un phraseur ; ce n'est pas un caractère mais une machine à mots. »
La pièce le révèle en effet bavard : **il prononce 349 répliques** alors que Suzanne et le comte n'en ont que 260. De nombreuses énumérations, comparaisons et digressions nourrissent ses tirades les plus longues, tandis qu'il multiplie les antithèses et les mots d'esprit (« gloire de votre famille / accroissement de la mienne ») sur un rythme plus vif. Il persifle dans les répliques plus courtes en faisant, par exemple, rimer les mots « seigneur » et « voleur ». Ses monologues respectent les règles rhétoriques de la construction du discours (exorde, narration, confirmation, péroraison). Beaumarchais, qui s'inspire largement de sa propre vie pour étoffer celle de son personnage, en fait tour à tour un musicien des mots (rythme saccadé des stichomythies, ces dialogues qui font alterner rapidement les intervenants) et un homme de théâtre qui, comme lui, a été censuré : « je me jette à corps perdu dans le théâtre ; [...] Je broche une comédie dans les mœurs du sérail ; [...] et voilà ma comédie flambée ». Les fourberies de Figaro sont verbales ; le bâton qui lui sert à rouer son maître est son intelligence. « L'esprit seul peut tout changer. »

***« Si Beaumarchais puise dans sa biographie quelques-unes des mésaventures de son héros, il lui donne aussi son nom : le « fils de Caron » est sans doute à l'origine de Fi(ls de)Garo. »***

# 3. La confusion des sentiments

**« En 1786, le librettiste Da Ponte et Mozart adaptent la pièce de Beaumarchais à l'opéra (*Les Noces de Figaro*). La dimension contestataire de la pièce de théâtre trouve un écho dans le fait de donner à un valet un rôle principal. Mais Mozart veille à contourner tout risque de censure en privilégiant l'intrigue matrimoniale et la thématique amoureuse avec les airs mélancoliques de la comtesse**

**délaissée et celui léger et délicat de Chérubin (« Je recherche un bien-être au-delà de moi, / Je ne puis le saisir, j'ignore ce qu'il est. / Je soupire et je gémis, sans le vouloir, / Je tremble et je palpite, sans rien savoir »). Ainsi, l'air de Figaro sous les marronniers évoque bien la tromperie féminine mais il évite de contester les privilèges des nobles.** ❟

## *1. Plaisir ou amour ?*

**Des émotions complexes** - « Je ne suis pas tendre, je suis libertin », a affirmé Beaumarchais. Si la comédie semble au départ opposer l'amour fidèle et durable des valets à l'hédonisme volage et immoral des seigneurs en déclinant une galerie de portraits relativement attendus (les jeunes premiers dont l'amour est contrarié, le seigneur libidineux, les fâcheux), le renouvellement esthétique que le dramaturge souhaite imprimer au genre complexifie également la thématique. Dans la veine de Marivaux, **Beaumarchais met ainsi en scène toutes les nuances et configurations de la relation amoureuse**. Chérubin incarne l'essence même du désir, pur, insatiable, innocent mais sans conscience morale. Le comte, lassé et comblé par sa femme, préfère le plaisir à la tendresse. La comtesse mélancolique est troublée par un enfant.

**Vertige de l'amour** - Plus obscurs encore sont le désir incestueux, le fétichisme du ruban, la corruption des sentiments par l'argent ou le viol suggéré, les baisers volés et les relations sexuelles achetées. « Mon cœur palpite » s'émeut Chérubin tandis que Figaro laisse échapper dans la nuit « le cœur me bat ». Nul ne paraît pouvoir échapper à la folie de l'amour et aux vertiges du plaisir : Suzanne elle-même dont la constance est pourtant exemplaire dans toute la pièce semble sur le point de vaciller quand, des épingles dans la bouche, elle coiffe le « charmant » Chérubin.

## *2. Aimer le désir*

**Le trouble dans l'ordre amoureux** - « Chacun aura ce qui lui appartient. » La folle journée de Figaro aboutit à une morale assez conventionnelle tirée par la comtesse. Tout rentrerait donc dans l'ordre ? Les amours de Chérubin sont cependant laissées en suspens. Or, si tout n'est pas achevé, tout peut recommencer… ce que confirmera *La Mère coupable* en imaginant que la comtesse et Chérubin ont eu un enfant. L'ébranlement suscité par la pièce n'est donc pas que politique. La réflexion de Beaumarchais sur l'aléa de la position sociale (Maître ou valet / roi ou berger, « le hasard fait la distance ») renvoie en effet aux **« surprises de l'amour »** : Figaro et Suzanne sont effectivement destinés l'un à l'autre moins parce qu'ils s'aiment que parce qu'ils appartiennent à la même classe. Mais dans la nuit du parc et au milieu des tourbillons de l'intrigue, tout peut toujours basculer. Certes un « méchant » seigneur peut conquérir et abuser ses servantes, mais un valet ou un enfant peuvent-ils séduire une comtesse ? Une femme peut-elle être attirée par un jeune garçon à l'allure féminine, une mère par son enfant ? Si la Providence est la maîtresse du destin social, elle l'est aussi du jeu amoureux.

**Une conception moderne de l'amour** - Voilà qui laisse chacun libre d'aimer qui bon lui semble, ce qui est déjà une révolution, mais Beaumarchais (qui a eu trois épouses et quelques maîtresses) va plus loin en s'attaquant au mariage lui-même. Cette convention peine en effet à fixer le sentiment et elle peut même l'étouffer. **Beaumarchais dessine dans sa comédie une philosophie de l'amour libre très moderne.** Et c'est Chérubin qui en précise l'essentiel : qu'importe l'objet aimé, à travers l'amour des femmes, c'est l'absolu désir que l'on rêve de capturer. Au-delà du plaisir de saisir une main ou d'embrasser, ce sont une fois encore les mots qui séduisent l'autre et rendent ivre de soi-même :

> Les mots *amour* et *volupté* le font tressaillir et le troublent. Enfin le besoin de dire à quelqu'un je vous aime est devenu pour moi si pressant que je le dis tout seul...

Parler et aimer sont les deux faces d'une même médaille.

# 4 Les mots importants du *Mariage de Figaro*

## Badinage / Libertinage

*« Au XVII^e siècle, les libertins sont certes connus pour leur inconstance amoureuse et leur incessante recherche du plaisir, jugée immorale (comme le Dom Juan de Molière), mais ils sont surtout des libres-penseurs qui refusent le dogme religieux. »*

### *1. Le sens et la nuance*

Les deux termes sont liés, d'autant qu'ils ont une sonorité finale commune. Leurs significations diffèrent cependant. Le badinage est d'abord employé chez Molière au sens de « **sottise** ». Le XVIII^e siècle lui ajoute une dimension ludique : il s'agit de tromper par le langage ou par le déguisement et de plaisanter innocemment. Le badinage renvoie à l'esprit de gaîté recherché par Beaumarchais dans sa comédie. Le libertinage, quant à lui, est plus profond et peut être sérieux dans sa dimension contestataire.

Le terme provient du latin *libertinus* qui évoque l'esclave qu'on a affranchi, c'est-à-dire rendu libre. Contrairement au badinage plaisant qui n'emporte pas de conséquences, le libertinage implique une prise de position philosophique et morale provocatrice ; la critique religieuse et la licence sexuelle qu'il revendique entraînent sa condamnation sociale par l'opinion commune.

### *2. En arrière-plan*

Dans la seconde moitié du XVIII^e siècle se développe un nouveau mouvement esthétique et intellectuel dit « sensible » : il s'attache à étudier les ressorts intimes et émotifs de l'âme humaine qui échappent à la maîtrise de la raison. Le badinage s'inscrit dans cette tendance, en insistant sur les jeux élégants de séduction. Déjà sous la Régence (1715-1723), les œuvres du peintre Watteau comme *L'Embarquement pour Cythère* (1717) autour de la thématique des fêtes galantes, puis celles de Boucher ou de Fragonard associées à l'esthétique rococo évoquent des scènes légères. Des personnages, parfois déguisés, se charment, se frôlent ou s'embrassent dans des paysages en apparence sauvages.

Dans le domaine romanesque, Crébillon (*Le Sopha, Les Égarements du cœur et de l'esprit*) ou Vivant Denon (*Point de lendemain*) narrent les aventures amoureuses et souvent extra-conjugales d'une société aristocratique sur le déclin qui a remplacé la guerre féodale par la conquête sexuelle. Mais c'est avec le théâtre de Marivaux que l'exploration des méandres du cœur humain et de la subtilité du langage amoureux est poussée à son sommet au point que le terme « badinage » laisse la place à celui de « marivaudage ».

Parallèlement, le qualificatif de libertin retrouve à la fin du siècle la signification péjorative voire insultante qu'il avait déjà dans le *Dom Juan* de Molière. Le comte Almaviva est, comme son prédécesseur et compatriote espagnol, un immoral « épouseur à toutes mains ». Si le badinage suppose une certaine égalité entre les protagonistes qui jouent à se séduire, le libertinage implique davantage une volonté de dominer l'autre ou de l'anéantir. Cette guerre des sexes est ainsi mise en scène chez Laclos (*Les Liaisons dangereuses*), puis chez Sade. Il y a ainsi entre le badinage et le libertinage la même troublante différence qu'entre *Les Hasards heureux de l'escarpolette* (1767), tableau gentiment érotique de Fragonard, et *Le Verrou* (1774-1778) qui suggère un viol.

## 3. Les mots en contexte

**On trouve les termes « badinage et libertin » dans deux répliques consécutives dans l'Acte I scène 9 pour qualifier Chérubin. Mais le comte est également décrit comme un libertin dès la scène 4 de l'Acte I, ce qui engage à comparer l'attitude des deux hommes. Le mot badinage apparaît à plusieurs reprises pour signifier le jeu de séduction entre la comtesse et Chérubin (« le badinage est consommé », II, 20 ; IV, 5). Enfin le vaudeville final suggère que la leçon de la pièce est peut-être « en faveur du badinage ».**

Le badinage correspond dans la pièce aux scènes où Chérubin tente de voler des baisers à Suzanne, dérobe le ruban de la comtesse ou se fait dévêtir puis habiller en femme. Affolé par la vue des femmes, qu'elles soient enfant comme Fanchette, ou mûre comme Marceline, Cherubin incarne l'essence même du badinage innocent et naïf. À l'opposé, le comte est libertin « par ennui ». Ayant fait le tour du plaisir avec sa femme, il est prêt à tout pour renouveler et aiguillonner son désir : transgresser les interdits, corrompre, user de la force et de sa position dominante. Le libertinage recouvre ainsi une dimension presque métaphysique : le comte séduit pour se divertir, au sens pascalien du terme, c'est-à-dire pour se sentir exister et peut-être tromper la vieillesse sinon la mort qui le guette.

# Hasard / Mérite

## 1. *Le sens et la nuance*

Mériter signifie « gagner, recevoir comme un prix parce qu'on en est jugé digne par ses actes ou sa valeur ». **Le mérite est une valeur spirituelle** d'abord (récompense divine), puis politique à partir de la Révolution française où il va être opposé à l'arbitraire du privilège de la naissance ou de l'argent. Il implique une représentation de l'homme comme un être libre qui conquiert son destin et réalise sa vie terrestre sans prédestination, par la seule force de son intelligence et de sa capacité à agir. En ce sens, **il entre en contradiction avec la fortune, la Providence et le hasard** qui impliquent que l'individu soit dessaisi de la maîtrise et de la construction de sa destinée. Si le hasard est une notion qui intervient fréquemment dans *Le Mariage de Figaro* (hasard de la naissance, malchance et échecs successifs de Figaro dans son existence, mais aussi retournements continuels de situation dans l'intrigue), on notera qu'il n'est jamais lié à la religion ou à une divinité quelconque. Dieu ne semble jamais décider des vies des personnages qui ne disposent dès lors que de leur intelligence, de leur sens de l'intrigue et de leur raison pour progresser : « L'un est roi, l'autre est berger ; le hasard fit leur distance ; L'esprit seul peut tout changer. »

## 2. *En arrière-plan*

La dialectique hasard/mérite recouvre la profonde et ancienne interrogation philosophique de la liberté humaine. Dans quelle mesure un homme est-il maître de son existence ? Quels sont les déterminismes religieux, sociaux et économiques qui orientent sa vie au point d'en faire un être aliéné ? Avec le processus de sécularisation (séparation du spirituel et du profane, des sphères publique et privée), on ne rend plus Dieu responsable des aléas de l'existence mais pour autant l'homme n'est pas maître de tout. Si les philosophes des Lumières critiquent d'une part les abus et les privilèges de la société d'Ancien Régime qui empêchent l'individu de trouver sa place légitime et juste dans la collectivité (critique des excès et des inégalités de la justice chez Beccaria et Voltaire, critique des abus de pouvoir chez Locke et Montesquieu, dénonciation de l'esclavage chez Condorcet, critique de l'inégalité des sexes chez Laclos ou Olympe de Gouges…), ils se heurtent d'autre part au caractère inexplicable et scandaleux de certains phénomènes. Le conte philosophique de Voltaire *Zadig ou la Destinée*, mais également *Jacques le fataliste et son maître* (1784) de Diderot posent ainsi la question de la liberté de décision de l'homme dans la menée de sa vie. En 1755, le terrible tremblement de terre de Lisbonne qui fait environ soixante mille victimes interroge toute l'intelligentsia européenne, dont Rousseau et Voltaire. Quel Dieu a pu vouloir la mort d'innocents ? Le premier choisit de faire confiance à la providence divine tandis que le second se révolte en 1756 dans le *Poème sur le désastre de Lisbonne* contre l'arbitraire aveugle de la fortune puis offre à son lecteur en 1759 dans *Candide* une morale de vie pragmatique assez pessimiste : puisque nous ne maîtrisons rien de notre destin, travaillons et cessons de nous poser des questions auxquelles l'esprit humain est incapable de répondre.

## *3. Les mots en contexte*

**Le mot « mérite » apparaît dans une réplique de Suzanne dès la scène 1 de l'acte I où elle l'oppose à la dot que le comte lui a promise. Le monologue de Figaro (V, 3) reprend cette question qui met en regard les privilèges indus et aléatoires de la naissance avec les efforts de « science et de calculs » mais aussi d'esprit et de volonté que le valet a fournis pour survivre. Le champ lexical du hasard et de la fortune est en revanche plus important dans la pièce notamment à la fin de l'acte III, au début du suivant et à la fin du monologue de Figaro (« maître ici, valet là, selon qu'il plaît à la fortune »).**

*Le Mariage de Figaro* est à la fois aux avant-postes de la contestation politique égalitaire puisqu'il dénonce les privilèges et la corruption de la noblesse qui seront au cœur de la Révolution française mais il se fait également l'écho des interrogations philosophiques des Lumières sur le libre arbitre. À plusieurs reprises, Figaro médite en effet sur ce qui l'a fait valet plutôt que fils de prince. Mais en toutes circonstances, Beaumarchais conserve à son personnage principal un indéfectible optimisme, caractéristique de l'esprit des Lumières : si l'homme n'a pas toujours de prise sur son existence et qu'il doit cesser de se tourmenter à propos de ce qui lui échappe (« Passer la vie à chamailler, c'est peser sur le collier sans relâche... »), il peut agir, refuser l'injustice et se révolter. C'est le sens de l'énumération programmatique des verbes d'action à l'infinitif qui achève la scène 2 de l'acte I : impersonnels et intemporels, les infinitifs (« avancer, écarter, empocher l'or, donner le change, étriller... ») valent non seulement pour Figaro, mais également pour tout être humain.

# Folie

## 1. *Le sens et la nuance*

Le terme « fou ou fol » désigne un « soufflet pour le feu » ou une outre gonflée d'air ou de vent. Le fou remue sans cesse, erre, est ballotté. L'instabilité du souffle explique peut-être le glissement de sens vers l'extravagance et le dérangement mental. Dans son acception moderne, la folie est ainsi un **trouble mental**, un **état d'exaltation** ou un **manque de bon sens**. Une folie se dit aussi d'une action que l'on juge extravagante, d'une conduite qui sort de la norme sociale ou d'une absence de rationalité dans le comportement. Mais au théâtre, la folie est un vaudeville comique (les Folies-Bergères) et, dans le domaine musical, c'est une danse vive et bruyante dont la mélodie (la folia) est reprise par les musiciens depuis le XVe siècle.

## 2. *En arrière-plan*

Les représentations de la folie et du fou varient selon les sociétés et ont évolué dans l'histoire ainsi qu'a pu le montrer en 1961 Michel Foucault dans *Folie et déraison, Histoire de la folie à l'âge classique*. D'abord toléré pour son étrangeté, son humour (le bouffon ou fou du roi), sa possible proximité avec les dieux et ses délires jugés visionnaires, le fou est à l'âge classique progressivement interné (en prison puis à l'hôpital) et traité comme tous les autres marginaux (criminels, malades, libertins, pauvres) qu'il faut exclure de la société et éventuellement corriger. Avec l'invention de la psychiatrie (Reil puis Charcot) et de la psychanalyse (Freud), la folie devient une maladie mentale qu'il faut soigner et dont les manifestations et la classification sont multiples. Les imaginaires de la folie sont eux aussi divers : le fou est soit le rêveur, le poète ou le génie qui accède à d'autres mondes et voit la réalité sous un autre œil (Nerval, Van Gogh), soit celui qui dit sa vérité sous le couvert du rire ou d'une apparente incohérence (Shakespeare) et propose une critique des travers sociaux d'une époque (*Éloge de la folie* d'Érasme), soit celui qui perd la raison sous l'effet d'un choc ou d'un traumatisme (la colère d'Achille dans l'*Iliade*), soit le possédé dangereux dominé par ses instincts et ses pulsions.

## 3. *Les mots en contexte*

**Le champ lexical de la folie est présent du titre de la pièce (« Folle journée ») au vaudeville qui la conclut (« fol ouvrage ») en passant par les « Folies d'Espagne » que l'on joue lors de la noce à la fin de l'acte IV. On le trouve pour qualifier l'amour (IV, 1 ; 5 ; « amoureux par folles bouffées » V, 5) mais également lorsque le comte sombre dans la confusion (« En vérité quand la tête se monte, l'imagination la mieux réglée devient folle comme dans un rêve ») ou que Figaro, jaloux, perd confiance et se décrit comme « un petit animal folâtre ».**

Chez Beaumarchais, le fou du roi médiéval est remplacé par un valet qui n'hésite plus à résister à son maître et qui, sous prétexte de plaisanter, ose lui contester ses ordres et sa légitimité. Mais Figaro est également un homme qui connaît les folies de l'amour et découvre celles, troublantes, de l'existence. De façon plus profonde, la folie joyeuse qui règne dans la pièce et accompagne les nombreux retournements de situation (le mot apparaît surtout dans l'acte IV associé à la « confusion » grandissante des personnages) recouvre une esthétique (la franche gaîté) et une philosophie existentielle : pour Beaumarchais et Figaro la vie est en effet une suite d'aléas et de surprises dont il faut savoir tirer parti.

# Méchant

## 1. *Le sens et la nuance*

Le « meschant » est au Moyen Âge celui qui ne croit pas en Dieu, celui qui n'a pas la foi, par opposition au « gentil », c'est-à-dire le chrétien. Par extension, le méchant est l'individu qui agit de façon immorale et mauvaise : celui qui fait le mal. Il est aussi l'être à qui il arrive malheur (mal-choir), celui qui « tombe mal » mais aussi ce qui ne vaut rien. Son intensité varie selon le contexte et l'époque : si la dimension religieuse s'atténue peu à peu, la connotation morale demeure souvent et le terme est employé alors comme un reproche. En littérature ou en art, le méchant est ainsi l'anti-héros qui fait obstacle au personnage principal.

## 2. *En arrière-plan*

Utilisé à plusieurs reprises dans la pièce de Beaumarchais, l'adjectif ou le substantif « méchant » ne qualifie étrangement pas le comte dont le comportement mériterait pourtant cette appellation, d'autant que chez Molière, Dom Juan, qui a pu inspirer le personnage d'Almaviva, est décrit par Sganarelle comme un « grand seigneur méchant homme ». C'est sans doute qu'entre les deux pièces, la nuance religieuse a disparu : Dom Juan ne cesse de défier Dieu en multipliant les conquêtes et les provocations tandis qu'Almaviva n'est qu'un aristocrate corrompu qui ne cherche que son plaisir. S'il est méchant, ce n'est pas par son incroyance dont il n'est jamais question mais parce qu'il est un obstacle malveillant au bonheur de Figaro et de Suzanne. À ce titre, il est le semblable de tous les autres **fâcheux** de la pièce : Bazile, Bartholo et un temps Marceline.

## 3. *Les mots en contexte*

**Plusieurs personnages sont traités de « méchant » dans la pièce, les uns par jeu, les autres par reproche : Suzanne par Chérubin (I, 7 et inversement à l'acte II, 17), Bazile par Suzanne (I, 9), Figaro par Marceline (II, 18). Le comte parle de façon générale des « méchants » qui contrarient ses projets (II, 12) tandis que Figaro use du terme avec ironie dans la défense de son procès (« Sots ou méchants » III, 15).**

Parce qu'il a perdu sa forte connotation religieuse et que sa dimension morale est également atténuée, le « méchant » dans *Le Mariage de Figaro* qualifie le personnage « opposant » qui contrarie les projets des autres. Chérubin est ainsi un méchant page pour le comte, Bazile un « méchant homme » quand il soupçonne la vertu de Suzanne. Passant d'une réplique à une autre, il perd en intensité et finit par être utilisé sur le ton de la plaisanterie : Marceline qualifie ainsi son fils de « méchant » lorsque Figaro ne dissipe pas assez vite la jalousie de Suzanne. Pourtant fidèle à la philosophie des Lumières qui interroge sans cesse les dogmes et l'unicité de la vérité, Beaumarchais introduit le doute sur ce qualificatif moral : Bazile rappelle ainsi à Suzanne que l'homme méchant ne l'est peut-être jamais en soi et qu'il n'est que celui qui, dans un contexte donné, contrarie les désirs ou actions d'un autre. Tout n'est alors qu'une question de point de vue et à la faveur de l'obscurité ou d'un retournement de situation, le mal et le bien parfois s'inversent : le méchant d'hier devient le gentil d'aujourd'hui, à l'image de Marceline.

La

# grammaire 5

## 1. Les propositions subordonnées conjonctives circonstancielles

### 1. Construire la connaissance grammaticale

**Vers l'examen ▶** Question :

**« Quel que soit cet audacieux, il faudra qu'il pénètre ici. »**
**De combien de propositions se compose cette phrase ?**
**Analysez chacune d'elle.**

Une **proposition** est un groupe de mots organisé autour d'un verbe.
Une phrase **simple** est constituée d'une seule proposition. Une phrase **complexe** comporte autant de propositions que de verbes.

***Exemples :***
« On le dit. » (Phrase simple) / « Le berger dit que cela porte bonheur aux épouses délaissées. » (Phrase complexe, deux verbes conjugués, deux propositions).
Dans une phrase complexe, les différentes propositions peuvent être :
— **juxtaposées** quand elles sont séparées par une virgule ou un point-virgule ;
— **coordonnées** quand elles sont reliées par une conjonction de coordination (mais, ou, et, donc, or, ni, car) ;
— ou **subordonnées** quand elles sont reliées par une conjonction de subordination ou un pronom relatif qui rend dépendante l'une (dite subordonnée) de l'autre (dite principale).

***Exemples :***

**Propositions juxtaposées :**

« On se débat ; c'est vous, c'est lui, c'est moi, c'est toi. / Les plus coupables sont les moins généreux ; c'est la règle. »

**Propositions coordonnées :**

« Entrez dans une taverne et faites seulement ce geste au garçon. / Je payerai la demoiselle et je l'épouserai. » « Je payerai la donzelle ou je l'épouserai. »

**Propositions subordonnées :**

Il y a plusieurs natures de propositions subordonnées :

— les propositions subordonnées **relatives** complètent un nom ou un pronom de la proposition principale qui est nommé l'**antécédent**. Elles sont introduites par un pronom relatif simple (*qui, que, quoi, où, dont*) ou composé (*lequel, duquel, auquel*...) qui représente l'antécédent présent dans la principale. « Elle empoisonnerait **le plaisir que** j'ai de te trouver dans cette salle. / Ce n'est pas pour te priver **du baiser que** je t'ai pris. »

— Les propositions **conjonctives** qui complètent le verbe de la proposition principale ; elles sont :

- soit **complétives** et introduites par un verbe déclaratif (dire, voir, penser, constater...) suivi de *que, à ce que, de ce que*. « Je prédis qu'il mourra dans la peau du plus fier insolent. »
- soit **conjonctives circonstancielles** et viennent préciser, comme un complément circonstanciel, les conditions de réalisation du verbe de la proposition principale. Tout comme les compléments circonstanciels, elles peuvent en général être déplacées et/ou supprimées. Elles peuvent exprimer le but (*pour que, afin que, de peur que*...), la cause (*parce que, puisque, vu que, comme*...), le temps (*avant que, après que, pendant que*...), la conséquence (*de sorte que, au point que, tellement que*...), l'opposition (*alors que, cependant que*...), la concession (*bien que, quoique, sans que*...), la comparaison (*si, à la condition, pourvu que*...).

## ▸ Réponse :

**La phrase comporte trois propositions dont deux subordonnées : la première introduite par « quel que soit » (noter l'orthographe en trois mots et l'accord du verbe au subjonctif avec le sujet) exprime la concession ; la seconde (« qu'il pénètre ici ») introduite par « il faudra » est une subordonnée conjonctive complétive qui, elle, ne peut pas être supprimée ni déplacée.**

### 2. *La grammaire pour lire*

En fonction de la typologie proposée ci-dessus, identifiez les propositions principales et les subordonnées et précisez s'il s'agit de subordonnées conjonctives circonstancielles.
« Il a tant d'assurance qu'il finit par m'en inspirer. »
« Il faut relever la manche afin que l'amadis prenne mieux. »
« Je la supposais d'accord avec le comte quoique j'eusse appris de Bazile qu'elle l'avait toujours rebuté. »

### 3. *La grammaire pour s'exprimer*

L'expression orale, souvent fautive, modifie pourtant lentement la syntaxe écrite : ainsi il est fréquent aujourd'hui d'entendre le subjonctif suivre la locution « après que » dans les subordonnées conjonctives circonstancielles de temps. C'est pourtant l'usage de l'indicatif qui est la règle. On dit donc : « Je me suis couché **après que** le médecin **est** passé » et non « après qu'il soit passé ». Le subjonctif sert en effet à exprimer une action qui reste incertaine et soumise au doute, or dans le cas précis, « après que » marque une certitude quant au déroulement de l'action (le médecin est effectivement passé). C'est donc l'indicatif qui doit être utilisé. Pourtant l'usage oral a tendance à normaliser et généraliser les formulations. On aligne ainsi la subordonnée introduite par « après que » sur le subjonctif qui suit logiquement celle introduite par « avant que » : « Je me suis couché **avant que** le médecin ne **soit** passé. »

# 2. L'interrogation

**Vers l'examen ▶** Question :

**« Je taille encore ma plume et demande à chacun de quoi il est question. »**
**Quelle est la nature de cette interrogation (partielle ou totale, directe ou indirecte) et comment est-elle construite ?**

## *1. Construire la connaissance grammaticale*

Une phrase interrogative est un type de phrase qui s'oppose aux phrases affirmatives, exclamatives, impératives.

**— *Interrogation totale et interrogation partielle :***
Quand l'interrogation porte sur l'ensemble de la phrase, elle est **totale** et entraîne une réponse binaire (oui/non). (« Tiens, Figaro, voilà mon petit chapeau ; le trouves-tu mieux ainsi ? / Sans comparaison, ma charmante. »)
Quand l'interrogation porte sur un élément de la phrase autre que le verbe, elle est **partielle** et suppose qu'une information nouvelle soit donnée en réponse. (« Que mesures-tu donc là, mon fils ? / Je regarde, ma petite Suzanne, si ce beau lit que Monseigneur nous donne aura bonne grâce. »)
L'interrogation partielle peut être introduite par un pronom interrogatif (qui, que, lequel, laquelle), un adverbe interrogatif (comment, combien, quand, où, pourquoi), un adjectif interrogatif (quel, quelle).

**— *Interrogation directe et interrogation indirecte :***
L'interrogation peut être **directement posée** à un interlocuteur sous forme de dialogue : elle implique en ce cas une inversion du sujet (dans un registre soutenu), ou introduite par la locution « est-ce que » (dans un registre familier) et se clôture par un point d'interrogation. (« Qu'entendez-vous par ses paroles ? ») Elle peut être totale ou partielle.
L'interrogation peut être **indirecte** : la question se transforme alors en subordonnée (appelée interrogative indirecte) complétant le verbe de la proposition

principale dont le sens est « demander » (demander, s'interroger...). On perd les marques de l'interrogation directe : pas d'inversion du sujet ni de point d'interrogation. (« Je me demande ce que vous entendez par ces paroles. ») Là encore, elle peut être totale ou partielle.
Quand la phrase interrogative n'implique pas véritablement de réponse ou qu'elle la contient implicitement dans sa formulation, c'est une figure de style : elle est dite question **rhétorique** ou oratoire. (« Bon ! Madame, avec eux ne faut-il pas toujours en venir là ? »)
À l'oral, l'interrogation directe est marquée par une intonation ascendante en fin de phrase. À l'écrit, l'inversion du sujet et du verbe est fréquente ; elle implique l'ajout d'un trait d'union (« Veut-on me laisser faire ? ») et parfois d'un t euphonique mis entre deux traits d'union pour permettre la liaison de deux voyelles qui se suivent : (« Galopera-t-il celle-ci ? Surveillera-t-il celle-là ? ») Attention ! On écrit donc : « Y a-t-il ».

## ▶ Réponse :

**La première interrogation (« de quoi il est question ») est partielle car elle attend une réponse développée et est introduite par un pronom (« de quoi ») ; elle est indirecte, car introduite par le verbe demander qui est le verbe de la proposition principale.**

### 2. *La grammaire pour lire*

« Tu croyais, bon garçon, que cette dot qu'on me donne était pour les beaux yeux de ton mérite ? » « Que je vous laisse ici ? » Voici deux phrases interrogatives : déterminez leur nature (partielle/totale, directe/indirecte) et analysez leur construction. Quelles remarques pouvez-vous faire ?

### 3. *La grammaire pour s'exprimer*

On notera que dans la pièce de Beaumarchais de très nombreuses phrases interrogatives sont incomplètes voire fautives au regard des règles classiques de la construction grammaticale : l'objectif est de suivre au plus près la syntaxe orale pour un effet de vraisemblance mais également d'introduire un rythme plus rapide et dynamique dans les échanges. La syntaxe elliptique de l'interrogative participe alors à la gaîté tourbillonnante de la « folle journée ». C'est la caractéristique principale de l'esthétique du théâtre de Beaumarchais : l'ellipse se retrouve ainsi dans la syntaxe des phrases interrogatives mais aussi négatives. On la décèle également dans la succession rapide de répliques parfois réduites à un seul mot ou bien dans l'usage de l'asyndète, figure de style qui juxtapose sans connecteur logique ou coordination les propositions.

# 3. La négation

**Vers l'examen ▶ Question :**

**« Sans la liberté de blâmer, il n'est point d'éloge flatteur » : comment est construite la négation dans cette phrase ?**

## *1. Construire la connaissance grammaticale*

Une phrase négative exprime un fait qui n'est pas ; elle nie une affirmation. Une phrase affirmative, qu'elle soit déclarative, interrogative, impérative ou exclamative, peut subir une transformation négative. Le français distingue la négation qui porte sur toute la phrase, c'est-à-dire sur le verbe (négation totale) et la négation qui porte sur un seul mot autre que le verbe (négation partielle).

• ***Négation totale***

Elle se construit avec l'adverbe négatif *ne* +... un adverbe (*pas, point, jamais, guère, plus, aucun*) ou un pronom indéfini (*personne, nul, rien*), ou encore un déterminant indéfini (*aucun, nul*).

Il y a cependant des cas particuliers : quand on veut nier un verbe à l'infinitif, les deux éléments qui forment la négation sont placés avant celui-ci : *Je pense <u>ne pas venir</u>.* Dans la langue classique ou le registre soutenu, l'adverbe *ne* peut s'employer seul dans des expressions au subjonctif de souhait (« Ne vous déplaise », « À Dieu ne plaise »), mais également dans des phrases interrogatives (« Pourquoi ne puis-je venir ? ») ou avec les verbes cesser, oser, savoir et pouvoir (« Je n'ose vous parler »). Enfin, *ne* se transforme en *ni* dans une énumération négative : « Je ne peux pas bouger, ni parler. »

- ***Négation partielle***

On peut nier un groupe nominal par des prépositions qui viennent le modifier (« sans mal »), ou des locutions (« faute de moyens »).
La négation portant sur un nom, un adjectif, un adverbe (négation lexicale), est exprimée par un préfixe négatif ou privatif in-, im- (*impossible*), il-(*illogique*), ir-(*irréalisable*), mais aussi dé-(*déplaisant*), a-(*atypique*), mé-(*méconnu*), mal-(*malheureux*), non- (*non-violence*).
Attention ! L'adverbe *ne* peut être utilisé seul sans pour autant exprimer la négation avec des verbes de doute (« Je doute qu'il ne vienne »), de comparaison (« Il est plus beau que je ne croyais »), de crainte (« Je crains qu'il n'échoue »), de défense et après « avant que », « à moins que », « sans que ». Dans ce cas on le dit explétif.

**Les nuances apportées par la négation** - La phrase négative peut avoir plusieurs nuances de sens : négation catégorique d'une affirmation (« Je n'en veux point ! »), défense (c'est-à-dire négation d'un ordre : « Ne venez pas »), incertitude (couplée à l'usage du conditionnel : « Je ne saurais dire »), restriction (ne… que, appelée négation restrictive : « Il n'y a que vous ici »).
Une double négation équivaut à une affirmation : « je ne dis pas non… », « vous n'êtes pas sans savoir… ».

## 2. *La grammaire pour lire*

### *Comment la négation vient-elle soutenir le sens de « Sans la liberté de blâmer, il n'est point d'éloge flatteur » ?*

Il y a deux négations de natures différentes dans cette phrase : la première (« sans la liberté ») est une négation lexicale, qui nie un substantif par l'adjonction de la préposition « sans ». Cette dernière marque la privation, l'absence (ici de liberté) dans un complément circonstanciel de condition. La deuxième est une négation totale portant sur le verbe « est » et construite avec la locution adverbiale « ne… point ». La phrase exprime donc une double négation, ce qui revient à poser une affirmation implicite : l'éloge (le discours favorable au pouvoir ou à une personne) ne peut exister si son contraire (la critique) n'existe pas ; autrement dit, aucun discours n'a de valeur authentique si la contradiction est interdite. En utilisant la double négation, Beaumarchais défend ainsi de façon détournée son refus de la censure et sa conviction d'autoriser la liberté d'expression.

« ... il n'y a que les petits hommes qui redoutent les petits écrits » : quel sens a cette formulation ? Est-ce une négation ?

## 3. *La grammaire pour s'exprimer*

Dans le célèbre monologue de Figaro (V, 3), observez l'usage répété de la conjonction « ni » (2935-2943) et interprétez-le. Trouvez dans ce même monologue un emploi du « ne » explétif.

# Dissertation 6

**Rappel des principes de la dissertation**

Par la dissertation, vous allez faire état d'une lecture du *Mariage de Figaro*. **Cette lecture doit être organisée :** elle suivra donc un plan divisé en deux ou trois parties qui, tour à tour, présenteront un point de vue.
Le sujet qui est proposé présente un de ces points de vue. En l'analysant, vous dégagerez une **problématique**, qui constituera la base de votre développement.
Pensez à soigner la présentation, à vérifier votre orthographe, et pour cela réservez, dans le temps de l'exercice sur table, un moment consacré à vous relire.

***Sujet : Commentez cette affirmation de Beaumarchais tirée de la préface du* Mariage de Figaro *à partir de votre lecture de la pièce : « Mais le théâtre est un géant qui blesse à mort tout ce qu'il frappe. On doit réserver les grands coups pour les abus et les maux publics. »***

## ▶ ÉTAPE ①

***Compréhension du sujet et de ses implicites***

***Analyse du sujet :***

— Le sujet est tiré de la préface : il faut donc rétablir le contexte de la citation pour mieux en comprendre le sens. La phrase apparaît au début du texte quand Beaumarchais aborde la question des critiques injustes qu'on lui a adressées concernant l'immoralité de sa pièce (le problème de la « décence théâtrale »). Selon l'auteur, tout l'enjeu de la bienséance ne réside pas dans la représentation réaliste des vices et des défauts sociétaux (nécessaire d'après lui pour parvenir à toucher le public), mais dans la présence ou l'absence de visée morale de l'œuvre qui permettra de corriger les mœurs. Beaumarchais pose ainsi la question cruciale du pouvoir de l'art en général et en particulier du théâtre. Il postule une puissance propre de la représentation sur le public (la *catharsis* ou « purgation des mœurs » théorisée par Aristote), voire sur la société dans son ensemble.

— Par le biais de la figure de la personnification, il compare le genre théâtral à un « géant qui blesse à mort » : il faudra donc déterminer quels sont ses moyens esthétiques si frappants et démesurés (« grands coups ») mais surtout quels combats il mène et dans quelles limites pour ensuite en évaluer les effets. L'ennemi est en tout cas désigné : il s'agit « des abus et des maux publics » de la société d'Ancien Régime fondée sur la naissance et la division en trois ordres, sur le culte des apparences et l'hypocrisie courtisane, et sur la censure. Le théâtre aurait donc une vocation sociale et politique singulière : plus loin dans sa préface l'auteur nous éclaire ainsi sur ce que sa pièce souhaite « renverser de fond en comble », à savoir tout un système étatique fondé sur la corruption de la justice, de la presse, de l'économie et de la politique. Géant contre géant, excès contre abus... Le théâtre est conçu comme un pouvoir efficace mais dangereux s'il est mal utilisé : il a en effet la capacité de tuer et il peut aussi se fourvoyer en se trompant d'ennemi. La critique sociale doit donc être « générale », explique Beaumarchais et éviter « la satire odieuse et personnelle ». La fiction de la représentation aurait ainsi une incidence capitale sur le monde réel qu'elle peut non seulement dénoncer mais aussi infléchir, bouleverser ou détruire. Ce qui implique de bien choisir ses armes mais surtout son but : c'est la finalité morale de l'art. Beaumarchais s'inscrit dans une tradition intellectuelle qui, depuis Aristote en passant par Molière, donne au théâtre une fonction sociale et même politique de correction morale et d'engagement social. Mais au siècle des Lumières et des philosophes engagés, l'art théâtral quitte la scène pour conquérir la Cité : *Le Mariage de Figaro* a en effet la réputation d'avoir annoncé et peut-être même favorisé la Révolution française.

***<u>Vers la problématique :</u>***

— La métaphore filée du théâtre comme un géant armé est à **décrypter** : en quoi le pouvoir du théâtre diffère-t-il de celui des autres genres artistiques (roman, poésie) ? **(= singularité de l'art**

**dramatique)**. Quels sont ses armes et ses effets grossissants ? Comment les maîtriser et les agencer pour éviter de manquer son but ? **(= conception que Beaumarchais se fait de l'art dramatique)**. Comment enfin éviter une mauvaise compréhension du public et un malentendu ?
— Quelle est la finalité de la représentation théâtrale et en quoi réside l'art de « corriger les mœurs » ? (**= validation de la thèse exposée dans la citation)**. Comment surtout **équilibrer** cette visée morale et politique avec les autres grandes fonctions du théâtre : le plaisir esthétique et le divertissement ? (**= discussion et approfondissement de la thèse)**.

# ▶ ÉTAPE ②

### *Illustration et exploration de la problématique par la lecture de la pièce*

— Beaumarchais propose dans sa préface des éléments théoriques qui éclairent son projet : selon lui, la comédie contemporaine souffre de défauts majeurs voire d'une forme de décadence (intrigues rebattues et ennuyeuses, « éloges menteurs », « vers carrés, bien ronflants », absence de réalisme, pathos larmoyant) et il désire tout à la fois sortir des « chemins trop battus » (renouveler le genre en « frayant un nouveau sentier ») et revenir à la source du genre (« ancienne et franche gaîté », références à des grands modèles comme Racine, Lesage, Molière). Il définit donc une esthétique nouvelle fondée sinon sur l'excès du moins sur des effets scéniques et dramaturgiques forts et puissants destinés à toucher le public : « *grand* pathétique », « *profonde* moralité », « situations *fortes* », « bon et *vrai* comique », dénonciation des grands vices sociaux avec réalisme et surtout volonté de fonder l'intrigue sur une « disconvenance sociale » c'est-à-dire un déséquilibre, une distorsion critique. L'objectif de Beaumarchais est d'être audacieux, c'est-à-dire d'« oser » : un verbe au sens fort dont Kant fera justement en 1784 la devise de l'esprit des Lumières (« Ose savoir », « *Sapere aude* » dans *Qu'est-ce que les Lumières ?*) et que l'on retrouve à plusieurs reprises dans la pièce (I, 7 et 9 ; II, 2 ; IV, 7 ; V, 6).
— *Le Mariage de Figaro* répond à ce projet tout d'abord par sa portée de critique sociale et politique. Tour à tour, la pièce brocarde

le fonctionnement de la justice (« je m'en rapporte à votre équité, quoique vous soyez de notre justice »), les intrigues de la société de cour fondée sur les apparences et l'hypocrisie (« Médiocre et rampant on arrive à tout », « Il fallait un calculateur, ce fut un danseur qui l'obtint »), la violence arbitraire du droit « odieux » des seigneurs, les inégalités de conditions (valets/maîtres ; hommes/femmes ; enfants/adultes), la censure et la mauvaise foi du monde des lettres (« Je puis tout imprimer librement, sous l'inspection de deux ou trois censeurs »).

— Mais Beaumarchais veille à procéder « sans blesser » ou tout simplement avec prudence : les passages les plus contestataires usent ainsi de formules générales comme des aphorismes ou des sentences (« Les domestiques ici... sont plus longs à s'habiller que les maîtres ! C'est qu'ils n'ont point de valets pour les y aider ») et de pronoms indéfinis ou pluriels (« on, ils ») qui évitent de nommer directement le comte et la comtesse (I, 1 ; V, 3). On ne doit reconnaître personne en particulier, ce qui donne à la critique une remarquable portée générale mais également actuelle. Ce n'est qu'à la toute fin de la pièce (dans la scène 12) que Figaro, après avoir imaginé son duel avec le comte dans le monologue de la scène 3, ose l'affronter insolemment à la faveur de la confusion générale : « Vous commandez à tous ici, hors à vous-même », « Sommes-nous des soldats qui tuent et se font tuer pour des intérêts qu'ils ignorent ? »

— Les armes de Beaumarchais sont celles d'un « géant » et pour être efficaces et toucher le public qui doit rire et pleurer, elles relèvent d'une esthétique de l'excès propre à la comédie (jeux de scène, déguisements et soufflets, retournements de situation jusqu'à l'invraisemblance, jeux de mots et persifflage, comique de situation, de caractère, de langage...) mais également au drame sensible (coup de théâtre de la révélation des origines de Figaro, détresse et confusion du valet lorsqu'il se croit trompé, révolte de Marceline face à sa condition).

— Cependant pour avoir l'effet escompté, les procédés théâtraux et les jeux de scène doivent être parfaitement maîtrisés. Beaumarchais a ainsi particulièrement soigné sa composition et l'alternance entre les passages comiques et les passages dramatiques (mélange des genres ou comédie sérieuse), il a travaillé la mise en scène et fixé avec une extrême précision les costumes, l'ordre d'entrée des acteurs et les jeux de scène (didascalies, indications sur les décors). Dans sa préface, il rappelle d'ailleurs que si son texte semble écrit au fil de la plume tant il est naturel et spontané, il est le fruit d'un long travail (1778-1784) fait de corrections successives (étude des manuscrits, réutilisation de passages du *Barbier de Séville*, nombreuses coupures et variantes, variété de ton et de langage pour chaque personnage). « La facilité nous cache le travail… L'art se dérobe sous l'art… »

— Le résultat est convaincant : non seulement le succès est au rendez-vous mais la pièce gagne la réputation d'avoir inspiré les revendications révolutionnaires de 1789 (Danton : « Figaro a tué la noblesse »). Le célèbre monologue de Figaro qui oppose l'arbitraire de la naissance au mérite fait écho à l'abolition des privilèges lors de la nuit du 4 août 1789 puis à la Déclaration des droits de l'Homme et du citoyen du 26 août suivant. Quant à sa dénonciation de la censure, on s'en souviendra encore lorsque sera proclamée la liberté d'expression en 1881, sous la Troisième République. Le géant du théâtre aurait donc vaincu celui de l'Ancien Régime ?

— C'est parier sur un pouvoir performatif du langage (dire c'est agir ou le verbe crée la réalité) et une capacité d'influence du théâtre (c'est-à-dire d'une intrigue *représentée* par des acteurs directement face à une collectivité elle-même susceptible de réagir sur le moment) sur le réel que l'on peut toutefois interroger tant les interprétations et la réception de la pièce peuvent varier d'un spectateur à l'autre et d'un public à l'autre. L'esprit de tout art est peut-être plus celui de l'interrogation (voir la montée du trouble et de la confusion dans la pièce) que celui de l'affirmation. De plus, le théâtre, et tout particulièrement la comédie, a traditionnellement d'autres fonctions comme divertir et faire rire. Beaumarchais le rappelle lui-même dans sa préface en se référant à Molière : « la loi première, et peut-être la seule, est d'amuser en instruisant ». *Le Mariage de Figaro* corrige ainsi les mœurs et frappe au cœur des abus de l'Ancien Régime mais il est aussi un incroyable divertissement : cette « folle journée » qui met en œuvre tous les ressorts du comique. Faut-il pour autant opposer la critique sociale au plaisir de rire ? Pour Beaumarchais, c'est là précisément tout l'enjeu d'une pièce réussie : mêler, équilibrer, faire un contrepoint subtil entre les deux finalités de l'art. Si *Le Mariage de Figaro* y parvient, *La Mère coupable* y échouera.

## ▶ ÉTAPE ③

***Bâtir un plan***

**I. Une pièce qui dénonce les abus et maux publics : la contestation des abus de la société d'Ancien Régime et son actualité**

a) La critique sociale et politique dans *Le Mariage de Figaro*.

b) Une portée révolutionnaire qui ouvre sur des valeurs universelles.

c) La dimension actuelle de la pièce.

**II. Les armes du géant : l'art dramatique de Beaumarchais**

a) Des situations fortes de disconvenance sociale et une composition dynamique.

b) Une puissante arme contestataire : le monologue.

c) Le rire corrosif ou les vertus de l'insolence.

**III. Du géant au fou : la comédie sérieuse ou l'art d'instruire en amusant**

a) Une autre fonction du théâtre : l'esprit carnavalesque de la farce, du burlesque et de la pantomime.

b) Un subtil équilibre esthétique : la comédie et le drame, le rire et la morale.

c) Un nouvel art théâtral ? Du valet révolté à l'homme qui s'interroge.

# Groupement de textes 7
## La comédie du valet

Au Moyen Âge, le *vaslet* est un jeune homme qui, comme le page, est envoyé chez un seigneur pour le servir afin de devenir chevalier à l'issue de sa formation. Le valet est donc d'origine noble et peut même être « fils de prince » ou de roi. Mais un glissement de sens s'effectue du service féodal (le mot latin *vassalus* donne simultanément « valet » et « vassal ») au service domestique. Peu à peu, le valet se voit attribuer des tâches moins valorisées : il devient tout d'abord un apprenti puis, à partir du XVIe siècle, un serviteur aux fonctions subalternes et souvent jugées méprisables (valet de chambre, valet de ferme, valet d'écurie). Présent dans la comédie dès l'Antiquité (chez Plaute, le « *servus currens* » est le serviteur qui court pour échapper au maître qui veut le punir de ses tromperies), le valet est un personnage rusé, voleur et bon vivant. La *commedia dell'arte* italienne hérite de cette tradition et crée des types de valets et de servantes pittoresques et stéréotypés : Arlequin, reconnaissable à son costume bigarré, est un bouffon, paresseux et peu subtil tandis que Polichinelle, vêtu de blanc et affublé d'un masque au nez crochu, est un paysan rusé, souvent grossier et gourmand. Tous se jouent de leurs maîtres en les manipulant, en les volant et même en les rouant de coups quitte à être battus en retour ou à risquer d'avoir des démêlés avec la justice. Les effets comiques se concentrent autour de leurs personnalités : chutes, soufflets et déguisements, accents ridicules, persiflage, allusions grossières ou satire discrète des maîtres. Amoral et le plus souvent ridicule dans la comédie italienne, le valet gagne avec Molière en profondeur à mesure qu'il devient un confident : il met ainsi son art de la ruse au service de son maître, ce qui le rend sympathique et valorise son intelligence, son rire fait vaciller les dogmes et inverse les valeurs, son bon sens désamorce la pédanterie, les malversations ou l'hypocrisie des dominants, sa simplicité contraste avec les artifices de l'aristocratie. Ses questions aux apparences naïves soulèvent surtout des débats très sérieux sur la croyance religieuse (*Dom Juan*, *Tartuffe*), sur la légitimité du savoir (*Le Malade imaginaire*) ou sur la nature du sentiment amoureux (*Le Misanthrope*). Enfin, Molière distingue les servantes pleines de bon sens des valets souvent plus lourds. Au XVIIIe siècle, la fonction du valet évolue : de confident, il devient alors un complice et même un rival.

Chez Carlo Goldoni (*La Servante aimante*, 1752), les servantes défendent les intérêts de leurs maîtres, obtiennent pour eux de l'argent ou négocient des alliances avantageuses. Le valet s'embourgeoise et défend les valeurs d'une classe montante à laquelle il prétend désormais appartenir. Et si la plupart des servantes refusent encore l'offre de mariage que leurs maîtres leur font, la convenance sociale (le refus de la mésalliance) est de plus en plus fragilisée. Chez Marivaux, l'échange des rôles entre le serviteur et son maître permet d'interroger l'artifice des hiérarchies sociales (ne peut-on aimer qu'un être de sa condition ?) mais également les injustices subies par les plus faibles (qu'est-ce qui fonde le pouvoir d'un être sur un autre ?). Chez Beaumarchais enfin, le valet est placé au centre de l'intrigue (il se marie) et il tombe amoureux. Il trouve son égale voire sa supérieure dans la soubrette, pour le plus grand plaisir d'un public féminin dont l'opinion est de plus en plus influente. Le valet continue de rire mais il se révolte aussi et philosophe. Sous le costume de la livrée se révèle alors un homme ou une femme. La ruse se mue en esprit et la comédie s'efface devant le drame : chez Hugo, le laquais Ruy Blas tombe amoureux d'une reine et lui sacrifie tout. Le personnage secondaire rusé et ridicule est devenu un héros romantique, grand et noble ; l'enveloppe sociale se fend et découvre un être humain, profond et généreux, mais peut-être trop sérieux.

**Molière (1622-1673)**
*Dom Juan* (1665)
(Folio théâtre)

❛ Molière a écrit *Dom Juan ou le Festin de pierre*, une comédie en cinq actes et en prose, en remplacement du *Tartuffe* interdit dès sa première représentation. Il y reprend la thématique de l'hypocrisie des faux-dévots à laquelle il ajoute celle du défi religieux et de l'athéisme des libertins. On retrouve aux côtés de Dom Juan le valet Sganarelle que Molière avait déjà mis en scène avec succès dans *Sganarelle ou le cocu* imaginaire (1660) et qu'il reprendra la même année que *Dom Juan* dans *L'Amour médecin*, puis en 1666 dans *Le Médecin malgré lui*. C'est pourtant face au « grand seigneur méchant homme » que le valet atteint toute sa profondeur : maladroit, gourmand, peureux et intéressé, Sganarelle hérite du serviteur de la *commedia dell'arte*, mais sa relation avec son maître est complexe. Son rôle de confident permet en effet à

Dom Juan d'exposer librement ses projets et ses convictions au risque de faire parfois passer la pièce pour une apologie du libertinage. Ses questions maladroites poussent également le séducteur dans ses retranchements. Bien que terrifié par son maître, Sganarelle ne peut s'empêcher de l'admirer aussi. Il est souvent son complice et tente de l'imiter. Il est le contrepoint comique qui atténue la noirceur du personnage principal. Sa maladresse et son incapacité à défendre les bonnes mœurs, la religion et la morale seront reprochées à Molière et serviront d'argument pour censurer la pièce. »

**SGANARELLE** — Je veux savoir un peu vos pensées à fond. Est-il possible que vous ne croyiez point du tout au Ciel ?

**DOM JUAN** — Laissons cela.

**SGANARELLE** — C'est-à-dire que non. Et à l'Enfer ?

**DOM JUAN** — Eh !

**SGANARELLE** — Tout de même. Et au diable, s'il vous plaît ?

**DOM JUAN** — Oui, oui.

**SGANARELLE** — Aussi peu. Ne croyez-vous point à l'autre vie ?

**DOM JUAN** — Ah ! ah ! ah !

**SGANARELLE** — Voilà un homme que j'aurai bien de la peine à convertir. Et dites-moi un peu, le Moine-Bourru, qu'en croyez-vous, eh !

**DOM JUAN** — La peste soit du fat !

**SGANARELLE** — Et voilà ce que je ne puis souffrir, car il n'y a rien de plus vrai que le Moine-Bourru, et je me ferais pendre pour celui-là. Mais encore faut-il croire en quelque chose dans le monde : qu'est-ce donc que vous croyez ?

**DOM JUAN** — Ce que je crois ?

**SGANARELLE** — Oui.

**DOM JUAN** — Je crois que deux et deux sont quatre, Sganarelle, et que quatre et quatre sont huit.

**Sganarelle** — La belle croyance et les beaux articles de foi que voici ! Votre religion, à ce que je vois, est donc l'arithmétique ? Il faut avouer qu'il se met d'étranges folies dans la tête des hommes, et que pour avoir bien étudié, on en est bien moins sage le plus souvent. Pour moi, monsieur, je n'ai point étudié comme vous, Dieu merci, et personne ne saurait se vanter de m'avoir jamais rien appris ; mais avec mon petit sens et mon petit jugement, je vois les choses mieux que tous les livres, et je comprends fort bien que ce monde que nous voyons n'est pas un champignon, qui soit venu tout seul en une nuit. Je voudrais bien vous demander qui a fait ces arbres-là, ces rochers, cette terre, et ce ciel que voilà là-haut, et si tout cela s'est bâti de lui-même. Vous voilà vous, par exemple, vous êtes là : est-ce que vous vous êtes fait tout seul, et n'a-t-il pas fallu que votre père ait engrossé votre mère pour vous faire ? Pouvez-vous voir toutes les inventions dont la machine de l'homme est composée sans admirer de quelle façon cela est agencé l'un dans l'autre : ces nerfs, ces os, ces veines, ces artères, ces… ce poumon, ce cœur, ce foie, et tous ces autres ingrédients qui sont là, et qui… Ah ! dame, interrompez-moi donc si vous voulez : je ne saurais disputer si l'on ne m'interrompt ; vous vous taisez exprès et me laissez parler par belle malice.

**Dom Juan** — J'attends que ton raisonnement soit fini.

**Sganarelle** — Mon raisonnement est qu'il y a quelque chose d'admirable dans l'homme, quoi que vous puissiez dire, que tous les savants ne sauraient expliquer. Cela n'est-il pas merveilleux que me voilà ici, et que j'aie quelque chose dans la tête qui pense cent choses différentes en un moment, et fait de mon corps tout ce qu'elle veut ? Je veux frapper des mains, hausser le bras, lever les yeux au ciel, baisser la tête, remuer les pieds, aller à droite, à gauche, en avant, en arrière, tourner…

*Il se laisse tomber en tournant.*

**Dom Juan** — Bon ! voilà ton raisonnement qui a le nez cassé.

**Sganarelle** — Morbleu ! je suis bien sot de m'amuser à raisonner avec vous. Croyez ce que vous voudrez : il m'importe bien que vous soyez damné !

**Dom Juan** — Mais tout en raisonnant, je crois que nous sommes égarés. Appelle un peu cet homme que voilà là-bas, pour lui demander le chemin.

(Acte III, scène 1)

**1. Quelles sont les étapes du « raisonnement » de Sganarelle ? En quoi est-il une parodie d'argumentation ?**
**2. Comment réagit Dom Juan ? Étudiez la relation maître-valet dans ce passage.**
**3. Faites un portrait de Sganarelle à partir de ce passage : en quoi est-il un valet traditionnel de comédie ? En quoi s'en distingue-t-il ?**

*Les Fourberies de Scapin* (1671)
(Folioplus classiques)

❝ Avec *Les Fourberies de Scapin*, Molière propose un spectacle « total » qui porte à leur paroxysme tous les registres du comique. Le personnage de Scapin, d'origine italienne, se distingue du Sganarelle puisé, quant à lui, dans la comédie espagnole : il est plus spirituel et moins pédant que lui. Scapin est en effet un virtuose de la ruse et de l'improvisation en enchaînant « machine » sur « machine » et en se payant le luxe de narrer à ses victimes celles qu'il a exécutées par le passé. Il se moque non seulement des pères mais également de leurs fils : il leur extorque de l'argent, se venge sans vergogne et distribue des coups de bâton en virevoltant d'une scène à l'autre. Roublard, comédien lorsqu'il feint sa propre mort mais également metteur en scène lorsqu'il déguise un autre valet en spadassin, Scapin est un véritable artiste. Dans cette scène, son maître Léandre, qui vient de le rudoyer, apprend soudainement que sa fiancée vient d'être enlevée. Il implore alors l'aide de son ingénieux serviteur mais Scapin fait monter les enchères en inversant la relation de pouvoir et en (re)devenant le maître du jeu. ❞

**Léandre** — Ah ! mon pauvre Scapin, j'implore ton secours.

**Scapin,** *passant devant lui avec un air fier* — « Ah ! mon pauvre Scapin. » Je suis « mon pauvre Scapin » à cette heure qu'on a besoin de moi.

**Léandre** — Va, je te pardonne tout ce que tu viens de me dire, et pis encore, si tu me l'as fait.

**SCAPIN** — Non, non, ne me pardonnez rien. Passez-moi votre épée au travers du corps. Je serai ravi que vous me tuiez.

**LÉANDRE** — Non. Je te conjure plutôt de me donner la vie, en servant mon amour.

**SCAPIN** — Point, point : vous ferez mieux de me tuer.

**LÉANDRE** — Tu m'es trop précieux ; et je te prie de vouloir employer pour moi ce génie admirable, qui vient à bout de toute chose.

**SCAPIN** — Non, tuez-moi, vous dis-je.

**LÉANDRE** — Ah ! de grâce, ne songe plus à tout cela, et pense à me donner le secours que je te demande.

**OCTAVE** — Scapin, il faut faire quelque chose pour lui.

**SCAPIN** — Le moyen, après une avanie de la sorte ?

**LÉANDRE** — Je te conjure d'oublier mon emportement, et de me prêter ton adresse.

**OCTAVE** — Je joins mes prières aux siennes.

**SCAPIN** — J'ai cette insulte-là sur le cœur.

**OCTAVE** — Il faut quitter ton ressentiment.

**LÉANDRE** — Voudrais-tu m'abandonner, Scapin, dans la cruelle extrémité où se voit mon amour ?

**SCAPIN** — Me venir faire à l'improviste un affront comme celui-là !

**LÉANDRE** — J'ai tort, je le confesse.

**SCAPIN** — Me traiter de coquin, de fripon, de pendard, d'infâme !

**LÉANDRE** — J'en ai tous les regrets du monde.

**SCAPIN** — Me vouloir passer son épée au travers du corps !

**LÉANDRE** — Je t'en demande pardon de tout mon cœur ; et s'il ne tient qu'à me jeter à tes genoux, tu m'y vois, Scapin, pour te conjurer encore une fois de ne me point abandonner.

**OCTAVE** — Ah ! ma foi ! Scapin, il se faut rendre à cela.

**SCAPIN** — Levez-vous. Une autre fois, ne soyez point si prompt.

**Léandre** — Me promets-tu de travailler pour moi ?

**Scapin** — On y songera.

**Léandre** — Mais tu sais que le temps presse.

**Scapin** — Ne vous mettez pas en peine. Combien est-ce qu'il vous faut ?

**Léandre** — Cinq cents écus.

**Scapin** — Et à vous ?

**Octave** — Deux cents pistoles.

**Scapin** — Je veux tirer cet argent de vos pères. Pour ce qui est du vôtre, la machine est déjà toute trouvée ; et quant au vôtre, bien qu'avare au dernier degré, il y faudra moins de façon encore, car vous savez que pour l'esprit, il n'en a pas grâces à Dieu ! grande provision, et je le livre pour une espèce d'homme à qui l'on fera toujours croire tout ce que l'on voudra. Cela ne vous offense point : il ne tombe entre lui et vous aucun soupçon de ressemblance ; et vous savez assez l'opinion de tout le monde, qui veut qu'il ne soit votre père que pour la forme.

**Léandre** — Tout beau, Scapin.

**Scapin** — Bon, bon ; on fait bien scrupule de cela : vous moquez-vous ? Mais j'aperçois venir le père d'Octave. Commençons par lui, puisqu'il se présente. Allez-vous-en tous deux. Et vous, avertissez votre Silvestre de venir vite jouer son rôle.

(Acte II, scène 4)

**1. Dans quelle mesure Scapin inverse progressivement la relation de pouvoir entre lui et son maître. Quel portrait fait-il du père de Léandre et que sous-entend-il à la fin de sa tirade ?**
**2. Observez les répliques de Léandre : comment se comporte-t-il avec son valet ? Comment essaie-t-il de le convaincre de l'aider ?**
**3. Dans quelle mesure Scapin et Léandre sortent-ils de leur condition sociale dans cette scène ?**

**Marivaux (1688-1763)**
*Le Jeu de l'amour et du hasard* (1730)
(Folio théâtre)

« Dans *Le Jeu de l'amour et du hasard,* Marivaux met en scène Silvia et Dorante, deux jeunes gens bien nés dont le mariage a été arrangé par leurs parents. Afin de s'assurer de la solidité des sentiments de son futur époux, Silvia décide de faire sa connaissance en prenant l'identité de sa servante Lisette. Mais Dorante fait de même et se présente à Silvia-Lisette sous les traits de son valet. De leur côté, Lisette et Arlequin acceptent de jouer le rôle de leurs maîtres. Chacun découvrira alors combien la condition des serviteurs est faite d'humiliations et de contraintes et combien celles des maîtres est libre et agréable. Entre Lisette et Silvia le ton monte parfois, la première profitant de la situation pour glisser quelques remarques acerbes sur sa maîtresse. Dans cette première scène de rencontre, Dorante et Silvia, à la fois séduits et troublés, sont confrontés au hiatus entre leur situation sociale supposée et le charme et le raffinement dont ils font tous les deux preuve. Personne ne semble plus à sa place. Marivaux en profite non seulement pour souligner les codes de présentation, de comportement et d'expression propres à chaque classe sociale, mais il met ses personnages face à l'inconséquence de leur mépris et préjugés de classe : pourquoi les valets doivent-ils se tutoyer plutôt que se vouvoyer, pourquoi faut-il respecter une femme noble alors qu'on séduit sans ambages une soubrette ? Que peut l'amour face au déshonneur de la mésalliance ? Si l'on aime vraiment un être, qu'importe sa condition : Dorante, qui s'est dévoilé, finira par demander en mariage celle qu'il croit être une servante. Mais après tous ces subversifs jeux de déguisement, tout rentre « heureusement » dans l'ordre : les bien nés se reconnaissent et peuvent enfin s'unir. L'épreuve aura moins servi à contester l'ordre social qu'à prouver la sincérité de leurs sentiments. »

SILVIA, DORANTE

**Silvia**, *à part.* — Ils se donnent la comédie, n'importe, mettons tout à profit, ce garçon-ci n'est pas sot, et je ne plains pas la soubrette qui l'aura ; il va m'en conter, laissons-le dire pourvu qu'il m'instruise.

**Dorante**, *à part.* — Cette fille-ci m'étonne, il n'y a point de femme au monde à qui sa physionomie ne fît honneur, lions connaissance avec elle... *Haut.* Puisque nous sommes dans le style amical et que nous avons abjuré les façons, dis-moi, Lisette, ta maîtresse te vaut-elle ? elle est bien hardie d'oser avoir une femme de chambre comme toi.

**Silvia** — Bourguignon, cette question-là m'annonce que suivant la coutume, tu arrives avec l'intention de me dire des douceurs, n'est-il pas vrai ?

**Dorante** — Ma foi, je n'étais pas venu dans ce dessein-là, je te l'avoue ; tout valet que je suis, je n'ai jamais eu de grande liaison avec les soubrettes, je n'aime pas l'esprit domestique ; mais à ton égard c'est une autre affaire ; comment donc, tu me soumets, je suis presque timide, ma familiarité n'oserait s'apprivoiser avec toi, j'ai toujours envie d'ôter mon chapeau de dessus ma tête, et quand je te tutoie, il me semble que je jure ; enfin j'ai un penchant à te traiter avec des respects qui te feraient rire. Quelle espèce de Suivante es-tu donc avec ton air de Princesse ?

**Silvia** — Tiens, tout ce que tu dis avoir senti en me voyant, est précisément l'histoire de tous les valets qui m'ont vue.

**Dorante** — Ma foi, je ne serais pas surpris quand ce serait aussi l'histoire de tous les maîtres.

**Silvia** — Le trait est joli assurément ; mais je te le répète encore, je ne suis pas faite aux cajoleries de ceux dont la garde-robe ressemble à la tienne.

**Dorante** — C'est-à-dire que ma parure ne te plaît pas ?

**Silvia** — Non, Bourguignon ; laissons là l'amour, et soyons bons amis.

**Dorante** — Rien que cela : ton petit traité n'est composé que de deux clauses impossibles.

**Silvia**, *à part.* — Quel homme pour un valet ! *Haut.* Il faut pourtant qu'il s'exécute ; on m'a prédit que je n'épouserais jamais qu'un homme de condition, et j'ai juré depuis de n'en écouter jamais d'autres.

**Dorante** — Parbleu, cela est plaisant, ce que tu as juré pour homme, je l'ai juré pour femme moi, j'ai fait serment de n'aimer sérieusement qu'une fille de condition.

**Silvia** — Ne t'écarte donc pas de ton projet.

**Dorante** — Je ne m'en écarte peut-être pas tant que nous le croyons, tu as l'air bien distingué, et l'on est quelquefois fille de condition sans le savoir.

**Silvia** — Ah, ah, ah, je te remercierais de ton éloge si ma mère n'en faisait pas les frais.

(Acte I, scène 6)

**1. Quels préjugés sur les valets expriment Dorante et Silvia ? Comment sont-ils remis en question ?**
**2. Observez les apartés et jeux de scène dans le passage : que peut-on en déduire sur la conception que Marivaux se fait l'art dramatique ?**
**3. À partir de l'étude des répliques échangées entre les deux personnages, tentez une définition du marivaudage.**

**Bertolt Brecht (1898-1956)**
*Maître Puntila et son valet Matti* (1948)
(trad. M. Cadot © L'Arche)

En 1940, Bertolt Brecht est en exil en Finlande chez l'écrivaine Hella Wuolijoki qui lui fait lire une de ses pièces, non publiée, dans laquelle elle raconte les aventures d'un grand propriétaire terrien qui devient sympathique dès qu'il a trop bu. Avec l'autorisation de son amie, Brecht reprend le sujet et crée le personnage paradoxal de Puntila, terriblement odieux avec ses domestiques et son entourage quand il est sobre, mais qui se révèle soudainement fraternel et compatissant sous l'effet de l'alcool. Brecht lui adjoint le personnage du valet Matti qui le supporte en toute situation avec calme et bon sens mais qui sait aussi lui résister et lui éviter bien des ennuis. Brecht retrouve ici la veine de la comédie traditionnelle mais son engagement communiste transforme la classique relation maître-valet en véritable lutte des classes. Peu avant la scène proposée en extrait, le maître, fortement endetté, a souhaité contraindre sa fille Eva à se marier à un fonctionnaire aisé. Matti offre son aide à la jeune femme : ils feindront de prendre le bain ensemble et feront exprès d'être surpris par Puntila et le prétendant d'Eva. Matti répète avec la jeune femme la conversation censée la compromettre. Mais ils se prennent à leur propre jeu : la relation de domination sociale se double alors d'une relation de séduction qui rétablit une forme d'équilibre entre les deux protagonistes. ❟

**EVA.** Comment envisagez-vous de m'aider dans quelque chose d'aussi délicat ?

**MATTI.** Supposons que je me sois senti encouragé par les paroles amicales de monsieur Puntila, que vous devriez me prendre, ce qu'il a laissé échapper dans son ivresse. Et vous vous sentez attirée par ma force brutale, pensez à Tarzan, et l'attaché nous surprend et se dit : elle n'est pas digne de moi et elle traînaille avec un chauffeur.

**EVA.** Je ne peux pas exiger ça de vous.

**MATTI.** Ça ferait partie de mon service comme le lavage de voiture. Ça prendrait un petit quart d'heure. Nous n'avons qu'à lui montrer que nous sommes au mieux.

**EVA.** Et comment voulez-vous montrer ça ?

**MATTI.** Je peux vous appeler par votre prénom quand il est là.

**EVA.** Comment, par exemple ?

**MATTI.** « Cette blouse n'est pas fermée dans le cou, Eva. »

**EVA,** *se passe la main dans le cou.* Si, elle est fermée, ah bon, vous avez commencé de jouer ! Mais ça lui sera égal. Il n'est pas si susceptible, pour ça il a trop de dettes.

**MATTI.** Alors je pourrais comme par mégarde tirer en même temps que mon mouchoir un de vos bas, pour qu'il le voie.

**EVA.** C'est déjà mieux, mais dans ce cas il dira que vous vous êtes contenté de le rafler, alors que je n'étais pas là, parce que vous m'adorez en secret. *Un temps.* Vous ne manquez pas d'imagination dans ce genre de choses, à ce qu'il me semble.

**MATTI.** Je fais de mon mieux, mademoiselle Eva. Je me représente toutes les situations possibles et les circonstances embarrassantes entre nous deux, pour que quelque chose de valable me vienne à l'idée.

**EVA.** Abstenez-vous-en.

**MATTI.** Bon, je m'abstiens.

**EVA.** Quoi par exemple ?

**MATTI.** S'il a de si grosses dettes, il faut que nous sortions ensemble directement du bain, ça ne marchera pas à moins, il peut toujours trouver une excuse pour que ça paraisse innocent. Par exemple, si je me contente de vous couvrir de baisers, il peut dire que je suis devenu pressant parce que je n'ai pas pu me contenir davantage, à la vue de votre beauté. Et ainsi de suite.

**EVA.** Je ne sais jamais quand vous vous moquez et quand vous riez dans mon dos. Avec vous on n'est pas certain.

**MATTI.** Pourquoi voulez-vous donc être certaine ? Vous ne cherchez pas à placer votre argent. L'incertain est bien plus humain, pour parler comme monsieur votre père. J'aime les femmes incertaines.

**EVA.** Je peux m'imaginer ça de votre part.

**MATTI.** Vous voyez, vous aussi vous avez une très bonne imagination.

**EVA.** J'ai seulement dit qu'avec vous on ne peut jamais savoir ce que vous voulez au juste.

**MATTI.** Chez un dentiste non plus vous ne pouvez pas savoir ce qu'il veut au juste, quand vous êtes assise dans son fauteuil.

**EVA.** Voyez-vous, quand vous parlez ainsi, je me rends compte que l'histoire du bain ne peut pas aller avec vous, parce qu'il est certain que vous abuseriez de la situation.

**MATTI.** Voilà qu'on retrouve quelque chose de certain. Si vous hésitez encore longtemps, je vais perdre l'envie de vous compromettre, mademoiselle Eva.

**EVA.** Il vaut bien mieux que vous le fassiez sans envie particulière. Je veux vous dire quelque chose, je suis d'accord pour le bain, je vous fais confiance. Ils vont avoir bientôt fini le petit déjeuner, et alors ils iront sûrement faire les cent pas sur la terrasse pour discuter des fiançailles. Le mieux est qu'on y entre tout de suite.

1. En quoi le comportement de Matti correspond-il à celui d'un valet traditionnel ? En quoi s'en distingue-t-il ?
2. Caractérisez l'attitude d'Eva à l'égard de Matti tout au long du passage.
3. Comment Brecht modernise-t-il les lieux communs de la comédie classique ?

# 8 Exercices d'appropriation

Voici quelques pistes pour vous aider dans votre lecture du *Mariage de Figaro* :

## 1. L'art de la scène

• Vous êtes metteur en scène : imaginez la scénographie et le placement et les mouvements des acteurs pour les scènes suivantes : Acte I, sc 8 et 9 ; Acte III, sc 6 à 19. Quelles contraintes observez-vous ? Quelle importance Beaumarchais donne-t-il à la pantomime ? Qu'en déduisez-vous sur sa conception du théâtre ?
• Quel rôle et quel symbolisme attribuer aux objets dans la pièce ?
• Imaginez le jeu de scène et les variations de ton de l'acteur qui joue Figaro dans le monologue de l'acte V.

## 2. Les personnages

• De quel personnage vous sentez-vous le plus proche et pourquoi ?
• Faites un tableau qui illustre la présence (y compris muette) des personnages pour chaque acte et chaque scène. Comptabilisez les présences de Figaro, de Suzanne, du comte et de la comtesse. Qu'en déduisez-vous concernant leur importance et leurs relations ?
• Repérez les doubles et les personnages symétriques dans la pièce. Étudiez tout particulièrement Suzanne et la comtesse. Sont-elles interchangeables ? Comment imaginez-vous que l'actrice qui joue Suzanne interprètera la scène 8 de l'acte V ?
• Quel rôle joue le peuple dans la pièce ?
• Pourquoi a-t-on pu dire que Chérubin est le cœur battant de la pièce ?

## 3. Écrits d'invention

• Vous êtes directeur d'un théâtre et vous décidez de mettre à l'affiche la pièce de Beaumarchais. Justifiez votre choix en écrivant la plaquette de présentation destinée au public. Vous pourrez notamment souligner la modernité de l'œuvre.

• Suzanne tente de résister aux avances du comte sans l'aide de Figaro. Écrivez le discours qu'elle adresse à son maître et la réaction de ce dernier.

## 4. Du livre à l'opéra

• Regardez *Les Noces de Figaro* de Mozart : comparez la scène du monologue dans les deux œuvres. Écoutez l'air de Chérubin (« *Voi che sapete…* ») : correspond-il à l'image que vous vous faisiez du personnage ?

## 5. Lecture cursive

Préparez une fiche sur une œuvre que vous avez étudiée ou choisie en lecture cursive :

• Vous saurez la situer dans l'histoire littéraire, dans un genre, et présenter son auteur. Vous en ferez un résumé, choisirez trois citations que vous aimez et que vous apprendrez par cœur. Vous direz comment elle complète ou dialogue avec la lecture intégrale du *Mariage de Figaro*.

• Vous préciserez enfin ce que vous a apporté cette lecture, dans votre vie au sens large comme dans votre vie de lecteur. Quel regard, par exemple, vous a-t-elle engagé à porter sur le monde ? Vous pouvez sélectionner quelques passages forts ou un élément qui a particulièrement retenu votre intérêt. Il s'agit de pouvoir défendre la lecture (au sens d'interprétation) particulière que vous avez faite de cette œuvre.

• Et si vous choisissez *Le Barbier de Séville* ou *La Mère coupable* du même Beaumarchais, dites quelle pièce de la trilogie vous préférez et pourquoi.

# Corrections

## GRAMMAIRE

### Les propositions subordonnées conjonctives circonstancielles (p. 269)

Toutes ces phrases comportent une subordonnée conjonctive circonstancielle. La première, introduite par « tant... que », exprime la conséquence. La seconde introduite par « afin... que » exprime le but. Dans la dernière, il y a également deux propositions subordonnées : la première introduite par « quoique » (en un seul mot) exprime la concession mais la seconde introduite par le verbe « apprendre » est une conjonctive complétive.

### L'interrogation (p. 271)

Selon la règle, il n'y a ni inversion du sujet ni point d'interrogation final. La seconde phrase est une interrogation totale, car demandant une réponse (oui/non) et directe, puisque l'on constate les marques de l'énonciation directe. Si elle est marquée par le point d'interrogation final, elle ne comporte pas d'inversion du sujet, ce qui souligne le caractère oral de la réplique. La troisième phrase est une interrogative totale (car réponse attendue en oui/non) et indirecte ! En effet, Beaumarchais élide ici la proposition principale, comme c'est souvent le cas dans ses pièces; il faut restituer la phrase suivante : « Faut-il que je vous laisse ici ? »). Ou plus recherché mais fréquent dans la pièce : « Vous laissé-je ici ? » (à l'indicatif, l'inversion de certains verbes et du pronom personnel « je » entraîne une modification euphonique : *e* devient é prononcé *è*). Là encore, c'est le caractère oral et spontané qui est à l'œuvre.

### La négation (p. 274)

La première proposition comporte la négation partielle restrictive « ne... que » portant sur le groupe nominal « les petits hommes », provoquant un effet d'exclusion quant à tous les autres hommes. Son sens n'est donc pas négatif, mais affirmatif. Il peut être transcrit ainsi : « seuls les petits hommes craignent les petits écrits ». Dans le langage oral, l'adverbe *ne* est souvent omis, de façon fautive. Il est en effet obligatoire : « Je **ne** bois que du thé. »

## GROUPEMENT DE TEXTES

### *Dom Juan* (p. 282)

**1.** Sganarelle commence par poser des questions à son maître à propos de ses croyances car il part du principe que tout homme doit avoir foi en quelque chose. Mais la liste des croyances (Enfer, Ciel...) aboutit par dégradation à une ridicule superstition (moine bourru) que le valet présente comme indubitable. Ayant enfin obtenu une réponse (la foi dans la Raison et la science mathématique), Sganarelle se lance dans une tirade argumentative : dans l'exorde, il dévalorise la position de son maître puis énonce un aphorisme à valeur générale sur la sagesse humaine, qu'il distingue de l'instruction. Il se présente ensuite comme un être ignorant mais plus sensé que bien de savants et s'attache à montrer, dans une brève narration, que l'existence des merveilles du monde prouve l'existence de Dieu. Une énumération d'exemples puisés dans le domaine de l'astronomie puis de la biologie le conduit à une confirmation théorique : il y a quelque chose de miraculeux dans l'être humain qui ne peut provenir que de Dieu. Mais il tombe en s'agitant et en tournant sur lui-même et son raisonnement s'achève non sur la traditionnelle péroraison mais sur sa chute ridicule. Sganarelle pastiche le discours argumentatif en ce qu'il use de questions rhétoriques, se met en jeu dans sa tirade (éthos) et illustre abondamment son propos. Cette imitation est parodique : la naïveté des exemples choisis, leur énumération hétéroclite et leur mise en scène rendue comique par la gestuelle du valet détruisent l'apparent sérieux de ses mots.

**2.** Dom Juan commence par récuser toutes les croyances que lui propose son valet et finit par trancher assez brutalement par un juron. Il semble cependant vouloir se distraire en laissant parler Sganarelle; il écoute son discours avec amusement mais le conclut avec ironie. La relation maître/valet pourrait ici s'inverser à la faveur du changement de costume effectué par les deux hommes. Sganarelle tente d'imiter voire d'égaler son maître en se disant plus sage que lui. Mais Molière veille à lui conserver son statut subalterne d'être ridicule et maladroit (la chute). Le défenseur de la morale et de la religion fait piètre figure face à son noble adversaire. Il soulève pourtant la question très sérieuse de la nécessité de la foi chez les hommes.

**3.** Sganarelle se révèle un valet traditionnel par son agitation, sa maladresse er sa prétention à donner des leçons à son maître. Il est cependant original par la profondeur soudaine des interrogations qu'il soulève et par sa capacité à établir une forme de complicité et de complémentarité avec Dom Juan.

### *Les Fourberies de Scapin* (p. 285)

**1.** La relation de pouvoir s'inverse entre Léandre et Scapin qui rappelle à son maître combien il a besoin de lui et fait monter les enchères pour lui accorder une aide qu'il lui doit cependant par son statut même de serviteur. Il contraint Léandre à s'humilier, à l'implorer et finalement à tomber à genoux devant lui. Bien davantage, il suggère sans détour que Léandre n'est pas le fils d'un père par ailleurs qualifié de bête et d'avare.

**2.** Léandre tente tout d'abord de faire bonne figure devant son valet et de rester le maître du jeu. Mais devant la fine et opiniâtre résistance de celui-ci, il est obligé de s'abaisser et de reconnaître les immenses qualités de Scapin et sa complète dépendance à son égard. Mais dès que le valet a accepté de l'aider, Léandre retrouve sa position dominante et coupe sèchement court aux insinuations concernant sa naissance adultérine.

**3.** L'inversion des rôles s'effectue grâce au comique de situation mais tout rentre rapidement dans l'ordre et chacun reprend sa place. Le valet rusé fomente une nouvelle ruse et daigne obéir à son maître qui, en retour, a reconnu sa dépendance et feint immédiatement de l'oublier en attendant qu'il s'exécute. Mais le temps de quelques répliques jubilatoires, Molière aura fait vaciller l'ordre social : la ruse contre la force de l'épée, l'intelligence contre les privilèges d'une naissance de surcroît présentée comme illégitime.

### *Le Jeu de l'amour et du hasard* (p. 288)

**1.** Pour Dorante et Silvia, les valets sont moins intelligents et beaux que les maîtres «bien nés». Leur comportement est en conséquence moins raffiné et cultivé : ils ont «l'esprit domestique», se tutoient et ont des conversations familières sinon triviales. Pourtant, Dorante se révèle subtil et séduisant : il surprend Silvia qui ne s'attend pas à voir un véritable «homme» qui sort de sa condition supposée inférieure de valet. Il est non seulement beau, mais il s'exprime surtout avec une élégance et une finesse que Silvia ne pensait pouvoir reconnaître qu'aux nobles. De fait, il l'est, et c'est une des limites de la portée contestataire de la scène.
**2.** Les apartés qui ponctuent la scène permettent à Marivaux d'évoquer simultanément la rencontre des personnages (l'action) et ce qu'ils éprouvent (leurs pensées). On assiste ainsi au dialogue (extériorité) et on sait en même temps ce qu'ils ressentent (intériorité). Cela exige une grande habileté de la part des acteurs car le procédé est artificiel. Mais il permet de dynamiser et d'accélérer l'intrigue en évitant les monologues réflexifs et statiques qui auraient pu suivre la rencontre afin exprimer l'étonnement des deux personnages. Enfin, la combinaison des apartés et du dialogue donne à voir au spectateur la naissance du sentiment amoureux dans toute sa subtilité et sa légèreté.
**3.** C'est précisément l'une des caractéristiques du marivaudage : observer les nuances du sentiment amoureux et montrer comment il surgit dans le cœur des hommes. On trouve dans cette scène d'autres éléments propres au marivaudage : le déguisement et l'échange des conditions sociales, le questionnement des usages sociaux par la spontanéité du désir, le raffinement du langage amoureux qui reprend les termes d'une réplique à une autre en les modifiant légèrement pour en infléchir le sens et jouer sur les sous-entendus.

### *Maître Puntila et son valet Matti* (p. 290)

**1.** Matti est un valet traditionnel : il tient un rôle d'adjuvant et adopte un discours obéissant, respectueux voire obséquieux. Il est rusé et il se permet de rappeler à sa maîtresse combien elle a besoin de lui (comme dans *Les Fourberies de Scapin*). Mais il se distingue du modèle classique du valet par son jeu de séduction et par ses remarques philosophiques sur l'incertitude humaine.
**2.** Eva tente de se comporter en maîtresse avec son serviteur («Abstenez-vous») mais parce qu'elle pose plus de questions qu'elle ne donne d'ordres, elle se retrouve en situation de dépendance. Elle est en effet déstabilisée par Matti dont elle ne sait pas s'il joue avec elle la comédie du désir ou s'il essaie véritablement de la séduire. Elle voudrait avoir des certitudes et Matti, qui brouille les codes, la trouble.
**3.** Dans cette scène on retrouve les éléments habituels de la relation maître/valet : le premier a besoin de la ruse du second et lui demande de l'aide; comme chez Marivaux, ils badinent ensemble (reprise du mot «certain») et l'on sent que la situation de domination pourrait s'inverser lorsque Matti menace de ne plus aider Eva. Mais Brecht modernise le duo en le plaçant dans une situation de relation plus explicitement sexuelle et en jouant finement sur la dialectique de l'être et du paraître (comédie ou réalité).

# Notes

## DANS LA MÊME COLLECTION

Guillaume Apollinaire, ***Alcools*** (spécial Bac)

Honoré de Balzac, ***Le Père Goriot***

Charles Baudelaire, ***Les Fleurs du Mal*** (spécial Bac)

Beaumarchais, ***Le Mariage de Figaro***

Pierre Corneille, ***Médée***

Gustave Flaubert, ***Madame Bovary***

Victor Hugo, ***Les Contemplations* (livres I à IV)** (spécial Bac)

Madame de Lafayette, ***La Princesse de Clèves*** (spécial Bac)

Jean de La Fontaine, ***Fables* (livres VII à XI)** (spécial Bac)

Marivaux, ***Les Fausses Confidences*** (spécial Bac)

Marivaux, ***L'Île des esclaves*** (spécial Bac)

Guy de Maupassant, ***Bel-Ami***

Molière, ***L'École des femmes***

Molière, ***Le Malade imaginaire*** (spécial Bac)

Michel de Montaigne, **« Des cannibales » et « Des coches »** (spécial Bac)

Montesquieu, ***Lettres persanes*** (spécial Bac)

Jean Racine, ***Phèdre***

Stendhal, ***Le Rouge et le Noir*** (spécial Bac)

Voltaire, ***L'Ingénu*** (spécial Bac)

Émile Zola, ***Thérèse Raquin***

*Mise en pages : Nord Compo*
*Impression Novoprint,*
*à Barcelone le 2 mars 2024.*
*Dépôt légal : mars 2024*
*1er dépôt légal dans la collection : juillet 2019*

ISBN 978-2-07-285890-1 / Imprimé en Espagne.

**632200**

Certifié PEFC
Ce produit est issu de forêts gérées durablement
PEFC
PEFC/14-38-00277
www.pefc.es